ACCESO GRATIS *a la Lectura en la Nube*

Para visualizar el libro electrónico en la nube de lectura envíe junto a su nombre y apellidos una fotografía del código de barras situado en la contraportada del libro y otra del ticket de compra a la dirección:

ebooktirant@tirant.com

En un máximo de 72 horas laborables le enviaremos el código de acceso con sus instrucciones.

La visualización del libro en **NUBE DE LECTURA** excluye los usos bibliotecarios y públicos que puedan poner el archivo electrónico a disposición de una comunidad de lectores. Se permite tan solo un uso individual y privado.

LA TRIBUTACIÓN
DE LAS ACTIVIDADES LABORALES
PRESTADAS A DISTANCIA

Procedimiento de selección de originales, ver página web:
www.tirant.net/index.php/editorial/procedimiento-de-seleccion-de-originales

LA TRIBUTACIÓN DE LAS ACTIVIDADES LABORALES PRESTADAS A DISTANCIA

Autor:
DANIEL SANTIAGO MARCOS

Esta publicación es parte del Proyecto PID2021-127541NB-100
financiado por:

tirant lo blanch
Valencia, 2024

En caso de erratas y actualizaciones, la Editorial Tirant lo Blanch publicará la pertinente corrección en la página web www.tirant.com.

© TIRANT LO BLANCH
EDITA: TIRANT LO BLANCH
C/ Artes Gráficas, 14 - 46010 - Valencia
TELFS.: 96/361 00 48 - 50
FAX: 96/369 41 51
Email: tlb@tirant.com
www.tirant.com
Librería virtual: www.tirant.es
DEPÓSITO LEGAL: V-1006-2024
ISBN: 978-84-1113-706-5

Si tiene alguna queja o sugerencia, envíenos un mail a: *atencioncliente@tirant.com*. En caso de no ser atendida su sugerencia, por favor, lea en *www.tirant.net/index.php/empresa/politicas-de-empresa* nuestro procedimiento de quejas.

Responsabilidad Social Corporativa: http://www.tirant.net/Docs/RSCTirant.pdf

A mi familia.

Índice

Abreviaturas y siglas más utilizadas

AMET	Acuerdo Marco Europeo del Teletrabajo
AVRAG	*Arbeitsvertragsrechts-Anpassungsgesetz*
BOE	Boletín Oficial del Estado
CESE	Comité Económico y Social Europeo
CCAA	Comunidades Autónomas
Idem.	Consecutiva fuente y diferente página
Ibídem.	Consecutiva fuente y misma página
CE	Constitución Española
CV	Consulta Vinculante
CDI	Convenio de Doble Imposición
Coord.	Coordinador/a
Dir.	Director/a
Edit.	Editor/a
EP	Establecimiento permanente
ET	Estatuto de los Trabajadores
IRPF	Impuesto sobre la Renta de las Personas Físicas
IRNR	Impuesto sobre la Renta de no Residentes
INE	Instituto Nacional de Estadística
Ley 10/2021	Ley 10/2021, de 9 de julio, de trabajo a distancia

Ley 22/2009	Ley 22/2009, de 18 de diciembre, por la que se regula el sistema de financiación de las Comunidades Autónomas de régimen común y Ciudades con Estatuto de Autonomía y se modifican determinadas normas tributarias
LTOAI	Ley 25/2014, de 27 de noviembre, de Tratados y otros Acuerdos Internacionales
Ley 28/2022	Ley 28/2022, de 21 de diciembre, de fomento del ecosistema de las empresas emergentes
LIRPF	Ley 35/2006, de 28 de noviembre, del Impuesto sobre la Renta de las Personas Físicas y de modificación parcial de las leyes de los Impuestos sobre Sociedades, sobre la Renta de no Residentes y sobre el Patrimonio
LGT	Ley 58/2003, de 17 de diciembre, General Tributaria
EBEP	Ley del Estatuto Básico del Empleado Público, aprobado por Real Decreto Legislativo 5/2015, de 30 de octubre
LOFCA	Ley Orgánica 8/1980, de 22 de septiembre, de financiación de las Comunidad Autónomas
MC	Modelo de Convenio
núm.	Número
ODS	Objetivos de Desarrollo Sostenible
Op. Cit.	Obra citada
ONU	Organización de las Naciones Unidas

OIT	Organización Internacional del Trabajo
OMS	Organización Mundial de la Salud
OCDE	Organización para la Cooperación y el Desarrollo Económicos
p. / pp.	Página/s
RD	Real Decreto
RIRNR	Real Decreto 1776/2004, de 30 de julio, por el que se aprueba el Reglamento del Impuesto sobre la Renta de no Residentes.
RIRPF	Real Decreto 439/2007, de 30 de marzo, por el que se aprueba el Reglamento del Impuesto sobre la Renta de las Personas Físicas y se modifica el Reglamento de Planes y Fondos de Pensiones, aprobado por Real Decreto 304/2004, de 20 de febrero.
LIS	Real Decreto Legislativo 4/2004, de 5 de marzo, por el que se aprueba el texto refundido de la Ley del Impuesto sobre Sociedades
LIRNR	Real Decreto Legislativo 5/2004, de 5 de marzo, por el que se aprueba el texto refundido de la Ley del Impuesto sobre la Renta de no Residentes
RDL 28/2020	Real Decreto-ley 28/2020, de 22 de septiembre, de trabajo a distancia
RDL 8/2020	Real Decreto-ley 8/2020, de 17 de marzo, de medidas urgentes extraordinarias para hacer frente al impacto económico y social del COVID-19

STJUE/SSTEJUE	Sentencia del Tribunal de Justicia de la Unión Europea / Sentencias del Tribunal de Justicia de la Unión Europea
STSJ/SSTJS	Sentencia del Tribunal Superior de Justicia / Sentencias del Tribunal Superior de Justicia
STS/SSTS	Sentencia del Tribunal Supremo / Sentencias del Tribunal Supremo
ss.	siguientes
TSJ	Tribunal Superior de Justicia
TS	Tribunal Supremo
UE	Unión Europea
VV. AA	Varios autores
Vid.	véase
Vid. infra.	Véase abajo
Vid. supra.	Véase arriba
vol.	Volumen, volúmenes
et al.	y otros

Prólogo

Dr. Albert Navarro García
Profesor agregado de Derecho Financiero y Tributario
Universitat de Girona

La sociedad actual ha tenido que enfrentarse a desafíos significativos de gran envergadura, entre los cuales destaca la crisis sanitaria generada por la pandemia derivada de la COVID-19. Además, actualmente se están experimentando retos relacionados con una crisis energética y climática, así como diversos conflictos bélicos. A estos desafíos se suman otras preocupaciones, como el fenómeno de la despoblación y la transformación tecnológica. Estos problemas complejos e interrelacionados requieren enfoques cuidadosos y colaborativos para encontrar soluciones sostenibles que beneficien a la sociedad en su conjunto. Estas preocupaciones fueron materializadas en la Agenda 2030 sobre el Desarrollo Sostenible, compuesta por los Objetivos de Desarrollo Sostenible (ODS). La finalidad última de esta Agenda es mejorar la calidad de vida en el planeta mediante un plan de acción que incluye 17 objetivos y 169 metas. Entre estos objetivos, se destacan la igualdad de género; el crecimiento económico sostenible, inclusivo y sostenible, el empleo pleno y productivo y el trabajo decente para todos; o la búsqueda de medidas urgentes para combatir el cambio climático y sus efectos.

El trabajo a distancia, como se destaca en la monografía del Dr. Daniel Santiago Marcos, se presenta como una herramienta indispensable para alcanzar alguno de estos objetivos. Por ejemplo, en términos de igualdad de género, el teletrabajo puede ser un catalizador para que hombres y mujeres trabajen las mismas horas y alcancen objetivos equiparables, superando las dificultades de conciliación entre el trabajo y la vida familiar. Además, en la lucha contra el cambio climático, el teletrabajo emerge como una solución al reducir las emisiones nocivas asociadas a los desplazamientos en vehículos y el consiguiente ahorro en combustibles fósiles. En el ámbito de la inclusión, el teletrabajo se presenta como una opción versátil que puede adaptarse a diversas situaciones siempre que cuente con la tecnología necesaria. Los datos respaldan la idea de que muchos empleos pueden llevarse a cabo de forma remota, abriendo así un abanico de oportunidades en el mercado laboral. Además, el teletrabajo puede ser una medida para hacer frente a la despoblación al permitir que los trabajadores residan en lugares de su elección. En resumen, el trabajo a distancia se configura como un actor clave para el crecimiento económico, alineándose con los ODS de la ONU y contribuyendo significativamente a la transformación del mundo hacia un entorno más sostenible y equitativo.

En este contexto, es necesario contar con los recursos suficientes para alcanzar dichos objetivos y la fiscalidad desempeña un papel crucial tanto en la generación de ingresos como en la gestión del gasto público. Aunque el teletrabajo puede generar beneficios, también puede dar lugar a distorsiones en la distribución de la carga impositiva, lo que podría impactar en la financiación del gasto público y, por ende, en el logro de los ODS. Por lo tanto, es esencial abordar estas cuestiones y buscar soluciones para garantizar una distribución equitativa de la carga fiscal y una financiación adecuada para los ODS. Esto implica diseñar políticas fiscales que reflejen de manera justa las nuevas dinámicas laborales, garantizando al mismo tiempo la sostenibilidad financiera necesaria para abordar las metas de desarrollo sostenible.

Actualmente, como ya mencioné, la práctica del trabajo a distancia ha experimentado un notable aumento, impulsada básicamente por las medidas de distanciamiento social adoptadas para frenar la expansión de la COVID-19. Esta transformación en la forma en que las personas realizan sus tareas laborales ha generado una serie de dificultades, entre ellas, las relacionadas con la fiscalidad. El trabajo a distancia plantea interrogantes complejos en términos de residencia fiscal, tributación internacional y otros aspectos fiscales que requieren un análisis profundo y riguroso.

El enfoque científico de la monografía que se presenta logra examinar minuciosamente los desafíos tributarios asociados con el teletrabajo desde una perspectiva internacional. Uno de los aspectos clave que el Dr. Santiago aborda es la cuestión de la residencia fiscal, que adquiere una relevancia decisiva en un entorno donde los trabajadores pueden realizar sus funciones desde ubicaciones diversas, muchas veces fuera de las fronteras nacionales tradicionales.

La investigación se centra en comprender cómo las normativas fiscales internacionales se adaptan o deben adaptarse a este nuevo paradigma laboral, proporcionando propuestas y soluciones concretas. También examina la influencia de las nuevas dinámicas en la movilidad de los trabajadores y cómo las administraciones tributarias pueden abordar la asignación de ingresos y la tributación en un entorno donde la ubicación física del trabajo ya no es tan definitoria.

En resumen, esta monografía ofrece una contribución valiosa al abordar de manera detallada estos problemas fiscales y proporciona una base sólida para entender y abordar la complejidad de la tributación en el contexto cambiante del teletrabajo, contribuyendo al entendimiento y a la formulación de políticas en este ámbito en continua evolución. Ahora más que nunca es necesario abordar los problemas concretos desde perspectivas más amplias, para poder así ser conscientes de las implicaciones que tienen.

El trabajo presentado por Daniel Santiago Marcos representa una revisión profunda de su tesis doctoral, defendida en la

Universitat de Girona ante una comisión compuesta por las profesoras Saturnina Moreno González, Aurora Ribes Ribes y María Luisa Esteve Pardo. A través de estas líneas, agradezco profundamente, tanto en mi nombre como en el de Daniel Santiago, sus valiosas aportaciones y recomendaciones al trabajo. Como se ha mencionado, esta monografía ofrece un análisis riguroso de las actividades laborales prestadas a distancia desde una perspectiva jurídico-tributario.

La posición que ostento como director de la tesis, de la cual ha surgido esta monografía, me permite agregar algunas consideraciones adicionales sobre la trayectoria académica del autor. Daniel inició su carrera como investigador predoctoral en la Universitat de Girona justo después de finalizar el estado de alarma derivado de la COVID-19, en un momento en el que la Facultad de Derecho aún estaba cerrada y las actividades académicas eran limitadas, lo que dificultaba, también, el acceso a algunos recursos universitarios. A pesar de estas dificultades, desde el principio, Daniel ha demostrado un gran interés en trabajar e integrarse en las actividades organizadas por el Área de Derecho Financiero y Tributario, así como por la Facultad de Derecho en general. No solo ha desempeñado su labor docente con dedicación, obteniendo buenas valoraciones de los estudiantes, sino que también ha participado con entusiasmo en todas las actividades de investigación propuestas. Además, ha contribuido activamente a las tareas de gestión del área.

Daniel ha demostrado compañerismo y una auténtica vocación por la vida universitaria, incluso en un momento en el que las circunstancias no son fáciles. Muchas becas de investigación, incluida la del Dr. Santiago, han experimentado reducciones en términos de duración; algunos trámites administrativos son cada vez más complejos y la aprobación de la nueva Ley Orgánica del Sistema Universitario (LOSU) aún plantea incógnitas sobre el acceso a la universidad y los requisitos de las futuras acreditaciones del profesorado. Ahora bien, pese a estas dificultades, Daniel ha iniciado una exitosa trayectoria académica, como se evidencia en esta monografía. Estoy seguro de que seguirá contribuyendo con nuevas cuestiones y generando debate en el ámbito del Derecho Financiero y Tributario en los próximos años. Su dedicación y trabajo en esta área son prometedores para un futuro continuo de valiosas contribuciones al campo académico y profesional.

Introducción

El año 2020 se caracterizó por ser excepcional debido a la pandemia generada por la COVID-19. Una de las primeras recomendaciones para hacer frente a la pandemia fue la implementación del teletrabajo en la mayoría de los puestos de trabajo. El uso de esta modalidad de trabajo a distancia permitió mantener en marcha la economía evitar una caída económica más pronunciada, demostrando el gran potencial de las nuevas tecnologías. Sin embargo, su auge no estuvo respaldado por las medidas legales adecuadas.

Con el objetivo de abordar legalmente esta nueva realidad, se aprobaron una serie de normativas y se abordaron los cambios legales necesarios en otras. En el ámbito del Derecho del Trabajo, ya se disponía de algunas herramientas internacionales y europeas que preveían el teletrabajo, aunque con ciertos matices terminológicos. A nivel español, el progreso llegó con la entrada en vigor de la Ley 10/2021, de 9 de julio, de trabajo a distancia (en lo sucesivo, Ley 10/2021).

A pesar de los múltiples beneficios que el trabajo a distancia presenta, también existen obstáculos que deben ser abordados, especialmente en el ámbito del Derecho Financiero y Tributario, que constituye el enfoque principal de esta investigación.

La Organización para la Cooperación y el Desarrollo Económicos (en lo sucesivo, OCDE), en sus guías sobre *Orientaciones actualizadas sobre los convenios fiscales y el impacto de la pandemia de COVID-19,* alertó sobre los problemas que se estaban planteando en el ámbito del Derecho Financiero y Tributario. Estos problemas también se reflejaron en el ámbito europeo, como expuso el Comité Económico y Social Europeo en su Dictamen

Fiscalidad de los teletrabajadores transfronterizos y sus empleadores. A nivel nacional, cabe destacar en este ámbito el *Libro Blanco sobre la Reforma Tributaria.* Por lo tanto, de todo este proceso se desprende la necesidad de profundizar en el estudio Derecho Financiero y Tributario, con el fin de identificar las vulnerabilidades del ordenamiento jurídico actual, construido sobre normativas más propias de una época "analógica".

El estudio que aquí se presenta se ha divido en tres capítulos. En el primer capítulo, se analiza desde una perspectiva laboral, la normativa internacional elaborada por la Organización Internacional del Trabajo, las normas de la Unión Europea y la normativa reguladora del sistema laboral español. Tras el examen anterior procederemos al estudio del concepto de teletrabajo como operación laboral prestada a distancia.

El segundo capítulo se inicia con una reflexión sobre el concepto tradicional de soberanía fiscal y los principios impositivos internacionales de residencia y de fuente. Estos principios son analizados y confrontados para destacar la problemática que presentan en un contexto de avance tecnológico como el que estamos experimentando. Todas estas cuestiones son relevantes en el ámbito convencional, por lo que se presta atención al papel que desempeña al respecto el Modelo de Convenio de la OCDE.

En este capítulo se examina la figura de la residencia fiscal, que está establecida en el artículo 4 del MC OCDE. El objetivo principal en este ámbito es reflexionar acerca de los criterios que permiten considerar a una persona física sujeta a los Convenios para evitar la Doble Imposición, así como abordar la problemática que puede surgir en caso de existir un conflicto de doble residencia. Una vez determinado el país de residencia del teletrabajador, el siguiente paso se centra en el análisis de las reglas de distribución del poder tributario entre los Estados. El artículo 15 del Modelo de Convenio se ocupa de las rentas del trabajo dependiente y resulta necesario desentrañar las reglas de interpretación de los tratados internacionales y los elementos objetivos y subjetivos que se contienen en este precepto, con el fin de diferenciarlo de otros artículos del Modelo. Una vez delimitado este marco, se abordan las reglas de distribución contenidas en el primer y segundo apartado del artículo 15, poniendo de manifiesto las diferencias que pueden surgir entre el Estado de situación y el Estado de la residencia del teletrabajador en cuanto al poder tributario, especialmente en casos de alta movilidad donde las reglas no resultan claras.

En el tercer capítulo, se evalúa cómo el trabajo remoto ha influido en la determinación de la residencia fiscal en el ordenamiento tributario español. En el ámbito estatal, se examinan los diferentes criterios de sujeción establecidos en el artículo 9 de la Ley 35/2006, de 28 de noviembre, del Impuesto sobre la Renta de las Personas Físicas y de modificación parcial de las leyes de los Impuestos sobre Sociedades, sobre la Renta de no Residentes y sobre el Patrimonio (en adelante, LIRPF), con la intención de proponer mejoras para adaptar dicho precepto al reto del teletrabajo, siguiendo el Modelo de Convenio de la OCDE.

En el ámbito autonómico, resulta necesario analizar los puntos de conexión que determinan la residencia habitual en una concreta Comunidad Autónoma. Con la irrupción del trabajo remoto, resulta especialmente importante considerar la presunción de que no se considerará realizado un cambio de residencia si la movilidad se ha llevado a cabo con fines fraudulentos. Esta cuestión adquiere especial relevancia si tenemos en cuenta la significativa movilidad del teletrabajador dentro del territorio español.

A partir de la premisa de que el ordenamiento jurídico español busca promover la internacionalización de los trabajadores, también resulta necesario abordar los regímenes de impatriados y expatriados en el IRPF, dado que el teletrabajo ha tenido un impacto considerable en ambos. Además, este capítulo se centra en las implicaciones del trabajo a distancia en el

Impuesto sobre la Renta de los No Residentes, con el objetivo de determinar si es necesario que la actividad se realice exclusivamente en territorio español para considerar la sujeción del no residente a dicho impuesto.

Finalmente, el trabajo concluye con una serie de reflexiones finales que abordan los aspectos más destacados del impacto que el teletrabajo, como actividad laboral prestada a distancia, ha tenido en el sistema fiscal. Al mismo tiempo, se plantean posibles mejoras y soluciones para abordar las deficiencias identificadas a lo largo de la investigación.

CAPÍTULO PRIMERO. TRATAMIENTO JURÍDICO-LABORAL DEL TRABAJO A DISTANCIA

1. CONSIDERACIONES GENERALES: CONTEXTO Y PROBLEMÁTICA

El avance de la transformación digital, la creciente preocupación por el cambio climático, la necesidad de hacer frente a las crisis energéticas y sanitarias, y los cambios demográficos que están teniendo lugar, han sido algunos de los factores que han impulsado la adopción del trabajo a distancia[1]. No se trata de una modalidad de trabajo nueva[2], pero no es menos cierto que su verdadero impulso tuvo lugar a raíz de la crisis sanitaria causada por la COVID-19. La Organización Mundial de la Salud (en

---

1 En torno a estas materias, destacan los estudios enmarcados en el ámbito del Derecho Financiero y Tributario de ESTEVE PARDO, M. L. y NAVARRO GARCÍA, A., La financiación de los servicios públicos en las áreas urbanas, Thomson Reuters-Aranzadi, Navarra, 2022 y SEDEÑO LÓPEZ, J. F., Instrumentos financieros y tributarios frente a la despoblación: Retos y oportunidades en el contexto del teletrabajo, Atelier, Barcelona, 2022.

2 El teletrabajo surge tras las consideraciones realizadas por NILLES, J., The Telecommunications-transportation tradeoff, Jala International, California, 1973, p. 16.

adelante, OMS), en fecha 11 de marzo de 2020, calificó dicho virus como pandemia. Tras esta declaración internacional, la mayor parte de los gobiernos tomaron un conjunto de medidas centradas en la contención de la crisis sanitaria, especialmente, en lo que tiene que ver con la libre circulación de personas.

Las recomendaciones vertidas por la OMS y la mayor parte de los gobiernos iban en la misma línea: acogerse al teletrabajo con el fin de mantener la actividad económica y contener los contagios. De esta forma, prestar el servicio a distancia fue la mejor alternativa para aquella etapa de incertidumbre. Como es de prever, los índices de las actividades laborales prestadas a distancia aumentaron considerablemente. En España durante el periodo de confinamiento más estricto se alcanzó un porcentaje de teletrabajo del 16,2%[3]. A nivel internacional, por ejemplo, en el caso de Estados Unidos, se pasó de un 8,2% a un 35,2% en mayo de 2020 o, de Japón, que ascendió de un 6% en enero de 2020 a un 17% en junio de ese mismo año[4]. A escala europea, con la llegada de la pandemia más de un 40% de la población de la Unión Europea (en adelante, UE) se acogió al trabajo a distancia.

Ahora bien, después de la mejora de la situación sanitaria, muchos trabajadores regresaron a sus centros de trabajo. Sin embargo, una proporción de trabajadores mantuvo esta modalidad, ya sea de forma exclusiva o acogiéndose a un modelo hibrido, que implica pasar ciertos días en el lugar de trabajo convencional y otros en una ubicación alternativa.

En España, entre el 2021 y 2022, dicha modalidad descendió de un 13,6% a un 12,5%, respectivamente. Sin embargo, la baja-

---

3 MINISTERIO DE ASUNTOS ECONÓMICOS Y TRANSFORMACIÓN DIGITAL., Dosier de indicadores de teletrabajo y trabajo en movilidad en España y la UE, Secretaría de Estado de Digitalización e Inteligencia Artificial, Madrid, junio, 2021, p. 12.

4 RANDSTAD, Informe teletrabajo en España, 2021, p. 28.

da no se ha percibido en el teletrabajo ocasional, es decir, aquel en que se teletrabaja menos de la mitad de los días, suponiendo, en datos, un ascenso del 5,7% al 6,1%. Este hecho es significativo, pues a nuestro juicio se está implantando una modalidad hibrida (trabajo a distancia y trabajo presencial)[5]. Es más, según el grupo Adecco, en su informe *Resetting Normal: redefiniendo la nueva era del trabajo* 6 de cada 10 trabajadores españoles desea el modelo híbrido sobre, al menos, el 40% de su jornada.

Sin lugar a duda el trabajo a distancia ha sido una herramienta esencial para superar la época descrita; ahora bien, su eficacia precisa de que la sociedad ostente cierto grado de digitalización más aún, si tenemos en cuenta que conforme a los datos del Banco de España en 2020 un 30,6% los empleos podrían prestarse por la modalidad de teletrabajo en nuestro país[6]. Esta cifra muestra el potencial que tiene el teletrabajo para la sociedad actual.

A la vista de la importancia que tiene esta figura resultará esencial conocer su dimensión jurídico-laboral para comprender qué efectos tendrá sobre el ámbito del Derecho Financiero y Tributario.

2. TRATAMIENTO JURÍDICO-LABORAL: VISIÓN INTERNACIONAL, EUROPEA E INTERNA

En este apartado, se llevará a cabo un análisis de las regulaciones que se aplican al teletrabajo, con el fin de ilustrar la evolución de la referencia jurídica de esta forma de trabajo y

---

5 MINISTERIO DE ASUNTOS ECONÓMICOS Y TRANSFORMACIÓN DIGITAL, *Datos de Teletrabajo,* Observatorio Nacional de Tecnología y Sociedad, 2022, p. 2.

6 ANGHEL, B., COZZOLINO, M., y LACUESTA GABARAIN, A., *El teletrabajo en España.* Boletín económico: Banco de España [Artículos], número 2, 2020, p. 15.

el nivel de protección que se ha brindado a aquellos trabajadores que prestan sus servicios a distancia. Se examinarán ambos objetivos desde una perspectiva internacional, tomando como referencia las disposiciones emitidas por la Organización Internacional del Trabajo (en adelante, OIT), así como la regulación europea y española.

2.1. Tratamiento jurídico internacional: el Convenio de la OIT número 177 y la Recomendación de la OIT número 184

La OIT es una agencia que forma parte del organigrama de la Organización de las Naciones Unidas (en lo sucesivo, ONU). Dicha organización es responsable de la producción de legislación laboral a nivel internacional, por lo que es importante analizar su papel en el desarrollo del trabajo a distancia. Así, cabe destacar que el 20 de junio de 1996, en su Conferencia número 83, se adoptó el Convenio número 177 con su respectiva Recomendación, la número 184, sobre el trabajo a domicilio.

Los Convenios de la OIT (como el número 177 que aquí se analiza) devienen la norma principal de la Organización. Son tratados internacionales que son adoptados por la Conferencia de la OIT. Su entrada en vigor en los ordenamientos jurídicos internos implica la asunción de obligaciones jurídicas (a diferencia de las Recomendaciones) tal y como se dispone el párrafo 5 d) del artículo 19 de la Constitución de la OIT.

Por su parte, las Recomendaciones (como la número 184) suponen un desarrollo del Convenio a los efectos aclarativos y, a diferencia de los Convenios, no son tratados internacionales. Las Recomendaciones, como bien indica su nombre, no imponen; sino que, orientan y aclaran para que haya una correcta aplicación y producción legislativa por parte de los Estados miembro de la Organización[7]. A pesar de tales diferencias, el procedimiento para su elaboración y adopción es el mismo que el aplicado a los Convenios.

Tanto el Convenio número 177 de la OIT como su Recomendación número 184 se rubrican con la expresión trabajo a domicilio. Su ámbito de aplicación recae sobre todas aquellas personas que realizan trabajo a domicilio. Para saber qué idea tenía la OIT sobre dicha modalidad de trabajo es preciso atender al artículo 1 del Convenio número 177 el cual define el trabajo a domicilio a través de la enumeración de una serie de requisitos: se preste en el domicilio del trabajador o en el lugar que escoja éste, y sean distintos a los locales del empleador; se preste a cambio de una remuneración y, como resultado, haya elaborado un producto o prestado un servicio bajo las directrices del empleador[8].

Como ya hemos avanzado, la OIT tiene una visión transversal y dinámica tras el análisis del artículo 1. Quiere ello decir que, la primera noción que se da, en el artículo 1.a.i, sobre la localización, ya apunta a una extensión de ésta hacia los locales que sean de elección por el trabajador; no sólo el domicilio. De esta forma, y en términos estrictos, no podríamos referirnos únicamente al trabajo a domicilio si el instrumento normativo permite otros lugares para prestar el servicio.

---

7 OIT, *Manual sobre procedimientos en materia de convenios y recomendaciones internacionales del trabajo*, 2019, p. 3.

8 Dicho precepto no incluye a los trabajadores autónomos, pues no permite que exista un grado de autonomía y de independencia económica; aunque, no alude a qué porcentaje implicaría la calificación de trabajador independiente. Acto seguido, se excluyen aquellos trabajadores asalariados que no presten el trabajo a domicilio de forma habitual sin indicar, cómo en el caso anterior, que hay que entender por habitualidad.

A pesar de las críticas que por la ausencia del elemento tecnológico puedan recibir los instrumentos jurídicos de la OIT es importante enfocarse en la postura actual de la OIT con respecto a la prestación de servicios fuera del lugar de trabajo. El 16 de julio de 2020, se publicó la guía práctica titulada *El teletrabajo durante la pandemia de COVID-19 y después de ella* la cual tenía como objetivo brindar recomendaciones sobre cómo llevar a cabo el teletrabajo de manera adecuada. En esta guía, se define el teletrabajo como: «*un trabajo realizado con la ayuda de las TIC, fuera de las instalaciones del empleador*». Así, la propia OIT reconoció su error, a nuestro considerar, cuando declaró que: «*suele tratarse, aunque no necesariamente, del propio hogar del trabajador – lo cual crea un solapamiento entre los conceptos de trabajo a domicilio y trabajo basado en el domicilio- (…)*»[9].

Después de examinar la naturaleza y el alcance objetivo y subjetivo de ambos instrumentos normativos, es importante destacar las disposiciones que se encuentran en cada uno de ellos.

El Convenio está compuesto por 18 artículos en total. Los primeros dos artículos se centran en exponer el ámbito objetivo y subjetivo respectivamente. A partir de ahí, encontramos un conjunto de disposiciones que se enfocan en aspectos procedimentales, como la ratificación, la vigencia y las consultas a organizaciones, entre otros. Además, se incluyen disposiciones que buscan promover condiciones favorables para los trabajadores a domicilio, con el objetivo de lograr una igualdad de trato con respecto al resto de los trabajadores asalariados.

En concreto, es el artículo 4 del Convenio el que enumera, en su apartado segundo, un conjunto de cuestiones (o dere-

---

9 Véase en OIT., COVID-19., *Orientaciones para la recolección de estadísticas del trabajo: Definición y medición del trabajo a distancia, el teletrabajo, el trabajo a domicilio y el trabajo basado en el domicilio.* Nota técnica. Ginebra, 2020.

chos) que darán paso a la reiterada igualdad. Así, pueden identificarse ocho materias:

1. El derecho de los trabajadores a domicilio a constituir o a afiliarse a las organizaciones que escojan y a participar en sus actividades.
2. La protección contra la discriminación en el empleo y en la ocupación.
3. La protección en materia de seguridad y salud en el trabajo.
4. La remuneración.
5. La protección por parte de regímenes legales de seguridad social.
6. El derecho de acceso a la formación.
7. La edad mínima de admisión al empleo.
8. La protección de la maternidad.

El desarrollo de las cuestiones mencionadas anteriormente, con excepción de lo que se menciona en el artículo 7 del Convenio sobre seguridad y salud laboral, se encuentra en la Recomendación número 184. Como se analizó previamente, la función de esta Recomendación es aclaratoria o de desarrollo del contenido del Convenio. Por lo tanto, la Recomendación contiene 13 puntos que, como se señaló, no son obligatorios.

2.2. Tratamiento jurídico europeo: especial referencia al Acuerdo Marco Europeo del Teletrabajo (AMET)

Para comprender el contexto actual de las actividades laborales prestadas a distancia en la UE es esencial atender al AMET firmado en Bruselas en fecha 16 de julio de 2002, después de que los interlocutores sociales europeos finalizaran las negociaciones el 23 de mayo de 2002[10].

El AMET define el teletrabajo como una forma de organización y/o de realización del trabajo utilizando las tecnologías de la información, en el marco de un contrato o de una relación laboral, en la que un trabajo, que también habría podido realizarse en los locales del empresario, se ejecuta habitualmente fuera de ellos. De modo que, a diferencia de lo que ocurre con el Convenio de la OIT, el AMET ya manifiesta expresamente un acogimiento del resto de modalidades que podrían encuadrarse dentro del teletrabajo (entre las cuales, se incluiría el trabajo a domicilio y, claro está, el trabajo a distancia).

Respecto al contenido del AMET, lo primero que se puede constatar es que su ámbito de aplicación recae sobre los trabajadores dependientes. La definición a pesar de ser flexible en cuanto a que es capaz de acoger el trabajo a distancia, el teletrabajo y el trabajo a domicilio, excluye a determinados trabajadores. Un claro ejemplo es a los trabajadores autónomos vistas las referencias a que la prestación debe enmarcarse en un contrato y realizarse (voluntariamente) fuera de los locales del empresario.

Las tecnologías están presentes a diferencia de lo que ocurre en los textos mencionados de la OIT. Ello da lugar a que el trabajo a distancia y, más concretamente, el teletrabajo, tenga una clara aplicabilidad. También podemos destacar el elemento temporal con la referencia a la habitualidad de la prestación

---

10 CES-UNICE-UEAPME-CEEP (Confederación Europea de Sindicatos, Unión de Confederaciones Industriales y Empresariales de Europa, Asociación Europea del Artesanado y de la Pequeña y Mediana Empresa y Centro Europeo de Empresas de Servicios Públicos)., «European Framework Agreement on Telework» [en línea], 2002, <https://www.etuc.org/en/framework-agreement-telework>, [Consultada: 14/11/2020]

fuera de los centros ordinarios de trabajo y el carácter regular de la misma. Sin embargo, no aclara qué hay que entender por regular con el objeto de saber si en caso de no teletrabajar de forma diaria dejaría de ser aplicable el AMET.

Otra cuestión es la alusión a la voluntariedad del teletrabajo y de la posibilidad de implantarlo tanto al inicio de la relación laboral como durante el desarrollo de esta. Posteriormente, se enumeran una serie de aspectos relativos a las condiciones de empleo, la protección de datos, la dotación de equipos, la salud y la seguridad, los derechos colectivos, entre otros. La exposición en el AMET de cada uno de estos se realiza de forma sucinta; aunque, contiene los puntos elementales de la ordenación del trabajo a distancia.

Siguiendo con la voluntariedad (cláusula tercera), el AMET señala que «*es voluntario para el trabajador y el empleador afectados*». El momento para informar sobre esta alternativa, como se indicó, puede realizarse al inicio o durante la prestación laboral y, «*el trabajador puede aceptar o rechazar esta oferta*»; aunque, «*la renuncia del trabajador a optar por el teletrabajo no es como tal una razón para extinguir la relación laboral o para modificar los términos y condiciones de trabajo de dicho trabajador*». De todo ello, se puede extraer que no puede existir una imposición unilateral por parte del empresario.

El trabajador tendrá el derecho a solicitar la vuelta a su puesto físico de trabajo, es decir, se recoge la reversibilidad a través de un acuerdo individual o colectivo. El AMET también se pronuncia sobre las condiciones de empleo y mantiene que los teletrabajadores tendrán los mismos derechos que los trabajadores que acuden presencialmente al trabajo; sin perjuicio de algunas particularidades propias del teletrabajo, como a continuación se verán.

Otro punto importante es la privacidad y protección de datos. Pensemos que la prestación de servicios, normalmente, se realiza en los domicilios de los trabajadores a distancia. En este campo, el empresario que hace uso de los medios de control para verificar el cumplimiento de las obligaciones de sus trabajadores tendrá que realizar una ponderación de los bienes y derechos constitucionalmente protegidos. Se afirma por una parte de la doctrina que no sólo hay que atender al medio utilizado, sino que se deben analizar otros elementos[11].

Los costes que se generan con el teletrabajo tienen que ser considerados atentamente por ambas partes de la relación laboral. En el AMET se dispone sobre esta cuestión que «*como regla general, el empleador está encargado de proporcionar, instalar y mantener los equipos necesarios para el teletrabajo regular, excepto si el teletrabajador utiliza su propio equipo*» y, «*si el teletrabajo se realiza de manera regular, el empleador compensa o cubre los costes causados directamente por el trabajo, en particular los relativos a las comunicaciones*». Estos gastos, incluyen o, así debería hacerse, los gastos de calefacción, teléfono, conexiones a redes, y el desgaste de la vivienda.

El resto de cláusulas se refieren a la organización del trabajo (con alusión al tiempo y a la prevención del aislamiento); la salud y la seguridad (se alude a la posibilidad de los representantes de los trabajadores de acceder al domicilio para asegurarse de que se cumplen adecuadamente las disposiciones para evitar riesgos laborales); la formación (de cara a mantener los niveles de cualificación y así, acceder a la promoción laboral) y, finalmente, los derechos colectivos (teletrabajar no impedirá el ejercicio de los derechos colectivos y habrá que mantener los canales de comunicación entre teletrabajadores y sus representantes)[12].

---

11 Vid. THIBAULT ARANDA, J. y JURADO SEGOVIA, Á., "Algunas consideraciones en torno al acuerdo marco europeo sobre teletrabajo", *Temas laborales*, número 72, 2003, p. 55.

12 ROMERO BURILLO, A. M., "El marco jurídico-laboral del teletrabajo", en *Nuevas tecnologías, cambios organizativos y trabajo,* Tirant lo Blanch, Valencia, 2020, p. 447.

La valoración del AMET en general es positiva pues, atendiendo al contexto histórico de su publicación supuso una iniciativa adecuada por parte de la UE. Ello sin perjuicio de la superficialidad con la que se acaban tratando todas las cuestiones mencionadas. A pesar de todo ello, es justo indicar que es un acuerdo importante para el ámbito europeo. Es el único texto europeo que ha intentado armonizar las disposiciones sobre el teletrabajo lo que le convierte en un instrumento relevante para el actual mercado laboral. Debido al AMET, los Estados miembro han podido desarrollar sus disposiciones sobre el trabajo a distancia (o en concreto, el teletrabajo) tomando como referencia este acuerdo europeo. Sin dicho texto quizá la premura con la que se aprobó la Ley 10/2021 y otras medidas en el ámbito laboral para combatir la pandemia y proteger el empleo; no habría sido la misma.

2.3. Tratamiento jurídico interno: la Ley 10/2021, de 9 de julio, de trabajo a distancia

2.3.1. Consideraciones generales

En el sistema jurídico español, el tratamiento específico del trabajo a distancia no se utiliza hasta la entrada en vigor de la Ley 10/2021, de 9 de julio, sobre trabajo a distancia. Han tenido que pasar varias décadas desde la aprobación del Estatuto de los Trabajadores (en adelante, ET) del año 1980 para tener regulada en la legislación interna la figura objeto de estudio de forma exclusiva en una ley.

En el capítulo primero de la Ley 10/2021, el artículo 1 señala el ámbito personal de aplicación. Los sujetos tendrán que cumplir con las previsiones establecidas en el apartado 1.1 del Estatuto de los Trabajadores. El precepto va dirigido a aquellos que voluntariamente presten sus servicios a cambio de una retribución en el marco de una relación por cuenta ajena dentro del ámbito de organización y dirección de otra persona, denominada empleador.

De esta forma, aquellas relaciones y prestaciones, como pueden ser por cuenta propia o, aquellas prestadas en el ámbito familiar (salvo que se demuestre la condición de asalariado), quedarán excluidas del ámbito de la referida ley. Además de las limitaciones señaladas, también se excluye al funcionariado público y el personal al servicio de las Administraciones públicas y demás entes que componen el sector público.

Hay que señalar que el texto establece una exigencia de carácter temporal, que es la regularidad de la prestación a distancia. La regularidad se define en el texto como «*el trabajo a distancia que se preste, en un periodo de referencia de tres meses, un mínimo del treinta por ciento de la jornada, o el porcentaje proporcional equivalente en función de la duración del contrato de trabajo*».

Acto seguido, en el artículo 2, se enumeran tres modalidades de prestar un servicio: el trabajo a distancia, el teletrabajo y el trabajo presencial. Este último, no genera ningún tipo de malentendido; pero la diferencia del primer concepto con el segundo (que es una submodalidad) se halla en el uso exclusivo y prevalente de las nuevas tecnologías. Celebramos que, finalmente, una norma laboral diferencie las diferentes modalidades de trabajo a distancia, a fin de evitar ciertas discrepancias técnicas.

La implantación del trabajo a distancia no puede provocar una desigualdad entre los trabajadores que acuden al centro de trabajo respecto de los que prestan el servicio a distancia. El texto normativo muestra una preocupación sobre dicha materia, y así lo demuestra en el artículo 4 en el cual aparecen cuestiones como: el derecho a percibir, como mínimo, la retribución total establecida al grupo profesional; no sufrir perjuicios en las condiciones ya pactadas (en especial, en materia de tiempo), evitar posibles discriminaciones por razón de sexo, edad, antigüedad, etc.

Como se ha mencionado, el trabajo debe prestarse de forma voluntaria. El artículo 5 se dedica en exclusiva a esta característica. La formalización de la voluntariedad queda plasmada en el acuerdo de trabajo a distancia. Este pacto puede realizarse tanto al inicio de la relación como durante el desarrollo de esta. El resultado de este tipo de negociación entre las partes puede tener como resultado la negativa de la persona trabajadora. Recordemos que no todos quieren prestar su servicio a distancia, por las cuestiones que sean (formativas, soledad, lugar de trabajo poco adecuado, etc.). En consecuencia, el alegato del trabajador a no realizar el trabajo a distancia no puede suponer una causa de extinción de la relación laboral (contravendría el principio de voluntariedad) ni una modificación sustancial de las condiciones de trabajo[13]. A ello se le suma la posibilidad de la revertir el acuerdo, siempre y cuando las partes se hallen conformes a su ejercicio.

El acuerdo de trabajo a distancia es la figura eje de la Ley 10/2021. Se encuentra sometido a una formalidad escrita, que como se mencionó, puede incluirse en el contrato inicial como en un momento posterior. La posterioridad no debe implicar que el trabajo a distancia ya haya sido prestado. La ley establece expresamente que el acuerdo debe realizarse de forma previa a la prestación a distancia.

El contenido del acuerdo a distancia se encuentra numerado en doce puntos en el artículo 7. Para proceder a su explicación se relacionarán los puntos más relevantes para esta investigación. Básicamente son los relacionados con los gastos y el lugar de prestación del empleo.

---

13 GÓMEZ ABELLEIRA, F. J., *La nueva regulación del trabajo a distancia*, Tirant lo Blanch, Valencia, 2020, p. 49.

2.3.2. Los gastos derivados del trabajo a distancia

El artículo 7 de la Ley 10/2021 aborda esta cuestión en sus letras a) y b). La letra a) establece la obligación de elaborar un inventario de todos los medios, herramientas y equipos necesarios para el trabajo a distancia especificando la vida útil de los mismos para su renovación en el futuro. La letra b) se refiere a los gastos derivados de esta modalidad de trabajo incluyendo la cuantificación de estos y el momento en que la empresa debe compensar al trabajador por ellos.

La Sección II del Capítulo III de la ley se refiere a los derechos relativos a la dotación y mantenimiento de medios, y al abono y compensación de gastos. Según esta sección, los trabajadores tienen derecho a disponer de las herramientas necesarias para cumplir con sus obligaciones laborales. Por su parte, el empleador tiene la obligación de proporcionar a sus empleados todos los equipos necesarios y de resolver cualquier problema técnico que pueda surgir, especialmente en el caso del teletrabajo, donde las nuevas tecnologías son fundamentales. Eso sí, el teletrabajador deberá tener una diligencia adecuada y, de forma similar, la Ley 10/2021, en el artículo 21, impone la obligación a los trabajadores de cumplir las condiciones e instrucciones de uso y conservación de los equipos.

Los gastos nacidos en el desarrollo de la prestación tendrán que ser sufragados por el empresario puesto que, tal y como exige la ley (artículo 12), el trabajador no podrá soportar los gastos derivados de los equipos, herramientas y medios; aunque, en el caso de que ello ocurra, el precepto dispone que el empresario tendrá que compensar ese adelanto. La determinación del abono o, en su caso, de la compensación, se remiten a la negociación colectiva. Algunos consideran que esta última tendría que hacerse a tanto alzado, y de periodicidad mensual, para que así se eviten los engorrosos trámites[14].

2.3.3. El lugar de trabajo

El acuerdo de trabajo a distancia tiene que contener el lugar donde se prestará el servicio, así como, el centro de trabajo al que se adscribirá el trabajador a los efectos de cumplir con sus derechos colectivos.

De este modo, tanto la letra e) como la f) del artículo 7 de la Ley 10/2021 aluden a estos temas. El artículo 2 del texto normativo, en su letra a), señala lo siguiente: «*se presta en el domicilio de la persona trabajadora o en el lugar elegido por esta*». La elección parece recaer únicamente sobre la persona trabajadora, lo que implica que el empleador tenga que aceptar la voluntad del primero: como si fuera una imposición. De la lectura del texto normativo se encuentran algunas incoherencias. En concreto si atendemos a lo expuesto en el artículo 5; en contra del artículo 7, letra f), el primero establece que «*el trabajo a distancia será voluntario para la persona trabajadora y para la empleadora y requerirá la firma del acuerdo de trabajo a distancia*»; el segundo, apunta, simplemente, que el lugar de trabajo a distancia es elegido por la persona trabajadora para el desarrollo del trabajo a distancia. No parece pues, quedar claro qué parte impone a quién. En nuestra opinión, habría que atender a la voluntad de ambas pues, es la esencia del concepto de "acuerdo". Interpretar lo contrario, derivaría en aceptar únicamente el argumento de una de las partes.

El acuerdo en su plenitud sea cual sea el punto del que trate, tiene que basarse en un previo consentimiento tanto del trabajador como del empresario. Cierto es que, si no pudiese

---

14 GOMEZ ABELLEIRA, F. J., *Op. cit.*, p. 81.

llevarse a cabo de forma apropiada (cuestiones técnicas, por ejemplo), no puede ser impuesto por el empresario ni ser utilizado por éste como causa justificativa de extinción del contrato. En la misma línea, GÓMEZ ABELLEIRA suscribe que *«la eliminación del adverbio "libremente", que figuraba en el artículo 13 del ET (del 1995) apunta en la misma dirección interpretativa: el lugar de trabajo no es libre o arbitrariamente elegido por el trabajador, sino el elegido por él en el marco de un acuerdo que, por ser bilateral, supone la aceptación empresarial de dicho lugar»*[15].

Relevante también es lo que menciona GARCÍA RUBIO: *«para poder hablar de trabajo a distancia es necesario que el lugar de trabajo no venga determinado unilateralmente por la empresa»*. Sin embargo, el autor matiza con lo siguiente: *«es inevitable pensar que si el trabajo a distancia, con carácter general, nace del acuerdo de las partes, finalmente no se concertará si el empresario no muestra su conformidad con el lugar elegido por el trabajador»*[16].

De esta forma en la Ley 10/2021, el empresario no puede extinguir la relación laboral por la mera negativa de prestar el servicio a distancia por parte del teletrabajador. Se debe llegar, en conclusión, a un acuerdo y evitar toda implantación unilateral.

3. EL TRABAJO A DISTANCIA, EL TELETRABAJO Y EL TRABAJO A DOMICILIO: CONCEPTO

La reflexión sobre la modalidad del trabajo a distancia nos lleva a afirmar que los términos "trabajo a distancia", "teletrabajo" y "trabajo a domicilio" no pueden ser utilizados indistintamente. Sin embargo, será necesario hacer referencia

---

15 *Ibidem*, p. 28.

16 GARCÍA RUBIO, M. A., "El trabajo a distancia en el RDL 28/2020: concepto y fuentes reguladoras", en *El trabajo a distancia en el RDL 28/2020*, Tirant lo Blanch, Valencia, 2021, pp. 58-59.

a normas que definen el "trabajo a domicilio", ya que éste es considerado, en cierta medida, como el antecedente normativo del "teletrabajo" actual. Uno de los casos más claros es el Convenio número 177 y la Recomendación número 184 de la OIT, que tratan específicamente sobre el trabajo a domicilio.

El artículo 1 del Convenio número 177 de la OIT establece que «*la expresión de trabajo a domicilio significa el trabajo que una persona, designada como trabajador a domicilio realiza: en su domicilio o en otros locales que escoja, distintos de los locales de trabajo del empleador a cambio de una remuneración con el fin de elaborar un producto o prestar un servicio conforme a las especificaciones del empleador; independientemente de quién proporcione el equipo, los materiales u otros elementos utilizados para ello*».

La propia OIT, tal y como apuntamos anteriormente, justificó, a nuestro modo de ver, de forma errónea, el haber utilizado el término "trabajo a domicilio ". En la Conferencia Internacional de Trabajo número 109 indicó que se quiso apostar por una definición sucinta y capaz de acoger diversas formas de trabajo a domicilio entre las cuales se hallaba el teletrabajo[17]. En cierto modo, cabe entender que el contexto en que se aprobaron el Convenio y la Recomendación (año 1996), las nuevas tecnologías no tenían la misma presencia que en la actualidad. Sin embargo, considerar el trabajo a domicilio como concepto genérico; en lugar de, "trabajo a distancia" dentro del cual insertar la modalidad de "teletrabajo", fue un desacierto por parte de la OIT.

Tiempo después, la OIT enmendó su posición a través de la publicación de informes en los que se precisó que el "teletrabajo" supone una subcategoría del "trabajo a distancia" y que, para la prestación del servicio necesitará el uso de las

---

17 OIT., *Promover el empleo y el trabajo decente en un panorama cambiante*. Conferencia Internacional del Trabajo, 109ª reunión, 2020, p. 214.

TIC[18]. Con esto, la OIT se alinea a las conceptualizaciones que se ofrecen en el AMET y en la actual Ley española número 10/2021, pero, como ya indicamos, la mayor garantía para los teletrabajadores sería la creación de un nuevo Convenio que fuera fiel a la realidad actual.

El AMET, en cambio, acude directamente al concepto teletrabajo. Lo conceptualiza como «*una forma de organización y/o de realización del trabajo utilizando las tecnologías de la información, en el marco de un contrato o de una relación laboral, en la que un trabajo, que también habría podido realizarse en los locales del empresario, se ejecuta habitualmente fuera de esos locales*». Además, el Acuerdo hace hincapié en que existen diferentes situaciones a las que aplicar el teletrabajo lo cual es un punto positivo para dicho texto, pues de esta manera resulta aplicable a una realidad más amplía de trabajadores y, en consecuencia, aporta mayor seguridad jurídica para las diversas tipologías de teletrabajadores.

La Unión Europea ha tenido, desde un inicio, una posición acertada respecto de la definición de teletrabajo. Lo hemos visto con el AMET y también podemos observarlo en otros textos. Así, el CESE en su Dictamen de fecha 24 de marzo de 2021 (ya citado en puntos anteriores), definió el teletrabajo como «*una actividad profesional realizada a distancia por los trabajadores fuera de las instalaciones de la empresa y por medio de las TIC*». En la misma línea, el Eurofound y la OIT elaboraron un informe conjunto en el que se dispuso que el teletrabajo puede definirse como: «*el uso de tecnologías de la información y las comunicaciones -como teléfonos inteligentes, tablets, laptops y ordenadores de sobremesa- para trabajar fuera de las instalaciones del empleador*»[19].

18 En OIT., *El teletrabajo durante la pandemia de COVID-19 y después de ella - Guía práctica*, Ginebra, 2020, p. 1.

19 Eurofound y OIT, *Trabajar en cualquier momento y cualquier lugar: consecuencias en el ámbito laboral*, Ginebra, 2019, p. 3.

En España, el artículo 2 de la ley de trabajo a distancia enumera tres conceptos clave con sus respectivas definiciones: el "trabajo a distancia", el "teletrabajo" y el "trabajo presencial". Nos interesa plasmar los dos primeros. Por "trabajo a distancia", considera el artículo 2.a) «*aquella forma de organización del trabajo o de realización de la actividad laboral conforme a la cual esta se presta en el domicilio de la persona trabajadora o en el lugar elegido por ésta, durante toda su jornada o parte de ella, con carácter regular*». Y, por "teletrabajo", la letra b) del mismo precepto indica que es «*aquel trabajo a distancia que se lleva a cabo mediante el uso exclusivo o prevalente de medios y sistemas informáticos, telemáticos y de telecomunicación*».

Hemos manifestado nuestra conformidad con la redacción de la nueva ley de trabajo a distancia, al menos en términos conceptuales. La evidencia de esto se encuentra al inicio mismo de la lectura de la ley, donde en el primer apartado de la exposición de motivos se establece claramente que el "teletrabajo" es una subcategoría del concepto más amplio de "trabajo a distancia". Además, se reconoce adecuadamente la importancia de las nuevas tecnologías, algo que no se abordaba de manera suficiente en el artículo 13 del ET de 2015, por lo que era necesaria esta nueva ley.

La doctrina jurídica española va más allá a la hora de definir el "teletrabajo" dado que no se limita a apuntar la distancia respecto del centro de trabajo o el uso de las TIC para prestar el servicio. DE CASTRO, menciona que «*teletrabajar no es sólo trabajar a distancia y utilizando las telecomunicaciones y/o la informática sino servirse de estos elementos para trabajar de un modo diferente, hasta el punto de afirmar que no es teletrabajador todo el que emplea las TIC, sino aquél que, por el hecho de utilizarlas, escapa al modelo tradicional de organización del trabajo*»[20].

---

20 DE CASTRO, E., "El control de la actividad laboral del teletrabajador", en *Derecho del trabajo y Nuevas tecnologías,* Tirant lo Blanch,

THIBAULT ARANDA matiza algo más: «*hay que diferenciar pues el teletrabajo habitual de aquellos casos en que el trabajo a distancia y con medios es tan marginal, como en el caso del ejecutivo que trabaja ocasionalmente en su domicilio con su ordenador portátil por la noche o el fin de semana para terminar un trabajo, por cuanto que no se produce un cambio en la forma de organización o ejecución del trabajo*».[21] Este autor señala que el teletrabajo no constituye una modalidad contractual, sino una verdadera forma de organización del trabajo. De este modo, el teletrabajo podría definirse como aquella forma de organización o ejecución de la prestación del servicio en gran parte o principalmente a distancia y mediante el uso intensivo de las técnicas de la información[22].

En nuestra opinión, el legislador ha intentado aportar claridad al enumerar estos tres conceptos, pero las definiciones mencionadas no son completamente claras. En primer lugar, el teletrabajo puede no realizarse necesariamente a distancia. A nuestro entender, la expresión "a distancia" se refiere a un lugar acordado por las partes y que no es impuesto por el empresario, y además este lugar no debe ser la zona ordinaria de trabajo de la empresa. Tomemos como ejemplo las empresas satélites proporcionadas por la empresa: en estos casos, la distancia se mantiene únicamente con respecto al lugar de trabajo habitual, pero no con respecto al lugar puesto a disposición por el empresario (ya sea propiedad o alquilado).

A pesar de esto, reconocemos que no es fácil definir conceptos como el trabajo a distancia o el teletrabajo, ya que pueden adoptar múltiples formas. La nueva ley de trabajo a distancia, que, aunque contiene algunos errores, consideramos que aportan una mayor certeza que la regulación anterior. Además,

---

Valencia, 2020, p. 458.

21 THIBAULT ARANDA, J., *El Teletrabajo: análisis jurídico-laboral*, Consejo Económico y Social, Madrid, 2000, p. 30.

22 THIBAULT ARANDA, J., *Op. cit.*, p. 32.

si complementamos estos conceptos con los requisitos temporales expuestos en el artículo 1 de la Ley 10/2021, se puede interpretar como una apuesta por el modelo híbrido, lo cual sería un incentivo para mantener el teletrabajo, especialmente en tiempos de incertidumbre como los experimentados durante la pandemia de COVID-19.

A partir de este punto, podemos definir el teletrabajo como una modalidad de trabajo a distancia en la cual el empleado realiza sus labores fuera de las instalaciones habituales del empleador. El lugar de trabajo puede ser el propio domicilio del empleado o cualquier otro lugar acordado mutuamente con el empleador. En esta modalidad, es necesario que los medios informáticos o telemáticos sean el principal o predominante medio de apoyo, no solo complementario. Es decir, las tecnologías serán una característica distintiva de esta modalidad y la organización del empleo deberá depender de ellas para cumplir su propósito principal: la prestación de servicios. De lo contrario, las tareas asignadas por el empleador no podrían ser realizadas. No obstante, existen consideraciones temporales relevantes asociadas a este concepto.

En cuanto a estas consideraciones temporales, como hemos mencionado, el teletrabajo seguirá siendo clasificado como tal, incluso si hay una presencia en el centro de trabajo durante una parte del tiempo. Por lo tanto, el teletrabajo puede formar parte de lo que hemos denominado un modelo híbrido.

A partir de aquí, es preciso aclarar que se hará referencia de forma indistinta a los conceptos de trabajo a distancia y teletrabajo para referirnos a una misma realidad: las actividades laborales prestadas a distancia.

CAPÍTULO SEGUNDO. EL TRATAMIENTO FISCAL DE LAS ACTIVIDADES LABORALES PRESTADAS A DISTANCIA EN EL MODELO DE CONVENIO DE LA OCDE

1. CONSIDERACIONES GENERALES

Este segundo capítulo se inicia con una serie de consideraciones generales sobre la soberanía fiscal de los Estados, que se rigen por los principios impositivos tradicionales de residencia y fuente. Estos principios presentan diferencias que deben ser evaluadas para determinar si se adaptan al impacto de las actividades laborales prestadas a distancia. El principal texto internacional que será objeto de nuestro análisis es el Modelo de Convenio de la OCDE y sus Comentarios, los cuales sirven como guía para las negociaciones de los Convenios para evitar la doble imposición. Estos tratados internacionales deben ser interpretados adecuadamente para abordar los desafíos que plantea la alta movilidad de los trabajadores a distancia.

La libre circulación de trabajadores y las tecnologías permiten a los trabajadores prestar el servicio en cualquier Estado. Esta situación debe estar protegida por los CDI, por lo que analizaremos en detalle dos artículos del MC OCDE: el artículo 4 sobre la residencia fiscal y el artículo 15 sobre los ingresos derivados del trabajo dependiente. Ambos artículos presentan deficiencias en la tarea de identificar el Estado en el que un trabajador a distancia debe considerarse residente fiscal, así como en la aplicación de las reglas de distribución del poder tributario en relación con los ingresos de quienes realizan actividades laborales fuera del centro ordinario del empleador. Por lo tanto, se presentarán propuestas para reformular y adaptar estos artículos con el fin de lograr cierta equidad fiscal en su contenido.

1.1. La soberanía fiscal de los Estados

La soberanía fiscal se refiere al derecho y la capacidad de un Estado para establecer y aplicar su propio sistema tributario, así como para recaudar impuestos y tomar decisiones relacionadas con la política fiscal. Esto implica que cada Estado tiene la autoridad para determinar las normas y regulaciones fiscales dentro de su territorio, de acuerdo con sus propias necesidades y objetivos económicos y sociales. Sin embargo, esta soberanía fiscal está sujeta a las limitaciones y obligaciones impuestas por el Derecho Internacional y los acuerdos y tratados internacionales, así como a los principios de igualdad soberana y no intervención[23].

De este modo, la infinidad de poderes ejercidos por los territorios en todos los ámbitos posibles -incluido el impositivo- y la individualidad territorial ha dejado paso a la cesión, la interdependencia y la cooperación: adjetivos que imponen las limitaciones[24]. Ello es debido al proceso de integración de los Estados en la comunidad internacional como al protagonismo de las organizaciones internacionales como OCDE o la Unión Europea (para el caso de los Estados miembro).

---

23 DIEZ DE VELASCO VALLEJO, M., *Instituciones de Derecho Internacional Público.* 13ª edición, Tecnos, Madrid, 2001. p. 342.

24 DIEZ DE VELASCO VALLEJO, M, *Op. cit.*, 2001, p. 342.

La limitación de los poderes exclusivos en materia fiscal dio paso a considerar, en nuestra opinión, un *poder impositivo coordinado.* LOPEZ ESPADAFOR nos ofrece una explicación de esta evolución. Para dicho autor, en materia tributaria internacional la soberanía originaria se disgregó en dos: una, entendida como poder impositivo prevalente a otro poder cuya aplicabilidad acoge el ámbito territorial de un ordenamiento y, otra, entendida como un poder individual, pero conectado al resto de poderes originarios de otros territorios que componen la colectividad internacional[25]. La idea es sencilla: un Estado tiene competencias sobre su territorio; aunque, habrá conexiones con ordenamientos extranjeros como síntoma de las continuas conexiones que se producen en un entorno internacional.

A fin de cuentas, los Estados mantienen, en el marco de sus sistemas impositivos, una "autonomía técnica" respecto de otros que concurrirán con él tal y como concibe BORRAS RODRÍGUEZ[26]. Y, todo ello, sin perder su "integridad territorial"[27] –como señala SCHÖN- a pesar de que los tratados colectivos como, por ejemplo, los constitutivos de la actual UE limiten el carácter absoluto de los poderes estatales[28].

---

25 LOPEZ ESPADAFOR, C. M., "Recorrido transnacional de la soberanía tributaria", *Cuadernos de Derecho Transnacional,* vol. 10, número 1, 2018, p. 314. Véase también LÓPEZ ESPADAFOR, C. M., "Alcance del deber general de colaboración entre Estados en la lucha contra el fraude fiscal", *Revista española de Derecho Financiero,* número 173, 2017, (Versión electrónica [BIB 2017/582]).

26 BORRÁS RODRÍGUEZ, A., *La Doble imposición: Problemas jurídico-internacionales,* Instituto de Estudios Fiscales, Madrid, 1974, p. 19.

27 SCHÖN, W., "Neutrality and Territoriality – Competing or Converging Concepts in European Tax Law", *Bulletin for International Taxation,* volume 69, número 4/5, Journal Articles & Opinion Pieces IBFD, 2015, p. 280.

28 BÜHLER, O. y CERVERA TORREJÓN, F., *Principios de Derecho internacional tributario,* Editorial de Derecho Financiero, Madrid, 1968, pp. 173-174.

La limitación de la soberanía fiscal que deriva de la necesaria coordinación entre los Estados de la comunidad internacional implica que el legislador a la hora de determinar los hechos imponibles deba tener en cuenta la extensión de la ley de conformidad con el principio de territorialidad (en su concepción genérica) -como luego expondremos-, pues de lo contrario, no tendría coherencia el uso de criterios de sujeción con los diferentes territorios[29]. Sin embargo, las limitaciones que recaen sobre los poderes impositivos de los Estados, y dentro del mismo debate de la coordinación, permiten extensiones hacia otros territorios atendiendo no, al sujeto, sino a la cosa que constituye el hecho imponible[30].

El nexo común de todo el argumento se resume en conexiones o solapamientos de poderes de varios Estados. Las relaciones entre ellos son más recurrentes cuando las personas o los diferentes hechos económicos que se suceden en el mercado de trabajo actual tienden a la continua movilidad. Como señaló KOSTIC, las personas no pueden ser consideradas como elementos "sedentarios"[31] dado que las libertades de movimiento de las que disponen junto con las necesidades del actual mercado de trabajo -y la sociedad en su conjunto – justifican una mayor circulación. De este modo, los elementos extranjeros

---

29 Véase BERLIRI, A., *Principios de Derecho Tributario*, volumen 1, Editorial de Derecho Financiero, 1964, pp. 151-152. Traducción de VICENTE-ARCHE, Domingo.

30 SAMPAY, A. E., *El Derecho Fiscal Internacional*, Ediciones Biblioteca Laboremos, Buenos Aires, 1951, pp. 76 y 77.

31 KOSTIC, S.: «Rethinking Article 15 of the OECD Model in Light of Digitalization» [en línea], 2019, <http://kluwertaxblog.com/2019/06/03/rethinking-article-15-of-the-oecd-model-in-light-of-digitalization/> (Consultado en fecha 13 de septiembre de 2022) y KOSTIC, S., "In search of the Digital Nomad – Rethinking the Taxation of Employment Income under Tax Treaties", *World Tax Journal*, volume 11, número 2, 2019, p. 201.

que se adentran en ordenamientos internos es una cuestión recurrente y más aún cuando el trabajo a distancia es una opción a considerar tras el impulso que tuvo durante la pandemia de la COVID-19. En consecuencia, será necesario valorar si los criterios para la aplicación de los principios de imposición siguen siendo válidos y justos en un contexto globalizado como el que presenciamos.

1.2. El principio de residencia y el principio de la fuente

La conexión de los poderes impositivos de cada Estado nos invita a considerar los principios de imposición que rigen en el ámbito internacional y en las legislaciones internas. En concreto nos referiremos al principio de residencia y al principio de la fuente.

A propósito de esa posible extensión del poder sobre elementos gravables sitos en otros Estados, SAINZ DE BUJANDA señala que existen dos tipos de organización de poder: el primero, en su aspecto personal y, el segundo, en su aspecto territorial.

El personal se refiere al concepto de "nacionalidad" que ostenta una persona. El territorial, por su parte, se compone de dos tipos de relaciones: una, es la relación personal con un territorio la cual va referida a los vínculos de "residencia", "domicilio" o la "estancia" y, la otra, se ciñe a las relaciones de carácter económico con el territorio como, por ejemplo, ostentar la titularidad de un bien inmueble en España.

El profesor destaca que *«en el Derecho tributario moderno este segundo fundamento -el aspecto territorial- tiene un marcado predominio sobre el primero»*[32]. Además, complementa tal argumento

32 SAINZ DE BUJANDA, F., *Notas de derecho financiero.* Lección 17, vol. 3°, Publicaciones de la Facultad de Derecho, Madrid, 1976, p. 19. En la misma línea se manifiesta MACARRO OSUNA, J. M., "Supuesto de

con lo siguiente: «*es indudable la mayor importancia que reviste el tema en relación con los ingresos públicos, por la misma naturaleza de las normas en que se manifiesta el poder tributario, que, al ser fundamentalmente normas de relación, crean especiales situaciones jurídicas subjetivas o relaciones jurídicas entre particulares y el Estado*»[33].

El aspecto personal referido a la "nacionalidad" tiene una aplicación "relativa", pero no está ausente en el sistema impositivo español ni en el resto de los sistemas que, como el nuestro, se basan en el aspecto territorial. Para NEUMARK la nacionalidad es relevante desde un punto de vista económico y no jurídico. La conexión económica de la nacionalidad se refiere a la participación del extranjero en el proceso nacional de producción en base al principio de generalidad por medio de la aplicación de impuestos nacidos en calidad de poseedor de patrimonio o perceptor de determinadas rentas[34]. Entendemos que el autor se refería a la relación económica como base de imposición y no, a su aspecto personal.

Se trata de un criterio que pocos países utilizan, como ya se indicó[35]. En España no ha sido tradición jurídica, pues como señala PITA GRANDAL, nuestros puntos de conexión están asociados a los ingresos y gastos encuadrados en los principios de

---

sujeción por la renta mundial al IRPF sin que medie presencia física en territorio español", *Documentos de Trabajo*, número 7, Instituto de Estudios Fiscales, Madrid, 2018, p. 40, al relacionar directamente el concepto de residencia con una persona física o jurídica; mientras que la territorialidad tiene que ver con un hecho económico.

33 SAINZ DE BUJANDA, F., *Op. cit.*, 1976, p. 19.

34 NEUMARK, F., *Principios de la imposición*, Instituto de Estudios Fiscales, Madrid, 1974, p. 123.

35 FERRER VIDAL, D. y FONT GORGORIÓ, P., "Conflictos de criterio en la residencia fiscal de las personas físicas: un entorno de alta inseguridad jurídica" en *La problemática de la residencia fiscal desde una perspectiva interna e internacional*, Wolters Kluwer, Madrid, 2018, (Versión electrónica).

justicia tributaria[36]. En función de la naturaleza de la nacionalidad o, mejor dicho, en función de cómo fue adquirida, algunos académicos consideran que se halla o no vinculada al territorio. En el caso de la adquisición a través del *ius sanguinis* no supondría vinculación con el Estado dado que es una mera relación de filiación; en cambio, a través del *ius soli* se podría incardinar junto con la residencia o con el criterio de territorialidad por ser el lugar de nacimiento el que representa un mayor vínculo[37].

La consideración de CALVO ORTEGA al respecto es que el abandono de la nacionalidad, como criterio de sujeción para tributar por la renta mundial, parte de que no representaba, como sí hace la residencia, un mayor consumo de los servicios públicos a la vista de la permanencia, que puede existir de un sujeto en un Estado o los intereses económicos que puede éste tener en él[38]. Además, como señala CORTÉS DOMÍNGUEZ, para evitar la defraudación de las leyes fiscales y que los hechos pasen inadvertidos ante las administraciones tributarias era preciso sustituir la nacionalidad por otros criterios más efectivos[39].

En cuanto al aspecto territorial, LOPEZ ESPADAFOR alude a SACCHETTO. Este último afirmó que el principio de territorialidad «*se refiere o al origen del objeto de la imposición o a la residencia del sujeto que recibe la renta*» y, también, nombra a XAVIER quien co-

---

36 PITA GRANDAL, A. M., "Notas para la revisión del paradigma del criterio de residencia", en *La problemática de la residencia fiscal desde una perspectiva interna e internacional*, Wolters Kluwer, Madrid, 2018, (Versión electrónica).

37 GARCÍA CARRETERO, B, *La residencia como criterio de sujeción al impuesto sobre la renta de las personas físicas.* Instituto de Estudios Fiscales, Madrid, 2006b, p. 47.

38 CALVO ORTEGA, R., "Hecho imponible. No sujeción. Exenciones. Sujetos pasivos" en *El Nuevo Impuesto sobre la Renta de las Personas Físicas,* Lex Nova, Valladolid, 1999, p. 25.

39 CORTÉS DOMÍNGUEZ, M., *Ordenamiento tributario español,* Tecnos, Madrid, 1968, p. 112.

necta el concepto residencia a los elementos subjetivos del tributo respecto de un territorio y, aquellos que son de carácter objetivo se refieren a una territorialidad real[40]. Ambas relaciones con el territorio pueden ser aplicadas por un mismo sistema impositivo.

Respecto a esta forma de aplicar el poder impositivo, SCHÖN menciona, también, que los Estados miembro de la Unión Europea ejercen un poder dentro de sus fronteras lo que conlleva una territorialidad -entendida en términos generales-, pues pueden gravar tanto a los residentes en su territorio como aplicar su poder impositivo sobre los hechos económicos que acaecen en sus Estados[41]. Este aspecto territorial o principio de territorialidad engloba, como hemos observado, las relaciones personales y las relaciones territoriales (o criterios).

La relación personal utiliza un conjunto de criterios de sujeción personales: la residencia, el domicilio o una estancia como ya mencionamos. Sin embargo, el criterio por excelencia es la residencia. Así pues, en caso de ser residente de un territorio, se aplicará la llamada "sujeción plena"[42] o, también conocida -en inglés- como, *worldwide income,* que implica una tributación en el lugar donde se ostenta la residencia fiscal por todas las rentas obtenidas con independencia de donde se hayan obtenido. Algunos autores como GARCÍA CARRETERO consideran que es erróneo argüir de un principio de residencia, pues la residencia es un criterio de sujeción personal al igual que la nacionalidad (principio de personalidad) y que también se

---

40 LÓPEZ ESPADAFOR, C. M., *Fiscalidad internacional y territorialidad del tributo,* McGraw-Hill, Madrid, 1995, p. 88 en relación con SACCHETTO, C., "Territorialità (diritto tributario)", *Enciclopedia del Diritto,* XLIV, 1992, p. 320 y XAVIER, A. *Direito Tributário Internacional do Brasil,* Editora Resenha Tributária, Sao Paulo, 1977, p. 5.

41 SCHÖN, W., *Op. Cit.,* 2015, p. 280.

42 Para hacer alusión a ésta forma de gravar también se utilizará el término principio de residencia o principio de gravamen global.

incluye dentro del principio de territorialidad en su vertiente subjetiva o personal[43].

En lo que respecta a la relación económica (principio de la fuente o territorial "estricto") autores como BECKER argumentan que determinados Estados basados en este tipo de relación con el territorio fijan subcriterios (o umbrales) para aplicarla. Los umbrales, a su vez, pueden ser de tipo geográfico[44] o bien, de tipo cualitativo[45].

Al mismo tiempo, GARCÍA NOVOA se refiere a "un doble nivel de incidencia territorial": el primer nivel, se compone de aquellos Estados que únicamente gravan rentas producidas en su territorio (Panamá, Costa Rica, El Salvador, por ejemplo) y, el segundo nivel, son aquellos países que tienen regímenes especiales que gravan únicamente las rentas generadas en su territorio, pero además también aquellas que son repatriadas al mismo. El autor, pone como ejemplo de este segundo nivel, el régimen británico del *non-dom*[46].

Para VOGEL la vinculación derivada de una relación económica con un territorio requiere una conexión entre el *origen* de la renta con el lugar de la producción de esta como el emplazamiento donde se ha añadido (o generado) un valor a un hecho

---

43 GARCÍA CARRETERO, B., *Op. Cit.,* 2006b, p. 44. La autora añade que es preciso referirse al "criterio" y no de "principio" cuando se alude al término de residencia. *Ibídem.*, p. 45

44 BECKER, A., "The Principle of Territoriality and Corporate Income Taxation – Part 1: What Territoriality Means and Whether or Not it Guides Country Practice", *Bulletin For International Taxation,* Journal Articles & Opinion Pieces, IBFD, 2016, p. 192.

45 Véase el Comentario 28 al artículo 5 del Modelo de Convenio de 2017 de la OCDE.

46 GARCÍA NOVOA, C., "El actual contexto internacional y el principio de residencia en las rentas de actividades empresariales", *Crónica Tributaria,* número 164, 2017, p. 37.

económico[47]. Por su parte, BECKER introduce algo más: «*la vinculación económica reconoce, por tanto, que los ingresos sólo pueden realizarse realmente cuando alguna actividad humana hace un uso beneficioso de los derechos, la propiedad o el capital situados en su territorio. Cuando esos derechos, bienes y capitales se han desarrollado o mantenido a través de actividades e infraestructuras situados en el país, el contribuyente ha obtenido necesariamente un beneficio directo del país, lo que justifica la jurisdicción de la fuente de ese país de acuerdo con el principio de beneficio, que subyace a la imposición en la fuente y, en última instancia, también al principio de territorialidad*[48]». Este tipo de vinculación supone una "sujeción limitada" por todos aquellos hechos económicos que, únicamente, se hayan producido u obtenido dentro del territorio de un Estado.

Los criterios de sujeción utilizados tanto para la relación personal como con la económica suponen para ARANA LANDÍN «*el punto de unión o conexión necesario de una jurisdicción determinada con una manifestación de capacidad contributiva susceptible de ser gravada en la misma. Es decir, el nexo se configura como elemento necesario e imprescindible y como premisa básica para atribuir un poder de imposición*»[49]. De esta forma, el principio personal de la residencia está relacionado con el principio de capacidad económica; mientras que, el principio de la fuente o territorial se vincula al principio de los beneficios[50] La posición de LIPNIEWICZ res-

---

47 VOGEL, K., "Worldwide vs. Source Taxation of Income – A Review and Re-Evaluation of Arguments (Part I)", *Intertax*, Volume 16, Issue 10, 1988, p. 217.

48 BECKER, A., *Op. Cit.*, 2016, pp. 194-195.

49 ARANA LANDÍN, S., "Globalización, robotización y digitalización: hacia una nueva concepción del nexo en materia tributaria", *Quincena fiscal*, número 10, 2020, (Versión electrónica [BIB 2020\11303]).

50 BARREIRO CARRIL, M. C., "La residencia: ¿Criterio legítimo de distinción entre obligación personal y obligación real en la Unión Europea", *Documentos de Trabajo*, número 6, Instituto de Estudios Fiscales, Madrid, 2019, p. 89.

pecto del principio de los beneficios es que, a través del mismo, el Estado tiene una justificación para imponer por los servicios y bienes públicos prestados a un sujeto. El autor concibe que ello también manifiesta una lealtad económica con el Estado que ha permitido a un sujeto determinado obtener una ganancia con la ayuda de su sistema legal y económico[51].

La exposición de estos principios servirá para que, a continuación, los confrontemos con la idea de considerar si su aplicación se halla justificada en el marco de determinadas operaciones como son las de alta movilidad y, por ende, en las que el trabajo a distancia tiene una presencia relevante. El debate, entre otras cosas, servirá para conocer si existe o no un respeto a los principios de justicia tributaria anteriormente mencionados.

1.3. Principales dicotomías entre los principios de residencia y fuente en materia tributaria

La elección de los principios impositivos es una prerrogativa de los Estados como manifestación de su soberanía fiscal. Existen dos corrientes principales en cuanto a la elección de principios: una favorece el principio de residencia (junto con la territorialidad para no residentes), mientras que la otra opta por aplicar exclusivamente el principio de territorialidad.

A continuación, se presentarán de manera breve las diferentes dicotomías que surgen de ambos principios para reflejar el conflicto que existe en la imposición internacional debido a la creciente deslocalización de las rentas del trabajo impulsada por las actividades laborales desarrolladas a distancia. No es descabellado reconocer los beneficios que también puede ofrecer la aplicación del principio de territorialidad estricta

---

51 LIPNIEWICZ, R., "Place of Effective Management in the Digital Economy", *Intertax*, Volume 48, Issue 6 & 7, 2020, p. 607.

(principio de la fuente). Un ejemplo que plasma esa idea junto con el impacto tecnológico lo presenta CHICO DE LA CÁMARA al afirmar que «*actualmente existen razones objetivas como son entre otras, la creciente globalización del mercado, la opacidad de las transacciones y la deslocalización física de las rentas que invitan a reflexionar sobre la necesidad de que se lleve a cabo una revisión profunda de los principios de imposición internacional al objeto de gravitar la tributación actual de los impuestos especiales sobre el criterio de la fuente*»[52].

El principio de la fuente implica una mayor equidad fiscal al otorgar el mismo tratamiento tanto a residentes como a no residentes. Además, fomenta la atracción de capitales, lo cual es característico de los países en desarrollo y también de países latinoamericanos. Otro argumento a favor de este principio es que la territorialidad se basa en el uso de servicios públicos, infraestructuras y una serie de recursos naturales proporcionados por el Estado de origen.

El uso generalizado del principio personalista en el criterio de residencia fiscal puede facilitar comportamientos de elusión fiscal debido a la gran cantidad de puntos de conexión establecidos por el legislador en relación con este criterio de sujeción. Esto puede deberse, entre otros motivos, a que la residencia fiscal se proyecta sobre la base de una multitud de reglas impuestas por cada uno de los Estados con interpretaciones, a su vez, contradictorias o dispares, como el tipo de vivienda permanente o, en relación con el periodo impositi-

---

52 CHICO DE LA CÁMARA, P., "La residencia fiscal de las personas físicas en el Derecho comparado", en *Residencia fiscal y otros aspectos conflictivos. La armonización de la Imposición Directa*, Thomson Reuters-Aranzadi, Navarra, 2013, p. 107. Sin embargo, para no perjudicar a los Estados exportadores de capital considera que la opción más adecuada es la aplicación por el Estado de la residencia de un método de exención con progresividad.

vo[53]. En contraste, el criterio de territorialidad presenta menos oportunidades para la elusión fiscal[54].

Posiblemente, y en el ámbito de la doble imposición, las rentas gravables por un impuesto directo como el IRPF no darían lugar a dobles gravámenes si el criterio fuese el de la territorialidad lo cual, según SOLER ROCH, implicaría la no intervención de los CDI[55]. Para NÚÑEZ GRAÑÓN el criterio de residencia ha sido criticado por los problemas de doble imposición que provoca. La autora menciona el Informe de la Comisión Kemp el cual apuesta por un sistema de tributación internacional territorial. En concreto, el documento basa su conclusión en cinco puntos: el primero, la dificultad en el cumplimiento y aplicación de tributos; el segundo, la poca ganancia para las arcas públicas; el tercero, que desincentiva la repatriación de rentas del extranjero; el cuarto, la pérdida de competitividad y, el quinto, los impuestos globales presionan a los empresarios a realizar reestructuraciones por razones fiscales[56].

---

53 CARBAJO VASCO, D., "Crisis y reforma de los criterios de residencia fiscal en un contexto de globalización", *Estrella Digital*, 2014, citado por GONZÁLEZ APARICIO, M., "La determinación de la residencia de las entidades en el marco de la normativa convencional internacional" *Documentos de Trabajo*, número 6, Instituto de Estudios Fiscales, Madrid, 2019, p. 125.

54 ARANA LANDÍN, S. *Op. Cit.*, 2020, (Versión electrónica [BIB 2020\11303]).

55 SOLER ROCH, M. T., "La residencia como punto de conexión en los Convenios de Doble Imposición. Algunas cuestiones a resolver en el futuro", *Documentos de Trabajo*, número 3. Instituto de Estudios Fiscales, Madrid, 2018, p. 47.

56 Véase en NÚÑEZ GRAÑÓN, M., "El principio de territorialidad como criterio de sujeción: el documento "simplify internacional taxation" incluido en el informe de la Comisión Kemp", *Quincena Fiscal*, número 10, 1997, (Versión electrónica [BIB 1997/1132]).

Además, en un contexto de alta movilidad, como ocurre con los teletrabajadores transfronterizos, ESCRIBANO LÓPEZ señala que debería actuarse con los teletrabajadores en la línea establecida por el artículo 17 del MC OCDE para los artistas y los deportistas al prever la alta movilidad de estos. Esta filosofía tendría que transferirse al artículo 15 del MC OCDE para los supuestos de trabajo a distancia. De este modo, se podría tributar en el Estado de la situación por los días que ha permanecido en él, sin desplazar el poder impositivo a favor del Estado de la residencia del trabajador por el mero hecho de no haber alcanzado el umbral de 183 días[57].

A pesar de los argumentos apuntados, el mantenimiento generalizado del principio de la residencia sigue *marcando la tendencia*. Su presencia se vuelve, para muchos autores, más razonable ante la digitalización y la movilidad que emerge en nuestro mercado de trabajo: sobre todo, por el creciente uso del teletrabajo. Para PINTO con las nuevas tecnologías y el comercio electrónico el principio de residencia será aún más relevante. Lo justifica alegando que con la aparición de conceptos como el ciberespacio será difícil, sino imposible, identificar el lugar donde se ha originado el hecho imponible y, por ende, la renta. Señala también que, por este motivo, la aplicación del principio de la fuente perdería su razón de ser, pues tomando como referencia la residencia del contribuyente hallaremos mayor seguridad al ser más probable que el lugar donde se ha generado la renta sea donde reside el obligado tributario lo cual legitimará a su Estado a ejercer los derechos impositivos[58].

---

57 ESCRIBANO LÓPEZ, E.: «La fiscalidad de las rentas del teletrabajador y de las empresas que los emplean en escenarios transfronterizos», [en línea], (2022), <https://papers.ssrn.com/sol3/papers.cfm?abstract_id=4245841>.

58 PINTO, D., "Exclusive source or residence -based taxation- is a new and simpler world tax order possible", *Bulletin for International Taxation*, volume 61, número 7, Journal Articles & Opinion Pieces, IBFD,

En este sentido, concluye PINTO con una presunción de que el sujeto se halla en el Estado de la residente al apuntar que «*en un entorno de comercio electrónico, la base más estable para determinar los derechos de imposición puede ser la localización de los individuos que toman las decisiones o generan las actividades que dan lugar a los beneficios, aunque es más probable que esta localización coincida con los países de residencia que con los de origen*[59]».

Por su parte, LUCAS DURÁN considera que es en la residencia donde está más justificada la tributación, pues es el lugar donde recibe la mayor parte de los servicios públicos y los impuestos son la forma de financiarlos. Además, es el lugar donde mejor puede tenerse en consideración la capacidad económica de la persona física[60].

No obstante, la desmaterialización de las rentas y la movilidad de trabajadores demandan de esta reflexión realizada. Nos encontramos ante una "crisis de la soberanía territorial de los Estados" al no existir en el actual mercado de trabajo una estructura empresarial que permita a los estados localizar las operaciones debido a su componente digital, inmaterial e intangible[61]. Resulta evidente que se impone el modelo del

---

2007, pp. 277-278, en relación a lo indicado por el US Department of the Treasury, Office of Tax Policy, Selected Tax Policy Implications of Global Electronic Commerce (1996), disponible en www.ustreas.gov/taxpolicy/internet.html.

59 PINTO, D., *Op. Cit.*, 2007, p. 288.

60 LUCAS DURÁN, M., "Residencia y territorialidad: BEPS y la necesidad de revisar los principios tradicionales de la fiscalidad internacional", *Documentos de Trabajo,* número 7, Instituto de Estudios Fiscales, Madrid, 2018, pp. 19-20.

61 MACARRO OSUNA, J. M., "Competencia fiscal y el comercio electrónico en el IVA", en *Competencia Fiscal y Sistema Tributario: Dimensión Europea e Interna,* Thomson Reuters-Aranzadi, Navarra, 2014, p. 237.

work from anywhere[62] y uno de sus múltiples objetivos es atraer talento. Este desconocido panorama invita a que se genere un debate sobre cómo conseguir que los criterios de sujeción actuales reflejen la realidad económica de cada actividad. En consecuencia, creemos oportuno que se amplíe la aplicación del principio de territorialidad, pues puede ser una solución para abordar las desigualdades entre los Estados ante un mercado cada vez más digitalizado y deslocalizado. Todo ello, claro está, exige un análisis meditado, pues son muchos los resquicios para tener en cuenta.

2. EL MODELO DE CONVENIO TRIBUTARIO SOBRE LA RENTA Y SOBRE EL PATRIMONIO DE LA OCDE

A nivel convencional los Estados se han servido de diferentes guías orientadoras con el fin de elaborar tratados internacionales en materia fiscal como bien son los CDI. Las guías -o, mejor dicho, los Modelos de Convenio- se elaboran por parte de determinadas organizaciones internacionales como la OCDE (el primero, en 1963)[63] o la ONU (la primera versión, en 1980).

Para BRAUNER la publicación de estos MC por parte de dichas organizaciones -aunque él se refería únicamente a la OCDE- ostentan el papel de "emisor de estándares" para que los Estados puedan llegar a acuerdos[64]. Cabe apuntar que el

---

62 BERETTA, G., "`Work on the Move': Rethinking Taxation of Labour Income under Tax Treaties" *International Tax Studies,* IBFD, número 2, 2022, p. 3.

63 A partir de 1992 se producen actualizaciones permanentes. Vid. para más información GARCÍA PRATS, F. A., "Los Modelos de Convenio, sus principios rectores y su influencia sobre los Convenios de doble imposición", *Crónica tributaria,* número 133, 2009, pp. 101-124.

64 BRAUNER, Y., "The True Nature of Tax Treaties", *Bulletin for International Taxation,* volume 74, num. 1, 2020, p. 32.

Modelo de Convenio de la ONU, en palabras de ANDRÉ ROCHA, buscó una división más justa en la distribución impositiva entre países desarrollados y en vías de desarrollo[65]. Sin embargo, como precisa el autor indicado, acabó pareciéndose mucho al de la OCDE; a pesar de sus intenciones iniciales.

La relevancia internacional de los Modelos de Convenio choca con su ausencia de fuerza normativa al igual que los Comentarios[66]. En este sentido, GARCÍA PRATS apunta a que no son mandatos de carácter interpretativo; sin embargo, existe un consenso internacional para encuadrarlos como una fuente *soft law* o ley blanda que acabaran siendo el contenido de los CDI[67] que sí son fuente del derecho. Sean la fuente que sean, el TJUE ha venido afirmado en sus sentencias que los Estados inspiran su práctica internacional en el MC OCDE[68].

En vista de la Convención de la OCDE, en concreto en su artículo 5, puede observarse que el MC y sus Comentarios no tienen el carácter de decisión –que sí tendrían el carácter de vinculantes para los Estados miembros de la organización-; sino que, se tratan de meras recomendaciones emitidas por el Consejo de la OCDE. Algunos debates se han centrado en la trascendencia que tienen éstas fuente de *soft law* en el Derecho Internacional, pues no tienen una apariencia de legalidad[69].

---

65 ANDRÉ ROCHA, S., "International Fiscal Imperialism and the 'Principle' of the Permanent Establishment", *Bulletin for International Taxation,* volume 68, número. 2, Journal Articles & Opinion Pieces, IBFD, 2014, p. 83.

66 No son fuente del derecho como señala TYCHMANSKA, A., "The OECD as the Future International Tax Organization: An inevitable Course of Events?", *Intertax,* volume 49, issue 8/9, 2021, p. 623.

67 GARCÍA PRATS, F. A., *Op. Cit.*, 2009, pp. 106-108.

68 Véase entre otras SSTJUE asunto C-470/04, *N,* de 7 de septiembre de 2006 – ap. 45- *(Tol 4.627.842)* y asunto C-336/96, *Gilly,* de 12 de mayo de 1998 -ap. 31- (*Tol 119.771*)

69 BRAUNER, Y., *Op. cit.*, 2020, p. 33.

Esto conlleva a que los Convenios que se suscriben no ostenten la uniformidad necesaria[70].

A pesar de la falta de apariencia legal y de la existencia de divergencias entre Convenios la figura del *soft law,* para ciertos autores, supone una ventaja. Aquellos que consideran su efecto positivo lo justifican en los constantes cambios que se producen en el mundo globalizado y, en consecuencia, es fundamental que exista una herramienta ágil y adaptable al cambio que se representa a través del *soft law*[71]. En contra, encontramos opiniones como la de NAVARRO IBARROLA quien identifica los riesgos de dicha fuente sin valor normativo. En concreto, menciona la carencia de publicidad y accesibilidad de los Comentarios (al no ser gratuita la versión completa) y, en conexión a ello, la posible vulneración de los derechos de la propiedad intelectual de la OCDE si se incluyeran los mismos en los tratados. Añade, así mismo, que no hay una ratificación por parte de una institución democrática y que la OCDE los emite (tanto el Modelo de Convenio como los Comentarios) a través de recomendaciones lo que genera una ausencia de vinculación sobre los Estados parte[72].

Sean la fuente que sean el MC y sus Comentarios, parece bastante claro que los CDI son tratados internacionales. Su efectiva aplicación requerirá de una correcta interpretación de todos sus términos. Como expondremos, el artículo 15 del MC OCDE, bajo la rúbrica "renta del trabajo por cuenta ajena", se configura a través de un conjunto de términos y expresiones que cuando son interpretados y aplicados por los Estados con-

---

70 *Ibídem.*, p. 34.

71 TYCHMANSKA, A., *Op. Cit.,* 2021, p. 621.

72 NAVARRO IBARROLA, A., "Intenational Tax Soft Law Instruments: The Futility of the Static v. Dynamic Interpretation Debate", *Intertax,* volume 48, issue 10, 2020, pp. 851-852. Véase, en una línea similar a BRAUNER, Y., *Op. Cit.*, 2020, p. 34.

tratantes puede que se desvíen del "contexto y la finalidad" que inicialmente tenía el CDI. Desviarse de esta senda convencional tendrá consecuencias respecto al modo en que se distribuye el poder impositivo de las rentas del trabajo obtenidas por los trabajadores a distancia, como respecto a la determinación de la residencia fiscal en el marco del artículo 4 del MC OCDE.

Para abordar el tema de la interpretación es preciso empezar por distinguir entre las dos teorías que existen sobre esta cuestión. Así, disponemos de la teoría autónoma y de la teoría doméstica. El punto de apoyo del análisis partirá de lo establecido en el artículo 3.2 del MC OCDE, así como de los artículos 31 y siguientes de la Convención de Viena sobre el derecho de los tratados, de 23 de mayo de 1969.

La teoría de la "interpretación autónoma" es aquella que permite conocer el significado de los términos y expresiones contenidos en el tratado con la mera ayuda de lo que establecen los CDI (y su contexto) y los principios generales del Derecho Internacional: es decir, no requiere un "reenvío" a un ordenamiento doméstico para la resolución de la duda[73].

Es precisamente la alusión singular al contexto lo que da a entender la independencia que ostenta el propio tratado para ser aplicado. En caso contrario, en nuestra opinión, el artículo 3.2 del MC OCDE, aludiría a los diferentes "contextos" entre los cuales se encontrarían los significados extraídos de cada que cada normativa interna, y esto no sucede en el precepto apuntado. Sobre ello, entiende REIMER que un mismo concepto puede tener significados diversos, pero el MC limita esa

---

73 REIMER, E., "Permanent Establishment in the OECD Model Tax Convention" en *Permanent Establishments. A Domestic Taxation, Bilateral Tax Treaty and OECD Perspective*, 5. Ed, Kluwer Law International, Países Bajos, 2016, (Versión electronica). Traducción propia.

amplitud y, por ello, su previsión excluye interpretaciones solapadas ("en plural", por tanto)[74].

DE BROE determina que con la expresión «*a menos que el contexto lo determine de otro modo*» establecida en el artículo 3.2 del MC OCDE se produce una "confirmación" de la autonomía en la interpretación sin ninguna alusión a la ley doméstica[75]. Para PISTONE la legislación doméstica de los Estados contratantes es un instrumento de carácter subsidiario al cual debe acudirse en caso de que no pueda inferirse del tratado una interpretación adecuada de sus términos, y señala que la interpretación autónoma «*reduce la inseguridad jurídica, al mismo tiempo que preserva límites razonables para la interpretación jurídica y la comprensión de hechos relevantes*»[76].

Acudir a los ordenamientos internos es totalmente válido, pero únicamente cuando del contexto del CDI no pueda extraerse un significado adecuado para la operación. Pero, por regla general, no será necesario que un ordenamiento interno desarrolle una expresión o un término, pues la intención del tratado es precisamente la contraria. Esto es así porque, al fin y al cabo, los CDI son fruto de una negociación previa entre dos Estados. Debido a ello, el "acto" de acudir a un ordenamiento doméstico "rompería" la sintonía que se quiso reflejar en el tratado[77].

La segunda de las teorías de la interpretación se basa en el ámbito doméstico. Para VOGEL de conformidad con lo que

---

74 REIMER, E., *Op. Cit*, 2016, (Versión electrónica). Traducción propia.

75 DE BROE, L., "Article 15. Income from Employment" en *Klaus Vogel on Doble Taxation Convention*, 4 ed, vol. 1, Kluwer Law International, Países Bajos, 2015, p. 1126.

76 PISTONE, P., "Article 15: Income from Employment" en *Global Tax Treaty Commentaries*, Global Topics, IBFD, 2021, (acceso electrónico en fecha 16 de octubre de 2022).

77 LANG, M., "Tax treaty Interpretation – A response to John Avery Jones", *Bulletin for International Taxation*, vol. 74, número 11, 2020, p. 660.

establece el artículo 3.2 del MC OCDE primero, se aplicará la legislación doméstica hasta que los términos establecidos en la misma "requieran" acudir, segundo, a las disposiciones que se contienen en el tratado[78]. Lo que, en nuestra opinión, equivale a decir que las disposiciones del tratado serán aplicables si producen mejores resultados. AVERY JONES, como uno de los defensores de dicha interpretación señala que la ley interna formará siempre parte del contexto apuntado en el artículo 3.2 del MC OCE[79]. Expone, en resumen, que el artículo 3.2 del MC OCDE da prioridad al derecho interno de un término indefinido por el CDI.

Señalado esto, añade el autor anterior que los términos estarán bajo el amparo de los ordenamientos internos hasta que aparezca la expresión "a menos que", o sea, hasta que el contexto requiera otra cosa, a modo de excepción. La excepción será limitada, pues debe "requerirse". Hasta que esto no ocurra, según AVERY JONES, primará la legislación doméstica[80]. Para el autor, en materia de rentas del trabajo, concretamente, cuando nos referimos a la expresión *«sueldos, salarios y otras remuneraciones análogas»*, éstas deberían incluirse en el ámbito de las rentas del trabajo de la ley interna, pues el contexto no impide que no se aplique el derecho interno para determinar qué debe entenderse por la expresión mencionada[81].

Se trata de un análisis, que no comparte BERETTA, ni nosotros, pues la expresión *«a menos que el contexto lo determine de otro modo»* o, en inglés, *unless the context requires otherwise,* deter-

---

78 VOGEL, K., *Klaus Vogel on Double Taxation Conventions.* 3º ed. Kluwer Law International, 1997, pp. 213-217.

79 Véase AVERY JONES, J. F., "Problems of Categorising Income and Gains for Tax Treaty Purposes", *British Tax Review,* núm. 5, 2001.

80 AVERY JONES, J. F. y HATTINGH, J., *Treaty Interpretation – Global Tax Treaty Commentaries,* Global Topics, IBFD, 2021, (Versión electronica).

81 AVERY JONES, J. F., *Op. cit.*, 2001, p. 393 (Traducción propia).

mina que la legislación interna siempre quedará en segunda posición, mientras el tratado pueda resolverlo[82]. Y es que, el contexto forma parte de la interpretación autónoma. Así se manifestó el Tribunal Administrativo austriaco al acudir a la legislación interna de Austria al ser complejo extraer el "objeto" y "fin" de la expresión "ingresos del trabajo e ingresos de servicios profesionales" en el marco del CDI entre Alemania y Austria suscrito en el año 2005[83].

Expuestas ambas teorías procederemos a analizar el contenido del artículo 31 y siguientes de la Convención de Viena para seguir con un razonamiento sobre cuestiones conexas a la tarea de la interpretación. El artículo 31.2 de la Convención de Viena explica qué comprende el término *contexto*. En la composición estará el texto, el preámbulo y los anexos. Además, también incluirá los acuerdos o instrumentos aceptados de común acuerdo. Junto a todo lo anterior, también se tendrán en cuenta los acuerdos posteriores y la forma de aplicar (interpretar) el tratado a los efectos del acuerdo, entre otras formas acordadas por las partes también tendrán cabida como material principal para la interpretación.

Los Comentarios han sido clasificados, para algunos autores, como parte del "contexto" del tratado[84], a pesar de no tener un carácter vinculante. Para BAKER suponen un medio de

---

82 BERETTA, G., *Op. Cit.*, 2022, p. 18.

83 Austria – Caso 2002/15/0098, de 30 de marzo de 2006, Case Law IBFD (Versión electrónica).

84 GARCÍA CARRETERO, B., *Op. Cit.*, 2006b, p. 77 en alusión a WATTEL, P. J. y MARRES, O., "The legal Status of the OECD Commentary and Static or Ambulatory Interpretation of Tax Treaties", *European Taxation*, volume 43, num. 7-8, 2003, pp. 222 y ss. Por su parte, AVERY JONES, J. F. y HATTINGH, J., *Op. Cit.*, 2021, (Versión electrónica) indica que, a pesar de la ausencia de naturaleza vinculante, nada impide que no puedan formar parte del artículo 31 de la Convención de Viena.

ayuda de carácter externo que tendrá que valorar el juez nacional junto con otros materiales como los escritos de académicos, las decisiones de tribunales extranjeros y algunas fuentes unilaterales realizadas por estados[85]. En cambio, para DANON los comentarios no forman parte del referido "contexto" en atención al artículo 31.2 de la Convención de Viena, pues no constituyen un acuerdo concluido por las partes en el momento de suscribir el tratado[86].

En resumen, a nuestro juicio, para aquellos que defienden la interpretación autónoma, no sería válido acudir primero a la interpretación doméstica (ordenamiento interno) y luego a la interpretación autónoma (disposiciones del tratado). En el artículo 3.2 del MC OCDE se menciona la posibilidad de que las autoridades competentes acuerden un significado distinto de los términos del tratado de acuerdo con el artículo 25. Desde nuestro punto de vista, esta disposición refuerza la autonomía del tratado, ya que el contexto o los nuevos matices pueden ser acordados por las autoridades de los Estados firmantes, sin hacer referencia directa a la regulación unilateral de uno de los Estados.

Es importante tener en cuenta que los tratados son como "contratos" entre dos partes, y para que sean válidos debe existir conformidad en todos sus términos, lo cual, en nuestra opinión, también debe aplicarse a la interpretación de dichos términos.

En consecuencia, el orden que consideramos que persigue el artículo 3.2 del MC OCDE es el siguiente: en primer lugar, acudir a los términos del Convenio (artículo 3.1 y otras disposiciones del tratado); en segundo lugar, en caso de que no

---

85 BAKER, P., "The location of Tax Treaty Interpretation", en *Building Global International Tax Law: Essays in Honour of Guglielmo Maisto*, IBFD, Amsterdam, 2022, (Versión electronica).

86 DANON, R., "La notion d'employeur au sens de l'art. 15 (2) (b) MC OCDE: Analyse critique du commentaire OCDE 2010 et impact sur les CDI suisses", *IFF Forum für Steurrecht*, Universität. St. Gallen, 2012, p. 99.

haya una definición de los términos, recurrir al artículo 3.2 del MC OCDE, es decir, al contexto del CDI (sentido y finalidad, como señala el artículo 31.1 de la Convención de Viena); en tercer lugar, considerar los acuerdos mutuos adoptados por las autoridades competentes de cada Estado y, en cuarto y último lugar, tener en cuenta la legislación doméstica.

El artículo 3.2 del MC OCDE tendrá una importancia decisiva en la aplicación e interpretación de los artículos 4 y 15 del MC OCDE, ya que parte de sus términos y expresiones no están definidos en el tratado internacional, por lo que la ayuda de dicha disposición será esencial siempre y cuando se sigan los pasos lógicos que hemos argumentado y defendido, es decir, basados en la interpretación autónoma de los tratados.

3. ANÁLISIS DEL ARTÍCULO 4 DEL MC OCDE: LA RESIDENCIA FISCAL

El artículo 4 del MC OCDE se compone de tres apartados. Como ya hemos tenido ocasión de mencionar, la presente investigación únicamente se centrará en los dos primeros: el apartado tercero hace alusión a las personas jurídicas y aquí, nos centramos en los trabajadores que prestan sus servicios a distancia.

En el primer apartado, se identifican a las personas que se mencionan en el artículo 1 del MC OCDE como aquellas que están incluidas en el alcance de aplicación del Convenio, específicamente, los residentes de un Estado contratante. De esta forma, en este primer apartado la expresión "residente de un Estado contratante" hace referencia a todas aquellas personas que están sujetas a imposición conforme a una serie de criterios de sujeción: el domicilio, la residencia, la sede de dirección o cualquier otro criterio análogo. El MC OCDE no establece un *numerus clausus* al respecto; sin embargo, todos ellos deben conllevar una tributación o sujeción íntegra. Lo contrario, vendría a recaer en el ámbito de aplicación de la segunda parte del primer apartado que establece una limitación al término "residente de un Estado contratante" al excluir a todos aquellos que únicamente estén sujetos a imposición en ese Estado por las rentas que obtenga en él, es decir, a diferencia de la primera parte, en ésta la sujeción es de carácter limitado.

En el segundo apartado encontramos las llamadas "reglas de desempate" o *tie-breaker rules.* Hay que tener en cuenta que, el desarrollo del término "residente en un Estado contratante" junto con los criterios de sujeción que se enumeran en el primer apartado del artículo 4 del MC OCDE es una tarea que se encomienda a las legislaciones domésticas lo cual puede dar lugar a una doble imposición como consecuencia de una doble residencia. Para poder solventarlo el apartado segundo establece una serie de reglas ordenadas de forma preferencial y no alternativa con el fin de establecer vínculos precisos en cada uno de los Estados suscribientes de un CDI con el fin de que sólo uno de dichos territorios tenga preferencia sobre el otro.

Las reglas o vínculos que asignan la potestad impositiva a un único Estado como territorio de residencia del individuo son: la vivienda permanente, el centro de intereses vitales, el lugar donde viva habitualmente -la morada-, la nacionalidad y, por último, el procedimiento amistoso.

3.1. El ámbito de aplicación subjetivo

El artículo 4.1 del MC OCDE establece las condiciones para determinar el lugar de residencia de una persona física a efectos del Convenio.

Son varios los elementos que deben analizarse con el fin de plasmar la problemática que puede darse en el ámbito del trabajo a distancia. Por ello, desgranaremos el apartado tomando como punto de partida el concepto de residente incardinado en la expresión "residente de un Estado contratante". Posteriormente, identificaremos el tipo de sujeción que establece la primera parte del artículo 4.1 del MC OCDE el cual debe basarse en alguno de los criterios de sujeción que el apartado enumera de “forma abierta”.

Cada uno de ellos tendrá que originar una sujeción plena sobre las rentas obtenidas por el residente. El apartado finaliza con una segunda parte que limita y, en cierta forma, dota de contenido a la expresión indicada de “residente de un Estado contratante”, pues excluye a aquellas personas que no tributan de forma íntegra o plena en un territorio, sino únicamente por las rentas obtenidas dentro de sus fronteras, es decir, de forma limitada. Al respecto, SOLER ROCH señala que esta exclusión parece, en principio, razonable pues no sería lógico aplicar un Convenio cuya finalidad principal es evitar la doble imposición si no hay riesgo de ella, pues sólo se gravarían las rentas en fuente[87].

3.1.1. El concepto de residente

El término “residente” lo extraemos de la expresión contenida en artículo 4.1 del MC OCDE al referirse a “residente de un Estado contratante”. En base al precepto, un residente es una “persona” sujeta a imposición en un Estado contratante. Llama la atención que tanto en las observaciones preliminares como en los Comentarios al precepto el MC OCDE apunte a que “define” el término de “residente” cuando su misión no es esa (marcan una orientación)[88] y, aunque lo fuera, no existe una conceptualización de la expresión.

---

[87] SOLER ROCH, M. T., “Reflexión sobre la residencia como criterio de sujeción: gravamen global vs. Gravamen único”, en *La problemática de la residencia fiscal desde una perspectiva interna e internacional*, Wolters Kluwer, Madrid, 2018, (Versión electrónica).

[88] CARMONA FERNÁNDEZ, N., “Ámbito de aplicación de los Convenios de Doble Imposición”, en *Convenios Fiscales Internacionales y*

El MC OCDE tan sólo define el término "persona" en su artículo 3.1.a), aunque de forma sucinta, pues únicamente alude a que por "persona" se entenderá a cualquier persona física, las sociedades y cualquier otra agrupación de personas. Los comentarios al artículo 3 del MC OCDE ya adelantan que dicha definición es amplia y que, para un mayor análisis debe acudirse a los comentarios al artículo 4 MC OCDE los cuales tampoco otorgan ningún tipo de definición. De este modo, en el ámbito internacional, en línea a lo que menciona VILCHES DE SANTOS, no existe una definición común de "residencia fiscal", pues la tarea se encuentra cedida a las legislaciones domésticas[89]. Lo único que realiza el MC OCDE es establecer una serie de criterios de sujeción que los Estados contratantes deben tener en cuenta para que exista una conexión entre la persona y el territorio. De ahí que, como bien sostiene SOLER ROCH, la calificación de "residente" no pueda ser otorgada sin más[90].

Al fin y al cabo, ostentar dicha calificación se halla condicionada a un vínculo personal que desemboque en una sujeción integral a imposición (sujeción plena). El modo de llevarlo a cabo conlleva un amplio margen para los Estados contratantes y, por ello, los criterios de sujeción no son una lista cerrada.

3.1.2. El significado de *liable to tax*

El MC OCDE no aporta una definición de lo que es la sujeción plena, pero como señala DIRKIS el fin de esta primera

---

Fiscalidad de la Unión Europea, Wolters Kluwer, Madrid, 2014, p. 89.

89 VILCHES DE SANTOS, D., "Conflictos de doble residencia fiscal", *Documentos de Trabajo,* número 3, Instituto de Estudios Fiscales, Madrid, 2018, p. 56.

90 SOLER ROCH, M. T., "The forgotten taxpayers in a BEPS Scenario", en *Building Global International Tax Law: Essays in Honour of Guglielmo Maisto,* IBFD, Amsterdam, 2022, (Versión electrónica).

regla del artículo 4 del MC OCDE es «*remitir a una persona a un país que impone impuesto ilimitados,* (y) *no exigir que dicha persona esté sujeta a impuestos ilimitados si la ley nacional exime parte o la totalidad de esa obligación tributaria*»*91.* El MC OCDE no establece una posición concreta al respecto, pues deja a los Estados contratantes el margen de considerar si dentro la expresión sujeción plena incluye o no a aquellos sujetos que se benefician de alguna exención contenida en sus legislaciones domésticas.

El concepto de "residente", a los efectos de beneficiarse e incluirse en el ámbito de aplicación del convenio, exige una *full tax liability* o "sujeción integral". Sin embargo, como hemos mencionado, las dudas recaen sobre si dentro de esa sujeción integral se aceptan exenciones o una tributación más reducida. La Corte Suprema de Canadá en el caso *Crown Forest Industries Ltd. v. Canada* señaló que la expresión *liable to tax* establecida en el artículo 4.1 del MC OCDE y el acceso a un tratado viene determinado por asumir una sujeción plena en alguno de los Estados contratantes que suscriben un CDI[92]. Sobre este concepto se manifestó también el Tribunal Supremo de la India el cual señaló que el propósito del artículo 4 del MC OCDE con dicha expresión es manifestar una sujeción a una situación legal, es decir, por la realización de lo que viene a ser el hecho imponible. Sin embargo, ello no debe confundirse con la obligación de pago, pues como señala el mencionado tribunal, si así hubiera sido el artículo 4 del MC OCDE mencionaría "pago" y no "sujeción"[93].

---

91 DIRKIS, M., "The Expression "Liable to Tax by reason of his Domicile, Residence" under Art. 4(1) of the OECD Model Convention" en *Residence of Individuals under Tax treaties and EC Law,* Books IBFD, 2010, (Versión electrónica). (Traducción propia).

92 Caso citado por BROOKS, K., "Canada" en *Residence of Individuals under Tax treaties and EC Law,* Books IBFD, 2010, (acceso electrónico).

93 Caso *Aradi Bachao Andolan* mencionado en SANGHAVI, D., "Tax Treaty Entitlements Issues Concerning Dual Residents", *Intertax,* vol. 42, issue. 10, 2014, p. 607.

El problema que se observa se desencadena, de nuevo, de los Comentarios, pues en los párrafos 8.11 y 8.12 se aprecia la posibilidad contradictoria de permitir a determinados Estados no considerar como residentes a los efectos del MC OCDE a aquellos que estén exentos del pago, es decir, en nuestra opinión, únicamente buscan el "pago" y no la "sujeción" como consideramos que requiere el artículo 4.1 (primera parte) en la línea a lo comentado por el Tribunal indio. Una interesante aportación la realiza BURG. El autor señala que a pesar de que una sujeción limitada no es suficiente para considerar a una persona residente ello no excluye tal calificación (directamente), pues se puede probar que existe una vinculación personal con el Estado[94].

La mayoría de los países opta por considerar también la "sujeción" y no el "pago": por ejemplo, Bélgica, en el que BELLENS señala que resulta razonable que no se requiera una "tributación efectiva", pues en el caso de un sujeto que no ha superado las cantidades objeto de exención y, por ende, no tributa de forma efectiva, no podría tener derecho a los beneficios del tratado[95]. En contra, encontramos a Egipto que sí exige la efectividad en la tributación. Los Estados que consideren dicha posibilidad podrán establecerlo así en sus negociaciones bilaterales.

Se concluye que existen dos formas de tratar el asunto: la primera, no considerarlas como "sujeción plena"; la segunda, otorgar una exención bajo ciertas condiciones, pero se mantiene la condición de "sujeción plena"[96]. Al respecto de esto, una parte de la doctrina estima que los conceptos de sujeción, no sujeción y exención son términos propios de la teoría clásica y

---

94 BURG, P., "France: Limited Tax Liability and Residence" en *Tax Treaty Case Law around the Globe 2021*, Linde, Viena, 2021, p. 31.

95 BELLENS, A., "Belgium", en *Residence of Individuals under Tax treaties and EC Law,* Books IBFD, 2010, (Versión electrónica).

96 OBUOFORIBO, B., "Residence" en *Roy Rohatgy on international taxation. Volume 1: Principles,* IBFD, Países Bajos, 2018, (Versión electrónica).

que la no sujeción a un tratado no puede depender de la política fiscal de cada Estado – por razones de seguridad jurídica- por medio de la aplicación, en las legislaciones domésticas, de exenciones (las cuales suelen modificarse de forma recurrente) y, por ende, esto no puede traducirse en que el sujeto beneficiario no esté sometido a una obligación tributaria total[97].

3.1.3. Los factores para establecer la vinculación entre sujeto y territorio

Las diversas formas de vinculación personal que, como bien señalan los Comentarios al artículo 4.1 del MC OCDE, pretende cubrir el concepto de "residencia" nos lleva a analizar de forma breve su contenido.

Algunos autores se han mostrado críticos a la existencia de esta "lista abierta" de criterios, pues en su opinión un único criterio sería suficiente y dotaría al precepto de mayor precisión[98]. Tal y como precisó GARCIA PRATS, los Estados tienen *«la facultad de articular, distribuir o limitar el ejercicio de su competencia tributaria tanto unilateral como bilateralmente»*[99]. Esto provoca que el desarrollo de cada uno de los criterios de sujeción personal por cada Estado de paso a disparidades. Esto es así porque, como bien señala SERRANO ANTÓN, los CDI no han tenido un impacto armonizador en los criterios de sujeción establecidos en los ordenamientos domésticos y, por ende, tales

---

97 Lo recuerda la profesora SOLER ROCH, M. T., *Op. Cit.*, 2022, (Versión electrónica).

98 BORG OLIVIER, T., "Developments in the Analysis of the Tie-Breaker Rules for Individuals Under Article 4 (1) OECDE", *Intertax*, núm. 1, volume 45, Kluwer Law International BV, Amsterdam, 2017, p. 83.

99 GARCÍA PRATS, F. A., "La residencia fiscal y el Derecho comunitario", *Crónica Tributaria*, número 146, 2013, p. 159.

tratados han tenido que prever un conjunto de vínculos asumidos por los Estados contratantes[100].

De esta forma, el MC OCDE se limita a orientar a los Estados en los criterios a utilizar para que exista una sujeción íntegra para que, posteriormente, estos desarrollen y precisen tales factores de sujeción.

A. El domicilio

El concepto de "domicilio" es un factor de conexión que puede tener diferentes significados según el idioma en el que se analice. En los países de habla inglesa que aplican el *common law,* el término refleja la intención del contribuyente de vivir o permanecer en un Estado en un hogar permanente[101]. Algunos autores destacan que no se debe confundir el "domicilio" con la "vivienda permanente", ya que el primero está referido a las legislaciones internas de los Estados firmantes del convenio, mientras que el segundo se encuentra desarrollado en el MC OCDE[102]. En este orden ANEIROS PEREIRA indica que, en el Reino Unido (como ejemplo de *common law*) el "domicilio" dista del factor de "residencia", pues en el primero, existe

---

100 SERRANO ANTÓN, F., "Hacia una reformulación de los principios de sujeción fiscal", *Documentos,* número 18, Instituto de Estudios Fiscales, Madrid, 2006, p. 7.

101 Para más información véase CHICO DE LA CAMARA, P., *Op. Cit.*, 2013, p. 101. En la misma línea KEMMEREN, E., *Principle of origin in tax Conventions. A rethinking of Models.,* Pijnenburg cormgevers, Holanda, 2001, p. 31.

102 ISMER, R. y BLANK, K., "Article 4. Resident" en *Klaus Vogel on Doble Taxation Convention,* 5 Ed, vol. 1, Kluwer Law International, Países Bajos, 2022, p. 285.

una vinculación de la persona física más fuerte con el Estado dado que hace uso del criterio registral[103].

En el Informe sobre la Doble Imposición de la Sociedad de Naciones[104] se apunta a que para identificar el "domicilio" en los países del *common law* se utilizan un conjunto de hechos sumados a la intencionalidad del contribuyente[105]. El informe precisa que suele darse en el lugar donde se ejercen los derechos de voto (o, políticos) o, donde se establece la obligación de ser miembro de un jurado. Como hemos señalado, Reino Unido es de los países que más han desarrollado este criterio de sujeción. En su ordenamiento se establece la diferencia entre el *domicile* que se adquiere por nacimiento (*domicile of origin*) con el que refleja la intención de permanecer en Reino Unido (*domicile of choice*)[106]. Esta última opción no se asimila a la de muchos países ni a España donde el domicilio no supone una elección de carácter voluntario a largo plazo[107].

De esta forma, como indica una parte de la doctrina, el domicilio en el país sajón atiende a la intención de permanencia; mientras que, como seguidamente estudiaremos, el concepto

---

103 ANEIROS PEREIRA, J., "Regímenes especiales de residencia para personas físicas: entre la territorialidad y la competencia fiscal", *Documentos de Trabajo,* número 6, Instituto de Estudios Fiscales, Madrid, 2019, p. 77.

104 SOCIEDAD DE NACIONES., *Informe sobre la Doble Imposición* (referencia EFS73 F19), 1923, p. 25.

105 En el caso de Estados Unidos la residencia no se basa en el criterio de domicilio no siendo relevante la intencionalidad del individuo. Véase en RIENSTRA, J., "United States" en *Individual Taxation. Country Tax Guides,* IBFD, 2022, (Versión electrónica).

106 FALCÓN Y TELLA, R. y PULIDO GUERRA, E., *Derecho Fiscal Internacional,* Marcial Pons, Madrid, 2018, p. 56.

107 FALCÓN Y TELLA, R. y PULIDO GUERRA, E., *Op. Cit.,* 2018, p. 57 y CHICO DE LA CÁMARA, P., *Op. Cit.,* 2013, p. 101.

de "residencia habitual" -como otro criterio de sujeción- implica una presencia física junto a un conjunto de factores variados[108].

En el caso del ordenamiento jurídico español el "domicilio" no se contempla como un criterio de sujeción, sino más bien como un lugar para relacionarse con la Administración (salvando las distancias con la normativa sobre el Impuesto de Sociedades en alusión al "domicilio social"). De este modo, la Ley 58/2003, de 17 de diciembre, General Tributaria (en adelante, LGT) española en su artículo 48 define el domicilio fiscal como «*el lugar de localización del obligado tributario en sus relaciones con la Administración tributaria*».

El concepto va ligado a las relaciones entre el contribuyente y la Administración tributaria a los efectos de notificaciones y no, a los efectos de la determinación de la residencia fiscal en un concreto Estado.

B. La residencia

Como se ha tenido ocasión de mencionar la "residencia" no es igual que el "domicilio", aunque, en ocasiones, no aparezca bien diferenciada. Se trata de uno de los criterios de sujeción más utilizados por parte de las jurisdicciones de la comunidad internacional. Como señala SOLER ROCH este criterio de residencia, para diferenciarlo del resto, debe entenderse en "sentido estricto" lo cual conlleva referirse al término de "residencia habitual"[109].

---

108 CALDERÓN CARRERO, J. M., *La doble imposición internacional y los métodos para su eliminación*, McGraw-Hill, Madrid, 1997, p. 32.

109 SOLER ROCH, M. T., "Una reflexión sobre el principio de residencia como criterio de sujeción al poder tributario del Estado", en *Presente y futuro de la imposición directa en España*, Lex Nova, Valladolid, 1997, p. 66.

Se configura como un conjunto de hechos, datos o factores de diferente naturaleza que conllevan una vinculación entre el individuo y el territorio[110]. Las circunstancias que envuelven el concepto van desde la permanencia temporal en un territorio (España establece el umbral de más de 183 días dentro del periodo impositivo -año natural-) hasta disponer de intereses en el país (familia, inversiones, una vivienda permanente, entre otros.). Tales circunstancias son similares en el Derecho comparado, pero su configuración refleja gran heterogeneidad[111].

C. La sede de dirección

La sede de dirección es otro criterio de sujeción que se desarrolla en las legislaciones internas. En el caso de España, este criterio se establece con el añadido de "efectiva" en el artículo 8 del Real Decreto Legislativo 4/2004, que aprueba el texto refundido de la Ley del Impuesto sobre Sociedades (en adelante, LIS). Para PÉREZ-BUSTAMANTE los criterios que se contemplan en la LIS no encuentran acomodo en el MC OCDE siendo el "criterio de sede de dirección efectiva" el que más se asimila al Modelo, pues la misma también aparece en el artículo 4.3 del MC OCDE[112]. A pesar de mencionar esto, cabe indicar que este criterio no será objeto de nuestra investigación, pues nos centramos en personas físicas.

---

110 AA.VV., "Los conceptos funcionales de domicilio y residencia y sus consecuencias en los procedimientos tributarios" en *Fiscalidad del no residente: aspectos conflictivos,* Edición Fiscal CISS, Valencia, 2007, p. 103.

111 CALDERÓN CARRERO, J. M., *Op. Cit.*, 1997, p. 28.

112 PÉREZ-BUSTAMANTE YÁBAR, D., "La residencia de las personas jurídicas en los convenios para evitar la doble imposición" en *Residencia fiscal y otros aspectos conflictivos. La armonización de la Imposición Directa,* Aranzadi-Thomson Reuters, Navarra, 2013, p. 203.

D. Otros factores

Se pueden llegar a prever otros factores que dan lugar a una sujeción plena. Algunos autores señalan el caso de: la nacionalidad, el régimen de los diplomáticos, el lugar de constitución o el lugar de matrimonio[113].

Una parte de la doctrina expone dos formas de interpretar este punto: el primero, es adoptando una interpretación funcional (amplia) la cual acepta que exista una sujeción plena; a diferencia de la segunda forma, la interpretación territorial (más estrecha) la cual exige que, a parte de la existencia de una sujeción plena exista una conexión entre el sujeto y el territorio[114]. Los casos de los diplomáticos, por ejemplo, aparecen como un débil factor que se mantiene por derecho consuetudinario o por cuestiones históricas.

En el caso de la nacionalidad, algunos autores precisan que es otro factor que no resulta suficiente (a menos que el tratado diga lo contrario)[115]. De ahí que, se considere como un criterio personal y no territorial como se vio en puntos anteriores. Estados Unidos es de los pocos países (junto con Filipinas) que utilizan el criterio de la nacionalidad como criterio de sujeción motivado en la protección que ofrece a sus nacionales. Este criterio personal, según LÓPEZ ESPADAFOR no tiene por qué reflejar una conexión con la vida económica del territorio lo cual, manifiesta en nuestra opinión la debilidad del criterio[116]. Otros señalan que

---

113 ISMER, R. y BLANK, K., *Op. Cit.*, 2022, p. 287.

114 *Ibídem.*, p. 288.

115 ISMER, R. y BLANK, K., *Op. Cit.*, 2022, p. 289.

116 LÓPEZ ESPADAFOR, C. M., "Los criterios de sujeción a las normas tributarias ante la nueva Ley General Tributaria", *Crónica Tributaria,* número 121, 2004, p. 25.

la sujeción a un sistema tributario de un Estado no vendrá determinada por la nacionalidad, sino por la residencia[117].

3.1.4. El concepto de sujeción limitada

La segunda parte del artículo 4 se inserta en el MC OCDE en su versión de 1977. Otorga, en cierta forma, mayor precisión y contenido a la primera parte al delimitar los sujetos que se ven amparados por el CDI.

Uno de los principales problemas que se dan en la práctica se identifican con la exclusión de aquellos sujetos que únicamente tributarían por sus ingresos de fuente. Se trata de un añadido que describe la sujeción de los "no residentes" y, uno de sus fines era paliar posibles abusos de convenio por individuos que no estaban sujetos de forma íntegra.

Los Comentarios del MC OCDE señalan, en su párrafo 8.3, que la aplicación de la segunda frase (parte) debe atender al objeto y propósito de la disposición, pues lo que no se quiere provocar es la exclusión del Convenio de aquellos residentes de países que aplican el principio de territorialidad, pero en la práctica sí se produce[118]. Es por este motivo que algunos países como Singapur han eliminado esta segunda parte de sus tratados.

Como hemos mencionado anteriormente, la sujeción exclusiva a las rentas obtenidas dentro de un Estado puede estar fuera del ámbito de aplicación de un tratado internacional. Esto suele ocurrir en el caso de los regímenes especiales, donde mu-

---

117 NÚÑEZ GRAÑÓN, M., *Las desigualdades tributarias por razones familiares y de residencia,* Marcial Pons, 1998, p. 136.

118 Véase, a modo de ejemplo, el artículo 4 del Convenio entre el Reino de España y la República de Singapur para evitar la doble imposición y prevenir la evasión fiscal en materia de impuestos sobre la renta y su Protocolo, hecho en Singapur el 13 de abril de 2011.

chas veces las rentas extranjeras están exentas y solo se gravan las rentas de fuente nacional, con el objetivo de atraer mano de obra o fomentar la movilidad internacional. Algunos autores argumentan que no debería haber ningún problema en incluir a residentes que se benefician de un régimen especial y que, a través de estos no tributan por sus rentas extranjeras.

En esta línea, DE VITA apunta a que un residente que se beneficia de un régimen especial puede invocar un CDI, pues el artículo 4 del MC OCDE se remite a la legislación doméstica para considerar lo que es "residente de un estado contratante" y, no hay limitación alguna para aquellos que sólo tributan por rentas en fuente, pues el objeto y propósito del MC OCDE limita a aquellos que no están sujetos de forma global o por su renta mundial[119]. Entendemos que este punto de vista es razonable, pero en la práctica, acaban siendo favorecidos sujetos sobre los que se les aplica una pura territorialidad. Además, consideramos imprescindible aquí distinguir entre los países que aplican por sistemática la territorialidad de aquellos que a través de un régimen especial tienden a la territorialidad. Al final, lo que se está debatiendo es que por medio de exenciones se excluyen a ciertos sujetos del CDI.

Sin embargo, otros autores consideran que no habría cabida en el artículo 4.1 del MC OCDE para este tipo de beneficiarios, de esta forma, ponen el ejemplo del régimen establecido en el artículo 93 de la LIRPF conocido coloquialmente como la Ley *Beckham*. Estos autores motivan su respuesta señalando que lo que grava este tipo de régimen son las rentas de fuente española por medio de un tratamiento similar al que reciben los no residentes[120]. La obligación tributaria de este tipo de

---

119 DE VITA, M., "Flat Tax for "New Residents": A comparison between the Italian and Portuguese Regimes", *European Taxation*, vol. 60, num. 10, 2020, p. 464.

120 CARMONA FERNÁNDEZ, N., *Op. Cit.*, 2014, p. 89.

sujetos es de carácter limitado requiriendo ser "amplia" a los efectos del artículo 4.1 del MC OCDE[121]. Otra opinión la indica la profesora SOLER ROCH al afirmar que los nuevos regímenes preferenciales llegan a romper el vínculo que existía entre la residencia y la obligación tributaria plena[122].

De manera similar, en el Reino Unido las *remittance basis* han dado lugar a profundas discrepancias en el marco de la cuestión que tratamos de analizar. Este tipo de tributación se incluye dentro del régimen de los *non dom* a través del cual se tributa únicamente por las rentas obtenidas en dicho territorio junto con las remitidas al mismo. El acceso de éstos a un CDI en base a lo dispuesto en la segunda parte del artículo 4.1 del MC OCDE para una parte de la doctrina no sería aplicable a dicho supuesto, pues estos individuos tributan tanto por lo obtenido en el territorio como por lo que proviene de fuera de él a través de las "rentas remitidas" y, con este añadido, se manifiesta una sujeción plena, aunque no afecte a la parte no remitida[123].

3.2. Las reglas de desempate

Uno de los propósitos principales del artículo 4 del MC OCDE es abordar los conflictos que surgen debido a la existencia de una doble residencia fiscal. Este problema se origina por dos factores fundamentales. En primer lugar, la falta de una definición uniforme del concepto de "residencia fiscal" a nivel internacional lo que da lugar a diferentes criterios utilizados por los países para determinar la residencia de una persona. En segundo lugar, como resultado de lo anterior, el MC

---

121 MUTIS, S. I., "Can special attraction regimes lead to Treaty Residence?", *Bulletin of International Taxation,* vol. 72, núm. 9, Journals IBFD, 2018, (Versión electrónica).

122 SOLER ROCH, M. T., *Op. Cit.*, 2022, (Versión electrónica).

123 FALCÓN Y TELLA, R. y PULIDO GUERRA, E., *Op. Cit.*, 2018, p. 58.

OCDE remite a las legislaciones nacionales para que definan las circunstancias que otorgan a una persona la condición de residente fiscal en sus respectivos territorios. Esta referencia a las legislaciones domésticas puede generar discrepancias y conflictos en la determinación de la residencia fiscal cuando dos o más países están involucrados.

A pesar de las divergencias que pueden contenerse en los diferentes ordenamientos jurídicos, la mayor parte de los mismos se basan en factores similares como, por ejemplo, la permanencia[124] o el centro de intereses vitales[125]. Tales circunstancias forman parte, por ende, del criterio de sujeción de "residencia" recogido en artículo 4.1 del MC OCDE y, al cumplirse, cada Estado considerará, de forma independiente, que el individuo es "residente fiscal " en su territorio. En dicho punto, entrará en acción el artículo 4.2 del MC OCDE[126].

Para que surta efecto el fin de este segundo apartado, la aplicación y la interpretación deben realizarse de forma autónoma a lo dispuesto en las leyes domésticas[127]. Por este motivo, el artículo 3.2 del MC OCDE no es aplicable (en cuanto a interpretación doméstica) al artículo 4.2 del mismo texto dado que se tratan de conceptos autónomos a las legislaciones domésticas y que ya gozan de un desarrollo en el MC OCDE. Si

---

124 *Ibídem.*, p. 41. Los autores señalan que la gran mayoría establecen una permanencia de 183 días; aunque, en el caso de la India son 182 días o, en otros, que exigen seis meses consecutivos (Dinamarca, Finlandia, Luxemburgo, etc.).

125 CHICO DE LA CÁMARA, P., *Op. Cit.*, 2013, p. 110, señala que la regla general aplicada por la mayor parte de los Estados suscribientes de un CDI es seguir el orden de prelación del artículo 4.2 del MC OCDE.

126 ISMER, R. y BLANK, K., *Op. Cit.*, 2022, p. 297.

127 SASSEVILLE, J., "History and Interpretation of the Tiebreaker Rule in Art. 4 (2) of the OECD Model Tax Convention" en *Residence of Individuals under Tax treaties and EC Law,* Books IBFD, 2010, (Versión electrónica).

se conectaran ambos preceptos, el objetivo del apartado segundo (resolver conflictos de doble residencia) no existiría de ahí que se estableciera una interpretación común aplicable a todos los Estados suscribientes[128].

Lo anterior, contiene una excepción: la nacionalidad. Se trata de un término contenido en el artículo 3.1.g) del MC OCDE y que se define como «*toda persona física que tenga la nacionalidad o ciudadanía de ese Estado contratante*» y su existencia deriva de las condiciones que establezca el ordenamiento de cada Estado para su adquisición[129].

El orden establecido en el artículo 4.2 del MC OCDE debe cumplirse. En general y a la vista de los comentarios -párrafo 11- al artículo 4.2 del MC OCDE se estima que con el primer criterio de preferencia (la vivienda permanente) será suficiente para solucionar el conflicto de doble residencia. Sin embargo, la doctrina, como luego analizaremos con más detalle, discrepa al respecto proponiendo, en no pocas ocasiones, un cambio de orden de prelación[130]. Un ejemplo lo muestra KOSTIC al apuntar que los criterios de la vivienda permanente o

---

128 Para más información al respecto véase DZIWINSKI, K., "Chapter 6. Dual Residence and Treaty Entitlement of Individuals", en *Tax Treaty Entitlement,* Books IBFD, 2015, (Versión electrónica).

129 RUST, A., "Germany", en Residence of Individuals under Tax treaties and EC Law, Books IBFD, 2010, (Versión electrónica).

130 CUBERO TRUYO, A. y TORIBIO BERNÁRDEZ, L., "Reflexiones críticas sobre la regulación actual del concepto de residencia fiscal de las personas físicas", en *Tributación internacional. Fiscalidad en las inversiones transfronterizas,* Thomson Reuters-Aranzadi, Navarra, 2019, p. 118 y CUBERO TRUYO, A. y TORIBIO BERNÁRDEZ, L., "Propuestas para una reorientación del concepto de residencia en la Ley del IRPF, a la búsqueda de una mayor coherencia con los criterios de los Convenios de doble imposición", *Revista de Fiscalidad Internacional y Negocios Transnacionales,* núm. 12, 2019, (Versión electrónica [BIB 2019/9529]).

el criterio familiar que vinculan a un individuo con un país no tienen la justificación de antaño, pues hoy en día es cuestionable su aplicabilidad[131].

La vivienda permanente se encuentra en el mismo punto -el a)- que el criterio del centro de intereses vitales (o relaciones personales y económicas más estrechas). A pesar de la prioridad de la vivienda permanente, la situación de ambos criterios en un mismo punto refleja una unidad que, podría llegar a provocar ciertas confusiones a la hora de aplicarlos. Sobre ello, CHICO DE LA CÁMARA reclama una delimitación dado que el criterio familiar que se incardina dentro del concepto genérico de "centro de intereses vitales" podría difuminarse en el concepto de "vivienda permanente"[132].

El artículo 4.2, letra b) del MC OCDE introduce dos situaciones diferenciadas, según se especifica en el apartado 16 de los Comentarios del Convenio. Si se cumple cualquiera de ambas situaciones se acude al criterio de la residencia habitual. Sin embargo, hay que resaltar varias cosas: en la primera situación, la preferencia no pasa por encima de los intereses económicos, pues existe vivienda permanente en ambos Estados, pero el problema es que no es posible determinar -que no implica, a nuestro juicio, que no existan- donde se hallan los intereses económicos y, por ello, acudimos al Estado donde la persona viva habitualmente. En cambio, en la segunda situación se señala que, si no hubiera vivienda permanente en ninguno de los Estados intervinientes se produce un salto a favor de donde se viva de forma habitual como criterio preferente al centro de intereses vitales. Para BORG OLIVIER la razón por la cual se produce un salto entre el test de la vivienda permanente a favor del criterio de la morada o *habitual abode* es porque si no

131 KOSTIC, S., *Op. Cit.*, 2019, p. 224.

132 CHICO DE LA CAMARA, P., *Op. Cit*, 2013, p. 120.

existe tal vivienda difícilmente tendrá localizado en dicho Estado el centro de sus intereses vitales[133].

En el caso de que el individuo no resida de forma habitual o lo haga en los dos Estados contratantes, se acude al criterio de la nacionalidad -letra c)-. Determinados autores estiman que es "inusual" llegar hasta este punto[134]. Sería muy insólito que en ambos Estados contratantes el individuo resida de forma habitual en un número exacto de días[135].

Finalmente se acude al procedimiento amistoso -letra d)- en el caso de que el individuo sea nacional en ambos Estados contratantes o, no lo sea en ninguno de ellos. A continuación, procederemos a analizar detalladamente cada una de las reglas de preferencia que se enumeran en el artículo 4.2 del MC OCDE.

3.2.1. La vivienda permanente

El primer criterio que establece el artículo 4.2 del MC OCDE para la resolución de un conflicto de doble residencia es el lugar donde la persona física tenga «*una vivienda permanente a su disposición*».

De la simple lectura de la expresión podemos observar tres elementos: la vivienda, la permanencia y la disposición. El MC OCDE concibe que «*normalmente*» esta primera regla será suficiente para resolver los conflictos derivados de una residencia dual (apartado 11 de los Comentarios al 4.2 del MC OCDE). Esto es así, en principio, porque la mayor parte de los individuos dispone de una sola vivienda permanente en algún Es-

---

133 BORG OLIVIER, T., *Op. Cit.*, 2017, p. 91.

134 STUART, E., "Chapter 9. Art. 4(2) of the OECD Model Convention: Practice and Case Law", en *Residence of Individuals under Tax treaties and EC Law,* Books IBFD, 2010, (Versión electrónica).

135 DZIWINSKI, K., *Op. Cit.*, 2015, (Versión electrónica).

tado contratante[136] y, en línea a los Comentarios, será factible diferenciarlo de una "estancia" que se caracteriza por períodos de corta duración[137]. Sin embargo, la facilidad en su determinación, a nuestro juicio, no es tan clara, pues este criterio requiere de un análisis fáctico que va más allá de la mera identificación de un lugar en el que se acude a dormir o a guardar pertenencias personales[138].

Como hemos indicado, el primer elemento que merece nuestra atención es la "vivienda". Los Comentarios, no establecen un *numerus clausus* de situaciones para su existencia tan sólo señala que podría ser una casa, un apartamento o una habitación alquilada. Es más, conforme a la doctrina y jurisprudencia se ha llegado a considerar como "vivienda" un coche[139], una casa de vacaciones, una habitación de hotel, un bungalow[140], o un barco[141]. La única condición es que pueda ser habitable.

Tampoco es relevante el título jurídico que se ostente (propiedad, alquiler, etc.). Sin embargo, su relevancia viene determinada por su relación con el elemento de "disposición" de la

---

136 STUART, E., *Op. Cit.*, 2010, (Versión electrónica). En la misma línea se posiciona KOSTIC, S., *Op. Cit.*, 2019, p. 206 al señalar que, a pesar de encontrarnos en un mundo cada vez más digitalizado y con más nómadas, es extraño no encontrar a ninguna persona que no disponga de una vivienda permanente.

137 Apartado 11 de los Comentarios al artículo 4.2 del MC OCDE.

138 ISMER, R. y BLANK, K., *Op. Cit.*, 2022, p. 300.

139 *Ídem.*, p. 300.

140 BERETTA, G., "Tax Residence of Individuals in Italy: The Availability of a Permanent Home", *European Taxation*, volume 58, número 4, 2018, p. 171.

141 STUART, E., *Op. Cit.*, 2010, (Versión electrónica) que menciona el caso *Bayard Brown v. Burt* en el que el individuo residió durante 20 años en un yate y, finalmente fue considerado como residente en Reino Unido por ser considerado como vivienda permanente.

vivienda. Tal concepto, como señala BERETTA, se compone de una parte fáctica y de una parte legal siendo la primera la que debería tener prioridad[142]. Esto queda más claro si, suponemos que ostentamos un título de propiedad de un inmueble. Legalmente somos propietarios y, se presumiría que es una vivienda permanente, pero la realidad fáctica puede cambiar el resultado, pues si en dicha vivienda se vive en régimen de arrendamiento no podrá ser aplicable dicha regla al no cumplirse ni la permanencia ni la disposición que requiere[143].

Realmente puede que no sea necesario ostentar ningún tipo de título jurídico. Al respecto, el Tribunal Supremo de Italia consideró que un ciudadano ruso cumplía con la primera regla establecida en el artículo 4.2.a) del CDI entre Italia y Rusia. Al vivir en una vivienda que pertenecía a su pareja (con la que no tenía formalizada legalmente la relación) lo cual no impedía abandonar el calificativo de "vivienda permanente", pues la misma estaba "a disposición" del individuo. Señaló algo muy relevante: la permanencia no puede ser entendida como un título, sino como un conjunto de circunstancias fácticas[144]. Conforme a ello, es preciso mencionar a CUBERO TRUYO quien señaló que el término permanencia debe entenderse de forma "cualitativa y no cuantitativa"[145]. De este modo, deben primar los intereses personales y familiares que el sujeto tiene respecto a la vivienda.

Por lo tanto, podemos observar que la vivienda y el título jurídico que se ostenta sobre la misma son elementos secundarios si se comparan con los términos "permanencia" y "disponi-

---

142 BERETTA, G., *Op. Cit.*, 2018, p. 171.

143 Véase el párrafo 13 *in fine* de los Comentarios al artículo 4.2 del MC OCDE. Cfr. ISMER, R. y BLANK, K., *Op. Cit.*, 2022, p. 301.

144 BERETTA, G., *Op. Cit.*, 2018, p. 170.

145 CUBERO TRUYO, A., "La tributación de los no residentes ante la reforma del IRPF", *Carta Tributaria,* número 290, 1998, p. 5.

bilidad". Al respecto, y de la lectura del apartado 13 de los Comentarios al artículo 4.2.a) del MC OCDE, parece establecerse un orden de factores: primero, es que haya una disposición para que, segundo, se cumpla con el calificativo de permanente que recae sobre la vivienda.

A nuestro entender, la disposición se refiere al uso y disfrute de una vivienda por parte de una persona. Creemos que estas facultades no deben depender exclusivamente de la posesión de un título jurídico; sino que deben entenderse como las posibilidades que una persona tiene para habitar un lugar en particular. La habitabilidad es un factor determinante, ya que un barco, por ejemplo, no puede ser habitado si las condiciones climáticas no lo permiten.

Esto debe complementarse con la intención o voluntad del individuo. La voluntad es útil a la hora de elegir entre diferentes lugares para habitar. Uno de los problemas que intentamos abordar es cuando una persona tiene una segunda vivienda. Ambas viviendas estarían a disposición del individuo, ya que algunos autores argumentan que la disponibilidad implica la facultad de usar y disfrutar de la vivienda en cualquier momento[146]. Tener dos viviendas completamente habitables y sin estar ocupadas por otras personas, como en un contrato de arrendamiento, es un indicio de disponibilidad. Sin embargo, es importante tener en cuenta que la voluntad de utilizar una vivienda u otra puede mitigar cualquier posible confrontación. Esto se debe a que el valor asignado a una vivienda de vacaciones no será el mismo que el de una vivienda que se disfruta durante la mayor parte del tiempo, por diversos motivos y por diferentes personas[147].

---

[146] AA. VV., "The origin of Concepts and Expressions Used in the OECD Model and their Adoption by States", *Bulletin – Tax Treaty Monitor*, IBFD, 2006, p. 231.

[147] SASSEVILLE, J., *Op. Cit.*, 2010 (Versión electrónica).

El uso prolongado y los motivos detrás de dicho uso están estrechamente relacionados con todo lo mencionado anteriormente. Como se ha mencionado en repetidas ocasiones, todo el análisis se basa en una combinación de hechos y circunstancias que giran en torno al individuo.

Respecto del tiempo, los Comentarios no aportan mucha claridad al respecto. Para AVERY JONES la referencia a "permanente" no puede confundirse con un "período eterno"[148]. Si bien, algunos autores se han servido de los plazos establecidos en el artículo 5 del MC OCDE respecto a los establecimientos permanentes donde se establecen una serie de plazos para, según los autores, considerar suficiente el período de doce meses para que exista una vinculación entre el Estado y la persona a través de la vivienda[149]. Para LÓPEZ LÓPEZ al someterse la vivienda permanente a un análisis cualitativo no habría que considerar como condición *sine qua non* un plazo mínimo, pues eso debe encuadrarse en el tercer criterio de desempate (morada o *habitual abode*) que tiene un carácter eminentemente cuantitativo[150].

La presencia física que se exige intenta delimitarse, como ya hemos apuntado, con estancias de corta duración tales como realizar un viaje por ocio. Esa presencia no debe ser diaria, pero sí que refleje una cierta intensidad o periodicidad[151]. De

---

148 AVERY JONES, J. F, AA.VV., "Dual Residence of Individuals: The Meaning of the Expressions in the OECD Model Convention – I", *British Tax Review*, número 1, 1981, p. 25.

149 WASSERMEYER, F. "Art. 4" en *Doppelbesteuerung. OECD-Musterabkommen. DBA Österreich-Deutschland Kommentar*, Linde, Viena, 2010, p. 288. DZIWINSKI, K., *Op. Cit.*, 2015, (Versión electrónica) indica que algunos Estados han establecido umbrales de seis y doce meses para considerar la permanencia de la vivienda.

150 LÓPEZ LÓPEZ, H., *Régimen Fiscal de los Trabajadores Desplazados al Extranjero*, Thomson Reuters-Aranzadi, Navarra, 2015, p. 52.

151 DZIWINSKI, K., *Op. Cit.*, 2015, (Versión electrónica).

este modo, RUST indica que a pesar de que la vivienda esté disponible si se utiliza, por ejemplo, siete semanas dentro de un año natural, no adquirirá la permanencia requerida puesto que no hay regularidad[152].

La mayoría de la doctrina sostiene que la vivienda permanente se considera un "domicilio cualificado", lo que implica un interés significativo para el individuo. Por lo tanto, los motivos por los cuales se utiliza una vivienda son fundamentales, ya que involucran razones personales, profesionales y familiares que forman parte del concepto descrito en el apartado a) del artículo 4.2 del MC OCDE sobre el centro de intereses vitales. Sin embargo, esta cuestión es compleja, ya que la formulación inicial de la regla puede dar lugar a cierta superposición de criterios.

CUBERO TRUYO ha mencionado que la vivienda permanente no se refiere necesariamente a una duración prolongada, sino al lugar donde se encuentran los intereses personales y familiares del individuo[153]. Esto coincide con lo expresado por OBRIST y PFISTER, quienes sostienen que lo relevante es la relación emocional que existe entre el sujeto y la vivienda para identificarla, con mayor seguridad, como punto de conexión[154].

Desde nuestro punto de vista, creemos que la expresión "vivienda permanente" debería limitar su subjetividad únicamente a efectos de distinguir los casos en los que exista una segunda vivienda, sin extender excesivamente la intencionalidad a cuestiones familiares, a pesar de que gran parte de la doctrina mencionada identifique una relación emocional entre el individuo y la vivienda. En nuestra opinión, lo importante es que

---

152 RUST, A., *Op. Cit.*, 2010 (Versión electrónica).

153 CUBERO TRUYO, A., *Op. Cit,* 1998, p. 5.

154 OBRIST, T. y PFISTER, R. A., "Switzerland", en *Residence of Individuals under Tax Treaties and EC Law,* vol. 6, EC and International Tax Law Series – IBFD, Países Bajos, 2010, (Versión electrónica).

la vivienda sea utilizada de manera efectiva por el individuo y durante un período de tiempo "regular"; aunque esto último no quede del todo claro en los Comentarios ni en la doctrina.

En relación con el aspecto "temporal" de la regla de la "vivienda permanente" es importante tener precaución para evitar caer en el mismo enfoque utilizado para analizar la "residencia habitual". Por lo tanto, es imprescindible considerar las circunstancias específicas del caso, ya que jugarán un papel relevante.

3.2.2. El centro de intereses vitales

La segunda regla de desempate se aplica cuando el individuo tiene una vivienda permanente en cada uno de los Estados contratantes. La posibilidad de aparecer en los casos en que el anterior criterio no aparezca no existe, pues conforme el apartado 16 de los Comentarios y el artículo 4.2.b) del MC OCDE se aplicará el criterio de lugar de la "residencia habitual (o morada)". Esta remisión directa a la tercera regla para resolver una residencia dual se considera como lógica para una parte de la doctrina al presumir, en nuestra opinión, que si no existe una vivienda permanente en ningún Estado no será extraño que no haya vínculos personales y económicos[155].

Por "centro de intereses vitales" debe entenderse el lugar en que el individuo tiene sus relaciones personales y económicas más estrechas. El apartado 15 de los Comentarios establece una ejemplificación no cerrada de lo que compone este criterio. De este modo, los Comentarios tan sólo aportan una serie de supuestos, pero no una definición sobre el "centro de intereses vitales" lo que conlleva problemas interpretativos para los tribunales.

Un primer problema es si el centro de intereses vitales puede o no aparecer en más de un Estado contratante. A pesar

155 DZIWINSKI, K., *Op. Cit.*, 2015, (Versión electrónica).

de que los Comentarios se refieren únicamente a un Estado, la amplitud de la expresión (a través de una lista abierta de supuestos) puede llevar a considerar la existencia de más de un centro de intereses. Así cabe mencionar el caso *Louloudakis* (asunto C-262/99) en el que el TJUE valoró la situación de un individuo que con nacionalidad italiana tenía repartidos sus intereses personales y profesionales entre Grecia (casa en arrendamiento, hijos escolarizados, inscripción en el censo electoral, constitución de sociedad junto a su esposa, etc.) e Italia (socio de un estudio de arquitectura cuyo objeto social también abarcaba actividades inmobiliarias). El TJUE concluyó (apartados 52 y ss.) que los vínculos personales debían situarse de forma prioritaria ante los profesionales[156]. Otro supuesto se produjo ante la Corte de Apelación de Gante (Bélgica) en la que tenía que decidirse entre fijar la residencia en Francia o en Bélgica. La Corte apostó por éste último Estado al encontrar en él el centro de intereses vitales más estrechos[157].

A colación de lo anterior es preciso remarcar un segundo problema de la expresión de esta segunda regla de desempate: la preferencia entre las relaciones personales y las relaciones económicas. El apartado 15 de los Comentarios inicia el debate al que nos referimos al apuntar que: «*las circunstancias deben examinarse en su conjunto, pero en cualquier caso es evidente que debe prestarse especial atención a las consideraciones basadas en los actos que realicen las personas físicas*». De este modo, el análisis de las circunstancias pasa por una visión global de los hechos; aunque dando prioridad a las relaciones personales del individuo.

De todas formas, la doctrina y la jurisprudencia internacional (y española) no tienen una opinión unánime. Un primer

---

156 STJUE, de fecha 12 de julio de 2001, *Paraskevas Louloudakis contra Elliniko Dimoso*, C-262/99, (*Tol* 105.851).

157 Corte de Apelación de Gante, de fecha 24 June 2008, número 2007/AR/2036. Obtenida en BELLENS, A., *Op. Cit.*, 2010 (Versión electrónica).

grupo se decanta por un análisis global de cada caso sin concluir qué relación debe ser la más relevante[158]. Otro, como se ha tenido ocasión de mencionar, apuesta por las relaciones personales (como el Tribunal Supremo administrativo austriaco)[159]. Finalmente, hay que señalar que las relaciones económicas pueden ostentar un peso mayor si tienen un significado más importante para el contribuyente[160]. En la Sentencia del Tribunal Superior de Justicia (en adelante, TSJ) de Madrid de fecha 2 de noviembre se abordó el caso de un sujeto que tenía repartidos sus intereses personales y económicos entre España y Suiza. El TSJ consideró, con posterioridad, que los aspectos económicos son más susceptibles de acreditación: bienes, participaciones en sociedad, solares, vehículos, etc.[161]

Lo recomendable, según la opinión de los especialistas, es que los Comentarios sean más precisos a la hora de determinar el peso que tienen el conjunto de factores acompañándolos de ejemplos: para clarificar con más detalle la cuestión[162]. Todo ello supondría, en cierta forma, establecer una definición uniforme, pues lo que se debe evitar es que un Estado considere más importantes las relaciones personales mientras que otro,

---

158 OBUOFORIBO, B., *Op. Cit.*, 2018 (Versión electrónica). En el mismo sentido véase la opinión de BERETTA, G., "Tax Residence of Individuals in Italy: The Determination of the Notion of Centre of Vital Interests", *European Taxation*, volume 55, número 8, 2015, p. 393, el cual, a su vez, cita a VOGEL y BAKER quienes opinan que los factores económicos y personales deben tener el mismo peso sin preferencia alguna.

159 DAURER, V., "Austria", en *Residence of Individuals under Tax treaties and EC Law*, Books IBFD, 2010 (Versión electrónica).

160 RUST, A., Op. Cit., 2010 (Versión electrónica).

161 STSJ de Madrid 1125/2016, de fecha 2 de noviembre de 2016, núm. Recurso 150/2015, F.J 4º, (*Tol* 5.923.339)

162 DZIWINSKI, K., *Op. Cit.*, 2015, (Versión electrónica).

lo haga sobre las económicas[163]. Entre estos últimos se encuentra WASSERMEYER quien señala que los intereses personales tendrían únicamente su importancia si de ellos es posible identificar una vivienda permanente y que el hecho de que el apartado b) del artículo 4.2 del MC OCDE señale el supuesto de que no pueda determinarse el centro de intereses vitales es debido a que las relaciones personales no pueden ser el único factor decisivo de ahí que haya que atender al conjunto y no, a actos individuales de la persona[164].

Una tercera preocupación es el carácter subjetivo que puede llegar a caracterizar el conjunto de circunstancias que operan en la expresión de "centro de intereses vitales". El hecho de subjetivar una relación como, por ejemplo, la familiar, supone tener que conocer cuál es el estado de su relación (en contacto o no). En cambio, apostar por una visión objetiva implicaría limitarse a identificar el lugar donde la familia reside. Sobre la cuestión de la familia se ha considerado que lo importante es el "núcleo" familiar compuesto por cónyuge e hijos menores[165]. Autores como BAKER van más allá del concepto tradicional de familia, pues se pregunta que ocurriría con los hijos mayores de edad, los excónyuges o, incluso con las mascotas del sujeto[166]. De ahí que, BORG OLIVIER considere que este concepto no sea utilizado de forma estricta (o tradicional)[167].

Señalado esto, la doctrina se muestra más conforme con la objetivación, pues de lo contrario se estaría permitiendo al individuo modificar a su antojo sus relaciones personales y eco-

---

163 BAKER, P., *Op. Cit.*, 2010, (Versión electrónica).

164 WASSERMEYER, F., *Op. Cit*, 2010, p. 293.

165 ISMER, R. y BLANK, K., *Op. Cit.*, 2022, p. 305.

166 BAKER, P., *Op. Cit.*, 2010, (Versión electrónica).

167 BORG OLIVIER, T., *Op. Cit.*, 2017, p. 93.

nómicas[168]. Aunque, un cierto grado de subjetividad no puede evitarse dado que estamos ante relaciones personales, familiares y económicas de un individuo[169].

3.2.3. La residencia habitual (o la morada)

Son dos las situaciones que permiten la entrada del criterio de la "residencia habitual": la primera, en caso de que el individuo disponga, en ambos Estados contratantes, de una "vivienda permanente" y no pueda determinarse el "centro de intereses vitales" y, la segunda, en caso de que no disponga de "vivienda permanente" en ninguno de los Estados intervinientes (no se tienen en cuenta las relaciones económicas y personales)·

Ni el MC OCDE ni los Comentarios ofrecen una delimitación conceptual útil sobre la "residencia habitual". Por el contrario, se limitan a reiterar de forma constante calificativos totalmente indefinidos como "habitualidad, frecuencia o regularidad" junto con incoherencias referidas a cómo determinar el lugar donde el individuo vive con cierta frecuencia.

Conforme el párrafo 19 de los Comentarios, para aplicar este criterio debe identificarse el lugar donde la persona física vive de forma habitual. La habitualidad, señala el párrafo, debe entenderse como un hecho regular o normal. Como vemos, todo el contenido de esta tercera regla se basa en criterios temporales; aunque, los Comentarios pretenden evitar que el

---

168 SELMA PEÑALVA, V., "Régimen y problemática actual de los trabajadores desplazados al extranjero: beneficios fiscales y problemática de los expatriados", *Documentos de Trabajo*, número 7, Instituto de Estudios Fiscales, Madrid, 2018, pp. 144-145.

169 BENÍTEZ PÉREZ, M., "El criterio de los intereses económicos como criterio para determinar la residencia fiscal española. Estado de la cuestión y perspectivas de futuro", *Quincena Fiscal*, número 20, 2022, (Versión electrónica [BIB 2022/3600]).

cómputo de tiempo que sirve para concluir donde reside el individuo se limite a una mera comparación de días.

Resulta difícil de comprender que el cálculo no se base en los días que pasa de más en un Estado contratante frente a otro territorio a la vista de lo que indica el artículo 4.2.c) del MC OCDE. El precepto señala que «*si viviera habitualmente en ambos Estados, o no lo hiciera en ninguno de ellos, se le considerará residente exclusivamente del Estado del que sea nacional*». Es prácticamente imposible no residir habitualmente en ninguno de los dos Estados si nos limitamos a una mera comparación de días, ya que inevitablemente el individuo habrá pasado más tiempo en uno de los países. Sin embargo, es importante tener en cuenta que recurrir al criterio de nacionalidad puede ser necesario cuando la diferencia en días sea mínima, ya que basarse únicamente en el día a día puede resultar demasiado formalista, tal como señalan algunos autores[170].

Los Comentarios pretenden que el análisis de esta regla se realice teniendo en cuenta el significado que el francés ofrece a la expresión de "residencia habitual" o *habitual abode* (en inglés). La versión francesa utiliza la expresión *séjourne de façon habitualle* que manifiesta frecuencia, duración y regularidad de la estancia[171]. Además, denota una presencia que forma parte de la rutina diaria del individuo sin llegar a ser considerada meramente transitoria. En este punto, el MC OCDE intenta ofrecer una visión más cualitativa que cuantitativa, es decir, alejada de la comparabilidad de días.

---

170 ISMER, R. y BLANK, K., *Op. Cit.*, 2022, p. 309.

171 Resulta pertinente señalar que, si se contrasta el apartado 13 con el apartado 19 de los Comentarios al 4.2 del MC OCDE podemos observar una incoherencia sobre el término "estancias". En el primero se apunta a que las "estancias" serán ocasionales, mientras que en el segundo se detalla que las mismas deben ser algo más que transitorias e incluirse en la rutina habitual del individuo.

Llegados a este punto, consideramos que existen dos enfoques para aplicar la tercera regla: el enfoque "cuantitativo", que se basa principalmente en la cantidad de días de presencia, y el enfoque "cualitativo mixto", que considera tanto los días de presencia como la razón o motivo detrás de esa presencia.

Una gran parte de la doctrina y la jurisprudencia se ha decantado por la primera visión (la cuantitativa). En los casos *Pamela Allchin v. The Queen* y el caso *Stephen Podd et al v. Comissioner of Internal Revenue* se limitaron a una comparabilidad de días[172]. En contra, la visión cualitativa aparece en el caso *Ronald H. Lingle v. the Queen* donde el Tribunal consideró una serie de fuentes que debían ir más allá de un cómputo de tiempo, es decir, más que una simple presencia. Por ello, había que atender al comportamiento del individuo en términos más fácticos. Otra decisión que muestra que no se debe atender únicamente al número de días se trató en *Bradley Pike v. Commissioner of Taxation*[173] en la que el individuo tenía su trabajo en Tailandia y su familia en Australia lo cual implicó un doble domicilio habitual al no ser periodos meramente transitorios; sino partes de su rutina de vida y todo ello, con independencia al número de días.

Esta segunda visión, choca con lo dispuesto en el apartado 18 de los Comentarios, pues en él se precisa que han de considerarse todas las estancias que se realizan en un Estado «*sin que sea necesario determinar la razón de las mismas*». Realmente, el MC OCDE no pretende analizar las intenciones del individuo en cada una de las estancias que realiza en cualquier lugar de un Estado contratante, sino más bien una cierta repetición de las mismas por medio de plazos "medianamente" prolongados. Esto puede comprobarse leyendo el ejemplo que se dispone en el apartado 19 de los Comentarios.

---

172 Citadas por STUART, E., *Op. Cit.*, 2010, (Versión electrónica).

173 Número del caso FCAFC 158, de 22 de septiembre de 2020.

De este ejemplo, podemos extraer dos hipótesis: la primera supone que los Comentarios buscan lograr cierta uniformidad en las estancias, estableciendo plazos que van más allá de uno o dos días (como se ejemplifica con 15 veces al año por períodos de dos semanas cada uno). La segunda hipótesis, aunque menos probable, es que los Comentarios intenten diferenciar situaciones o intenciones individuales adoptando así una visión más subjetiva al referirse al motivo de la estancia en lugar de limitarse al tiempo.

Por último, se menciona que el período objeto de análisis debe ser "suficientemente prolongado" según el apartado 19.1 de los Comentarios. Esta alusión es la única referencia que encontramos sobre este plazo en los Comentarios. Algunos autores argumentan que se debería tener en cuenta el ejercicio fiscal en el que se pretende determinar el lugar de residencia fiscal. La Corte Federal de Australia sostuvo que se debe abarcar un período de tiempo suficiente para determinar que la residencia es habitual e identificar los intervalos en los que ocurre[174].

En nuestra opinión, lo que parece quedar claro es que, a pesar de que los Comentarios insisten en que no se trata de una comparación de días, en realidad sí lo es. No se establece un plazo específico de permanencia en un Estado, ya que lo que importará es la comparación de días o el tiempo transcurrido[175].

3.2.4. La nacionalidad

Los Comentarios, en el párrafo 20, son parcos en palabras en este punto, pues señalan casi literalmente lo mismo que lo que dispone el artículo 4.2.c) de la MC OCDE. Es decir, en caso

---

174 Número del caso FCAFC 158, de 22 de septiembre de 2020. Caso *Bradley Pike v. Commissioner of Taxation.*

175 CHICO DE LA CÁMARA, P., *Op. Cit.*, 2013, p. 118.

de que el individuo viva de forma habitual en ambos Estados contratantes o, no lo haga en ninguno de dichos territorios, se atenderá al lugar del que se ostente la nacionalidad.

Se trata de un supuesto de conexión que sigue manteniéndose, aunque en menor medida, en el ámbito financiero y tributario. Supone un criterio político con el territorio y se aparta, como apunta CHICO DE LA CÁMARA, del principio de territorialidad[176]. Aunque este criterio ha ido perdiendo fuerza por la actual movilidad que ostentan las personas. En este sentido, ANEIROS PEREIRA afirma que es una regla "insuficiente" para imponer tanto a "no " nacionales que viven en un Estado, como sobre aquellos que "sí" son nacionales de ese Estado, pero no viven en él[177]. Ahora bien, otra línea doctrinal estima que la "nacionalidad" representa una fuerte conexión con el territorio y que, no es fácil ni de adquirir ni de perder[178].

La importancia de esta regla, para una parte de la doctrina, es casi residual[179]. Tanto es así que los Estados no suelen llegar hasta esta regla para resolver los conflictos de doble residencia[180]. Por ello, algunos autores se han llegado a plantear si la inclusión de la "nacionalidad " como una regla de desempate tenía sentido al no tener una relación con la residencia fiscal ni con la sujeción plena, pues el hecho de ser ciudadano de

---

176 *Ibídem.*, p. 119.

177 ANEIROS PEREIRA, J., *Op. Cit.*, 2019, p. 85. En la misma línea véase DUARDO SÁNCHEZ, A., "Crisis de los puntos de conexión en la fiscalidad internacional. La residencia fiscal y el Establecimiento Permanente a la luz del Plan BEPS", *Quincena Fiscal*, número 12, 2017, (Versión electrónica [BIB 2017/12001]).

178 Véase ISMER, R. y BLANK, K., *Op. Cit.*, 2022, p. 310 y LÓPEZ LÓPEZ, H., *Op. Cit.*, 2015, p. 54.

179 HORTALÀ I VALLVÉ, J, *Comentarios a la Red Española de Convenios de Doble Imposición,* Thomson Reuters-Aranzadi, Navarra, 2007, p. 142.

180 STUART, E., *Op. Cit.*, 2010, (Versión electrónica).

un Estado contratante no presupone que surja una obligación tributaria en el Estado donde la posee[181]. Sin embargo, es justo añadir que, como bien recoge BERETTA, la adquisición de una segunda nacionalidad puede servir de indicativo de que ese individuo, quizá, no se encuentra del todo vinculado a su Estado de origen[182].

3.2.5. El procedimiento amistoso

Finalmente, el apartado segundo del artículo 4 del MC OCDE alude al procedimiento amistoso como cláusula de cierre. Se trata de un procedimiento independiente a los propios de la legislación interna de los Estados contratantes. Será una condición obligatoria que se ostente la nacionalidad de ambos Estados o bien, en ninguno de ellos, para iniciar el procedimiento amistoso. Es decir, este acuerdo no puede aplicarse al resto de reglas de desempate como bien precisa la doctrina[183].

El MC OCDE establece la obligación de llegar a un acuerdo entre las autoridades competentes intervinientes en el conflicto de residencia. Es más, en caso de que las negociaciones peligren se prevé el arbitraje para dotar al procedimiento amistoso de una mayor efectividad al intervenir una decisión independiente a la de ambos Estados. Este mecanismo entrará en acción (con determinados requisitos que expondremos más adelante) si tras dos años desde que las administraciones ostentan la información del asunto a resolver no se han logrado poner de acuerdo.

No existe un margen a la interpretación respecto a la obligación de alcanzar un acuerdo. Las observaciones prelimina-

---

181 DZIWINSKI, K., *Op. Cit.*, 2015, (Versión electrónica).

182 BERETTA, G., "Citizenship and Tax", *World Tax Journal,* volumen 11, número 2, 2019, p. 244.

183 ISMER, R. y BLANK, K., *Op. Cit.*, 2022, p. 310.

res de los Comentarios al artículo 25 del MC OCDE lo señalan literalmente: «*la obligación contenida en el apartado 2 en virtud de la que la autoridad competente "hará lo posible" por resolver el caso mediante un acuerdo amistoso con la autoridad competente del otro Estado contratante significa que las autoridades competentes están obligadas a intentar resolver el caso de forma justa y objetiva*».

El artículo 25 del MC OCDE diferencia dos tipos de situaciones que pueden ser objeto de acuerdo amistoso. La primera (apartados 1 y 2 del precepto) se ciñe a supuestos que «*impliquen o puedan implicar para ella* (la persona) *una imposición no acorde con las disposiciones del Convenio*». La segunda situación (apartado 3 del precepto) queda delimitada a supuestos que tengan como fin «*resolver las dificultades o las dudas que plantee la interpretación o aplicación del Convenio*».

Existen diferencias entre las situaciones enumeradas. La primera de ellas establece que el individuo solo podrá someter a las autoridades competentes los casos que puedan implicar una imposición incorrecta dejando en manos de dichas autoridades la resolución de estos. La segunda diferencia radica en que las cuestiones relacionadas con la interpretación del Convenio serán iniciadas por las autoridades, y no por el interesado. Por último, la última diferencia se refiere a que la opción de recurrir al arbitraje no podrá utilizarse en los casos contemplados en el apartado tercero del artículo 25 del MC OCDE.

Respecto de la situación establecida en los apartados 1 y 2 del artículo 25 del MC OCDE hay que precisar que el procedimiento se compone de dos fases: la primera, es la reclamación o solicitud por parte del contribuyente de iniciar el procedimiento en cuestión ante la autoridad competente y, la segunda, se encuadra en la discusión entre las autoridades.

Tal y como se indicó con anterioridad, las autoridades deben "hacer lo posible" para llegar a un acuerdo. En este punto aparecen dudas sobre si es obligatorio o no el acuerdo amistoso. El apartado 36 de los Comentarios son "directos" al plantear la misma duda. Señala que en la segunda fase del procedimiento (discusión entre autoridades) pueden acontecer dudas sobre si lo que es obligatorio es la negociación o bien, el ponerse de acuerdo. La respuesta llega con el párrafo 37 de los Comentarios el cual concluye que el apartado 2 del artículo 25 del MC OCDE impone una obligación de negociar y no, de resultado.

Respecto al tercer apartado del artículo 25 del MC OCDE y, como "segunda situación" que puede ser objeto de un acuerdo amistoso se señala en el párrafo 50 de los Comentarios que supone una "invitación" y "facultad" para las autoridades. Es decir, ostentan la opción de poder iniciar el procedimiento amistoso en aquellos casos en los que a causa de un problema interpretativo pueda ponerse en peligro la aplicación del CDI.

Finalmente, el precepto propone el acceso al arbitraje. Supone, conforme al párrafo 64 de los Comentarios, una forma de otorgar eficacia sobre aquellas cuestiones que no han podido ser resueltas durante las discusiones entre las autoridades competentes. Existen limitaciones para acudir al procedimiento de arbitraje, tales como por la existencia de infracciones, pues a su vez supone la inexistencia del inicio del procedimiento conforme el apartado 1 (condición *sine qua non* para el apartado 5 del artículo 25 del MC OCDE). La decisión que se emita será vinculante para los Estados contratantes (párrafo 81 de los Comentarios) siempre y cuando no contravenga el apartado 5 del artículo 25 del MC OCDE.

3.2.6. La cuestión probatoria

Durante la explicación de las reglas de desempate establecidas en el artículo 4.2 del MC OCDE se ha mencionado la importancia de la prueba. La prueba es fundamental tanto para el contribuyente como para las autoridades fiscales, ya que permite demostrar el lugar donde el individuo es residente fiscal.

Investigar las circunstancias fácticas, algunas de las cuales pueden ser más subjetivas que otras, representa un desafío en la constitución de una prueba válida para ambas partes del procedimiento de resolución de doble residencia. Además, los Comentarios no facilitan de manera eficiente la determinación del lugar específico de residencia del individuo, ya que han configurado las reglas de desempate de manera abstracta y ambigua, como hemos tenido ocasión de mencionar.

Determinar el significado de conceptos como disponibilidad, frecuencia, período prolongado o relación familiar siempre será complejo. Esto se agrava cuando todas estas reglas, especialmente el centro de intereses vitales, así como, pero en menor medida, la vivienda permanente disponible o la residencia habitual, se aplican con cierto grado de subjetividad. Por ejemplo, examinar qué familiar puede considerarse de carácter estrecho con el contribuyente implica la puesta en marcha de numerosos medios por parte de las autoridades fiscales (y la colaboración del contribuyente), y en ocasiones se recurre a presunciones para facilitar la gestión de la situación.

Sin embargo, las presunciones deben tener un papel limitado en este asunto; de lo contrario, la seguridad jurídica y la realidad fiscal de la operación se verían afectadas debido a las dificultades probatorias de las partes, especialmente por parte de la Administración tributaria. Ejemplos de presunción pueden encontrarse en la lectura de los Comentarios del apartado segundo del artículo 4 del MC OCDE. Es el caso establecido en el párrafo 16 de los Comentarios al 4.2.b) del MC OCDE. Dispone que no habrá intereses personales y económicos en el Estado donde tampoco se tiene una vivienda permanente.

Consideramos que se produce una presunción al respecto, y ello debe conectarse con el párrafo 15 *in fine* de los Comentarios. Según dicha parte, se estima que el hecho de conservar en el primer Estado la primera vivienda puede contribuir a demostrar que se conservan, en dicho territorio, los intereses personales y económicos. Se presume, por ende, que se hallan en aquel Estado, pero hay que determinar si son los más estrechos que es lo que constantemente exige la regla de centro de intereses vitales. GARCÍA CARRETERO estima que la cooperación (en cuestiones de intercambio de información) entre Administraciones es la mejor herramienta para limitar el uso de las presunciones, pues de este modo el resultado es más cercano a la realidad[184]. Esto es así porque quien se ve beneficiado de la presunción (las autoridades fiscales) no tendrá que probar la cuestión fundamental; únicamente aquellos hechos que tengan algún tipo de vínculo con el supuesto principal[185]. De ahí que, presumir por parte de los Comentarios implicaría no atender a la verdad material.

La vivienda permanente también contiene determinados aspectos bastante delicados: si no se valora de forma correcta la prueba o, no se prueba lo que se debería, la primera regla de desempate podría ser objeto de una planificación agresiva por parte del contribuyente en aras a tributar menos. El método podría ser muy simple: ser arrendatario de una vivienda, con lo cual estará a su disposición, pero realmente no existe un uso efectivo de la misma. Además, dicha vivienda estará sita en un territorio en el que la tributación es mucho más laxa. De este modo, como bien señala CHICO DE LA CÁMARA, si el concepto de permanencia es entendido meramente como un cómputo de días (lo cual chocaría con la regla de residencia habitual) el abuso será más factible; a diferencia de si el sujeto tuviese la obligación de probar el uso efectivo de la vivienda[186].

---

184 GARCÍA CARRETERO, B., *Op. Cit.*, 2006b, p. 99.

185 ROMERO PLAZA, C., *Prueba y Tributos*, Tirant lo Blanch, Valencia, 2015, p. 225.

186 DE LA PEÑA AMORÓS, M. M., "A vueltas con los cambios de residencia a Andorra por parte de los youtubers", *Quincena Fiscal*, número 18, 2021, (Versión electrónica [BIB 2021/4925]).

Lo que propone el autor es que la vivienda se halle vinculada al individuo en cuanto a que éste utilice de forma efectiva dicho lugar, y no aparezca vinculado con los días de presencia o con el núcleo familiar. En este último caso, la colisión se produciría con el centro de intereses vitales[187]. De este modo, la residencia a través de la regla de la vivienda permanente manifestaría una residencia de carácter real y efectivo.

La prueba será más sencilla si se vincula la permanencia de la vivienda a la disponibilidad (uso efectivo); en contraste con un uso efectivo enlazado con la intencionalidad del individuo. La acreditación del estado "permanentemente disponible", según algunos expertos, será mediante la aportación de los correspondientes recibos de los consumos efectivos de agua, gas, electricidad, entre otros[188]. En consonancia con ello, recurrimos de nuevo a CHICO DE LA CÁMARA el cual precisa que: «*la Administración española suele ser muy restrictiva a admitir la titularidad de los suministros como prueba del disfrute de una vivienda, pues no resulta insólito el hecho de que el inmueble se arriende a un tercero, pese a que el contrato de suministro sigue manteniéndose a nombre del propietario del inmueble*»[189]. El autor señala que existe mucha conflictividad en materia probatoria respecto del término permanencia, pues no puede confundirse con un número de días, sino más con un uso o disfrute con una vocación de convertirlo en vivienda.

En cuanto a la regla del centro de intereses vitales las dificultades se hallan en la amplitud de factores que pueden considerarse como intereses vitales, pues en ellos se incluyen los factores familiares, sociales, económicos y patrimoniales. El Tribunal Supremo en la sentencia de 4 de julio de 2006, en el marco de un caso en que se trataba de identificar si el contribu-

---

187 CHICO DE LA CÁMARA, P., *Op. Cit.*, 2013, p. 113.

188 HORTALÀ I VALLVÉ, J., *Op. Cit.*, 2007, p. 141.

189 CHICO DE LA CÁMARA, P., *Op. Cit.*, 2013, p. 111.

yente tenía el centro de intereses vitales en España o en Suiza, precisó que las relaciones económicas eran más factibles en cuanto a acreditación[190]. En opinión de MACARRO OSUNA sería recomendable establecer un orden jerárquico con el fin de facilitar la tarea probatoria[191].

Otro tema que también ha sido objeto pronunciamiento es la facilidad probatoria. El Tribunal Superior de Justicia de Cataluña de fecha 22 de mayo de 2019 apuntó que «*no cabe duda que es el contribuyente quien tiene mayor facilidad probatoria en acreditar su residencia en otro país, habida cuenta de los indicios aportados por la Administración sobre su residencia en España, en particular, el hecho de ser socio y administrador de diversas sociedades, la percepción de rendimientos del trabajo, rendimientos por arrendamientos, el hecho de estar dado de alta de la Seguridad Social (…)*»[192].

Enlazando la facilidad probatoria con los riesgos que pueden conllevar las actitudes fraudulentas provocadas por un sujeto, se pronuncia LÓPEZ LÓPEZ en alusión a la preconstitución de pruebas. El autor argumenta que dada la amplitud de la expresión "centro de intereses vitales" es importante identificar aquellas circunstancias que únicamente pueden darse en un Estado (la casa familiar, los hijos o amigos, etc.), y no centrarse en aquellas que son meramente temporales o alterables como, por ejemplo, formar parte de un club social u obtener una licencia de conducir. Actuar de ese modo podría permitir al individuo gestionar un conjunto de pruebas con el fin de que pueda acreditar su vinculación con el Estado que más le interese[193]. El TEAC en su Resolución de 24 de junio de 2021

---

190 STS 5071/2006, de fecha 4 de julio de 2006, núm. Recurso 3400/2001, F.J. 4°, (*Tol 986.999*)

191 MACARRO OSUNA, J. M., *Op. Cit.*, 2018, pp. 60-61.

192 STSJ de Cataluña 586/2019, de fecha 22 de mayo de 2019, núm. Recurso 299/2017. F.J. 1°, (*Tol 7.442.190*).

193 LÓPEZ LÓPEZ, H., *Op. Cit.*, 2015, p. 49.

señala que el artículo 105.1 de la LGT obliga tanto al obligado tributario como a la Administración a probar los hechos, pero que dicha regla esta matizada por la teoría de la proximidad del objeto de la prueba[194].

Si permanecemos en el análisis de la tipología de rentas que conforma el centro de intereses vitales, y cuáles de ellas merecen acreditarse por su relevancia global merece la pena aludir a la resolución de 25 de abril de 2023 del TEAC. En dicho asunto un piloto acreditó por medio de un certificado fiscal (emitido por las autoridades fiscales) su residencia fiscal en otro país, mientras que la Inspección señaló que la misma radicaba en España, pues, de las pruebas identificadas; compañías de vuelo, multas de Tráfico, extractos de tarjetas bancarias, carreras en circuitos, noticias de prensa, redes sociales se concluyó que la residencia fiscal se encontraba en territorio español.

En el acuerdo de liquidación se afirmó que el criterio de permanencia no se había podido comprobar de forma concluyente y, por ello se acudió al artículo 9.1.b) de la LIRPF. Sobre este precepto, Inspección apuntó que, para un piloto, lo más relevante son sus rentas y la cesión de derechos de imagen (prescinde de rendimientos patrimoniales). Discrepó el piloto y señaló que: «*no puede depender de los lugares en que se celebren las carreras oficiales de un campeonato, circunstancia que resulta ajena a la voluntad del contribuyente*». La Inspección no se atuvo al patrimonio al considerar que era fácilmente deslocalizable. De todos modos, Inspección, ya concluyó que la gestión y la dirección efectiva del negocio del piloto estaba en España.

Claramente, el piloto se mostró disconforme con esta visión. Alegó que la gestión radicaba en otro país y fundó su posición exponiendo que para analizar los intereses económicos y patrimoniales había que proceder a realizar una clasificación entre

---

194 F.D. 5º, (*Tol 8.485.431*).

aquellos intereses que forman parte del grupo de actividades de dirección (y estratégicas), respecto de aquellas otras que son meramente instrumentales -gestión club de fans, páginas webs, asistencia médica, entre otros-.

El TEAC zanjó la cuestión argumentando lo siguiente: «*el criterio que determina la residencia en un territorio a partir de una imputación de rentas según los lugares de celebración de los grandes premios de un campeonato mundial presenta importantes limitaciones, se configura al margen de la voluntad del obligado tributario y es susceptible de ocasionar importantes incoherencias. Con ello, la argumentación de la Inspección para atraer la residencia del obligado tributario a España debe declararse poco consistente, máxime cuando se prescinde de otro tipo de rentas y se deja absolutamente al margen la ubicación del patrimonio acumulado por el deportista a lo largo de una carrera deportiva cuya extensión temporal es muy reducida (...) dirección estratégica de la carrera profesional del obligado tributario se realiza desde España no resultan en absoluto concluyentes y presentan debilidades probatorias; por lo tanto, no permiten deducir que la base de los intereses económicos haya de situarse en dicho territorio*»[195].

En cuanto a la prueba en la regla de la residencia habitual, HORTOLÀ I VALLVÉ menciona que las pruebas que pueden ser admitidas incluyen billetes de avión u otro tipo de transporte que identifiquen claramente al individuo, facturas de hotel, consumos realizados en el Estado mediante tarjetas de crédito, entre otros. Según este autor no es relevante el lugar donde se hospeda ni los motivos, sino que lo más importante es probar en qué Estado se ha pasado la mayor cantidad de días[196]. Lo que nos lleva a considerar que lo esencial será probar en qué Estado se han pasado más días.

---

195 F. D. 6°.

196 HORTALÀ I VALLVÉ, J., *Op. Cit.*, 2007, p. 142.

Es importante destacar que no hemos abordado la cuestión de la prueba en relación con la nacionalidad ni el procedimiento amistoso, ya que los demás criterios de desempate son más conflictivos y aplicables en la mayoría de los casos en los que intervienen trabajadores que prestan su actividad laboral a distancia.

3.2.7. Propuesta de inclusión de una disposición especial para hacer frente a la alta movilidad de los trabajadores a distancia

La concepción de las reglas del artículo 4.2 del MC OCDE fueron ideadas hace más de cincuenta años. Este hecho ha supuesto que una gran parte de la doctrina reflexione sobre si el MC OCDE se encuentra capacitado para poder solucionar y, sobre todo, prever los futuros desafíos que presenta la imparable globalización. Nos debemos plantear de qué manera pueden interactuar las tradicionales reglas de nuestro Derecho internacional fiscal con las actuales operaciones basadas en una alta movilidad de trabajadores que hacen uso de los beneficios que aportan las tecnologías.

De esta manera, un claro ejemplo de los efectos de la globalización y el impacto de las nuevas tecnologías es el trabajo a distancia. Se trata, como bien se analizó en el primer capítulo, de una forma de organización del trabajo que experimentó un fuerte impulso con la pandemia provocada por la Covid-19. El uso de esta alternativa no hizo más que agravar los planteamientos críticos sobre las reglas establecidas en el MC OCDE.

El Comité de personas expertas para la reforma tributaria española afirmó lo siguiente: «*cuando el trabajo en remoto se desarrolla en un contexto internacional puede llegar a ser frecuente que el trabajador o profesional resida y trabaje físicamente en un Estado y el fruto de su trabajo o actividad profesional se encuentre en otra jurisdicción*»[197].

---

[197] AA. VV., *Libro Blanco sobre la Reforma Tributaria*. Ministerio de Hacienda y Función Pública, Madrid, 2022, p. 590.

En una línea similar, aunque haciendo una alusión más genérica, DAGAN apunta a que la competencia de los Estados se halla cada vez más fragmentada debido a la movilidad. Esto es así, apunta el autor, porque existe la facultad de dividir la presencia física entre diferentes jurisdicciones manteniendo vínculos con todas ellas con el fin, en muchos casos, de estructurar los vínculos con los Estados de tal forma que la tributación queda minimizada y se maximizan beneficios[198]. Tanto es así que, en la actualidad, son cada vez más los países que inician una comercialización del estatus de residente fiscal a cambio de una inversión sustancial. Este hecho nos lleva a reclamar, aún con más firmeza, la necesidad de apostar por reglas coherentes que verdaderamente reflejen el vínculo con un territorio y que estén adaptadas al actual sistema internacional fiscal[199].

Además, y en lo que aquí interesa, el ya mencionado Comité de personas expertas señaló que «*las reglas de desempate contenidas en el artículo 4.2 MC OCDE no responden adecuadamente al fenómeno de la movilidad creciente de las personas físicas en un contexto global y digital y podría ser conveniente aclararlas o precisarlas, a través de los comentarios al artículo, especialmente en relación con la interpretación de qué ha de entenderse por "vivienda permanente" a efectos de contrarrestar determinados esquemas de planificación fiscal, reforzando indicadores que aludan a la necesidad de arraigo*»[200]. Algunos autores consideran que conceptos como la vivienda permanente o la familia utilizados para determinar la residencia en el artículo discutido del MC OCDE ya no gozan de su antigua incuestionabilidad[201]. Lo que sumado al auge de las comunicaciones y la

---

198 DAGAN, T., "Klaus Vogel Lecture 2021: Unbundled Tax Sovereignty – Refining the Challenges", *Bulletin for International Taxation*, volumen 76, número 7, 2022, p. 323.

199 KOSTIC, V., *Op. Cit.*, 2019, p. 198.

200 AA. VV., *Libro Blanco …, Op. Cit*, 2022, p. 594.

201 KOSTIC, V., *Op. Cit.*, 2019, p. 224.

movilidad conlleva una exigencia añadida de mayor claridad[202]. De mantenerse tal y como están, los individuos se beneficiarán de forma indebida de los MC y de sus lagunas normativas[203]. Junto a ello, cabe indicar que los cinco criterios expuestos en el artículo 4.2 del MC OCDE son breves y poco precisos.

Las reglas que se han expuesto en el punto anterior contienen una cierta problemática en su configuración que acaba trasladándose a la labor de aplicación e interpretación por parte de los diferentes operadores jurídicos y contribuyentes. Es por ello que procederemos a identificar cada uno de los obstáculos siguiendo el orden de preferencia establecido en el apartado segundo del artículo 4 del MC OCDE. Tras enumerar los problemas, enunciaremos el posible orden de preferencia más adecuado y su pertinente justificación. De este modo, podría añadirse una disposición adicional de carácter opcional en los CDI que vaya dirigida a individuos con alta movilidad como es el caso de los trabajadores a distancia.

Pensemos que la fijación de la residencia fiscal puede ser correcta, por seguirse el orden del MC OCDE, pero quizá no es la real, por no reflejar una verdadera vinculación con el territorio. Además, no debemos perder de vista que, establecer la residencia fiscal en un Estado contratante es el primer paso para acceder a los CDI y distribuir, a su vez, el poder impositivo entre los Estados implicados.

En el caso de la primera regla establecida en el artículo 4.2.a) del MC OCDE sobre la vivienda permanente, ya se apuntó a que el párrafo 11 de los Comentarios al precepto consideran suficiente la aplicación de dicha regla para resolver la residencia dual. Sin embargo, a nuestro juicio, este primer criterio de resolución se compone de diversos dilemas.

---

202 DZIWINSKI, K., *Op. Cit.*, 2015, (Versión electrónica).

203 VILCHES DE SANTOS, D., *Op. Cit.*, 2018, p. 57.

Como bien se señaló, la expresión vivienda permanente se compone de tres elementos: la vivienda, la disponibilidad y la permanencia. Respecto a la vivienda las dudas emergen -como punto de partida- en función del idioma en que se aplica el MC OCDE, pues en muchos casos la vivienda no se limita al concepto de casa, sino que más bien se entiende como un domicilio cualificado lo que conlleva una fuerte conexión con los intereses del individuo. En este sentido, la configuración de la primera regla podría llegar a colisionar con otras reglas como, por ejemplo, el centro de intereses vitales. Es más, se ha llegado a plantear incluso si, el disponer de una vivienda podría suponer el inicio de actividades en un Estado[204].

Sin embargo, la posición más adecuada y coherente con la finalidad del apartado segundo del artículo 4 del MC OCDE sería no subjetivar en exceso (y dejarlo para el centro de intereses vitales) la expresión de vivienda permanente entendida como un vínculo personal, sino más bien como el lugar donde podría llegar a vivir de forma potencial el individuo. Con lo cual, la permanencia en una vivienda no puede ser la herramienta a través de la cual el individuo manifieste sus intereses vitales[205]; aunque resulte inevitable un mínimo de interés o voluntad sobre la misma. Todo ello, como seguiremos viendo durante el análisis de la regla a), es para manifestar nuestra postura de que la vivienda permanente no es un nexo fiable que demuestre una vinculación real con el territorio que justifique la residencia de un teletrabajador[206].

En cuanto a la disponibilidad, como segundo elemento constituyente de la regla a), sostuvimos con anterioridad que no puede basarse en un enfoque legal, es decir, en la mera po-

---

204 RUST, A., *Op. Cit.*, 2010 (Versión electrónica).

205 ISMER, R. y BLANK, K., *Op. Cit.*, 2022, p. 301.

206 DE LA PEÑA AMORÓS, M. M., *Op. Cit.*, 2021, (Versión electrónica [BIB 2021/4925]).

sesión de un título sobre la vivienda. Es cierto que los Comentarios al MC OCDE consideran independiente el título que se ostente, pero eso no implica que permita la ausencia del mismo. Este aspecto simboliza otra de las debilidades de esta primera regla de preferencia a una potencial fuente de abusos al tratado. Pensemos que fácil sería para un trabajador a distancia francés que se traslade a Reino Unido para prestar, desde allí, sus servicios. Este trabajador que, supongamos, desea beneficiarse de algún régimen especial inglés, alquila su vivienda sita en Francia. Esto generaría una pérdida de la disponibilidad con lo cual el vínculo territorial quedaría anulado (a la espera de seguir analizando el resto de las reglas preferenciales).

Cierto es que, una parte de la doctrina ha considerado la vivienda permanente como vinculada a los intereses personales del contribuyente lo cual podría ser una vía para fortalecer esta primera regla de un posible abuso frente a una interpretación meramente legalista que atendiera a la posesión de un título jurídico. Pero la prueba en este terreno podría ser prácticamente inabarcable. De este modo, disponer de una vivienda debe entenderse a los efectos de uso y disfrute, a la habitabilidad por el sujeto. Requisito que no quedaría satisfecho si el contribuyente realiza el trabajo a distancia desde otro territorio teniendo vacía la vivienda, y que dicha habitabilidad la ejerza otra persona que no sea el trabajador (por ejemplo, esté en arrendamiento).

Como podemos observar, aquí no centramos la atención en el mero título jurídico, sino más bien en la posibilidad de uso y disfrute que quedaría invalidada frente al uso por otra persona que no fuera él. Y aquí uno podría preguntarse qué ocurre si es la pareja sentimental la que hace uso de la vivienda, ¿podría el teletrabajador seguir manteniendo esa disponibilidad? A nuestro juicio no, pues como ya hemos reiterado, la disponibilidad debería hacer referencia al uso y disfrute efectivamente ejercido y, en dicho supuesto, no se cumpliría[207].

Por último, cabe mencionar el concepto de permanencia. La permanencia nuevamente es un concepto muy indefinido, ya que aún no se tiene certeza de si se refiere a un criterio cuantitativo (tiempo) o cualitativo (motivos por los que se permanece). En relación al primero, es importante señalar que la permanencia no puede interpretarse como un período de por vida, pues se requiere cierta regularidad motivada por intereses personales del sujeto (lo cual implica una combinación con el segundo criterio). Es decir, ambos criterios no deben aplicarse por separado, sino de manera interrelacionada. Esto sirve, como ya hemos mencionado, para distinguir entre una primera y una segunda vivienda.

Las motivaciones de permanecer en una casa que solo se utiliza para vacaciones inclinan la balanza a favor de considerar que se utiliza a diario. Todo esto nos lleva a concluir que si quien trabaja a distancia posee una vivienda en España sobre la cual tiene motivaciones personales para regresar a ella estas podrían ser consideradas, pero el problema surge cuando no se cumple con la regularidad que se exige en la expresión. Recordemos que, como señala el profesor RUST, pasar siete semanas en un año natural no implica cumplir con el requisito de permanencia, ya que no hay regularidad[208].

En cuanto a los problemas que ofrece la regla del centro de intereses vitales hemos podido observar que lo que primero se realiza por el artículo 4.2.b) es sostener la residencia fiscal en el Estado donde se halle la residencia habitual: en caso de que no haya una vivienda permanente. Para muchos autores, el salto realizado por el MC se encuentra justificado, pues si no hay vivienda

---

207 ISMER, R. y BLANK, K., *Op. Cit.*, 2022, p. 301.

208 RUST, A., *Op. Cit.*, 2010 (Versión electrónica).

permanente se puede presumir que tampoco existen intereses personales y económicos en dicho lugar[209]. Pero bajo nuestro punto de vista esta afirmación es una presunción que no debería acogerse a la vista de la importancia (por sus consecuencias) que supone la fijación de una residencia fiscal en un Estado.

La presunción anterior, a nuestro juicio, no encaja con la actual forma de manejar los intereses personales y económicos. Con ello queremos señalar que, la globalización ha permitido una descentralización de los intereses por todo el mundo[210]. El no ostentar una vivienda permanente en un territorio no implica que no se posean, por ejemplo, fuertes vínculos económicos de un trabajador a distancia que presta sus servicios desde Alemania para una empresa española desde hace un tiempo considerable y ello, le ha permitido vincularse de forma patrimonial y económica con el territorio, pero sin que esta situación conlleve tener allí una vivienda disponible y, por ende, con la permanencia exigida por la regla a) del artículo 4.2 del MC OCDE.

Estas confusiones y posibles malas aplicaciones del precepto vienen dadas, como bien afirma GARCÍA CARRETERO, por redactar el precepto de tal modo que se establezca el criterio del centro de intereses vitales como complementario al criterio de vivienda permanente cuando deberían estar bien delimitados, pues sólo se acude al primero si el segundo no se da.

Las ideas anteriores nos llevan a la reflexión de si pueden existir más de un centro de intereses y, a nuestro juicio, la respuesta debe ser afirmativa. La doctrina se encuentra dividida en este punto: unos, consideran que de la lectura del MC OCDE no se puede inferir una pluralidad de centros de intereses[211] y la

---

209 DZIWINSKI, K., *Op. Cit.*, 2015, (Versión electrónica).

210 *Ibídem.* (Versión electrónica).

211 ISMER, R. y BLANK, K., *Op. Cit.*, 2022, p. 302.

justificación que otorgan es que el MC OCDE se refiere a los intereses más estrechos lo cual conllevaría a interpretar un único lugar. Otros, a los cuales nos adherimos, manifiestan que la pluralidad aparecería cuando en el párrafo 16 de los Comentarios se señala que no podrían determinarse (dándose la existencia de dos viviendas permanentes en ambos Estados) y, cuando se refiere a priorizar los intereses personales de los económicos.

En el problema de la determinación, la única justificación que identificamos (y por ello, refuerza la tesis de más de un centro de intereses vitales) es que las autoridades fiscales no han sido capaces de probar donde se hallan dado que están dispersos por varios Estados debido la cantidad de factores que componen la expresión (lista abierta).

Otro de los problemas se halla en la preferencia de los intereses personales sobre los económicos. Para VELÁZQUEZ CUETO no se puede inferir del Modelo y de los Comentarios que se otorgue una preferencia de uno sobre el otro[212]. Para BENÍTEZ MARTÍNEZ los Comentarios otorgan un tratamiento equitativo, pero si hubiera un problema se examinarán en primer lugar los personales[213]. De todas formas, en muchas ocasiones será complejo dictaminar si un determinado elemento es económico o personal[214]. A ello, debe añadirse que concep-

---

212 VELÁZQUEZ CUETO, F. A., "La residencia fiscal de las personas físicas, según la legislación española y el Modelo de Convenio de la OCDE para evitar la doble imposición en materia de impuestos sobre la renta y el patrimonio. Consideraciones y aspectos prácticos", *Cuadernos de Formación*, número 17, volumen 15, 2012, p. 196.

213 BENÍTEZ PÉREZ, M., *Op. Cit.*, 2022, (Versión electrónica [BIB 2022/3600]).

214 ISMER, R. y BLANK, K., *Op. Cit.*, 2022, p. 307. En línea a lo que apunta RUÍZ HIDALGO, C., *Régimen tributario de las empresas de transporte náutico y aéreo y de sus trabajadores: aspectos internos e internacionales: la utilización de las infraestructuras portuarias y aeroportuarias*, Tirant lo Blanch, Valencia, 2021, 143.

tos como el de familia deben ser tratados con cierta perspectiva, es decir, consideramos que ya no serviría el tradicional núcleo familiar. Es mucho más complejo de lo que parece en un primer momento, pues quizá es padre o madre, pero no tiene relación con sus hijos por los motivos que sean. En este punto hay que tener clara una cuestión, con la evolución de la sociedad, determinados valores como el de crear una familia y, estar unida a ella, no es una regla que deba ser vista como general ni, mucho menos, como una presunción. Ya lo afirman algunos autores, que el concepto de familia ha cambiado y, con ello, la forma de interpretar los convenios[215]. Esto conllevará conocer las relaciones del individuo y, cómo entiende éste que son los vínculos con sus familiares lo que implicaría, a su vez, una intromisión en su esfera privada[216] (lo cual exige tratarlo de forma limitada).

En materia de trabajo a distancia resultan, según GURAAIB, más eficientes las reglas subjetivas basadas en centro de intereses vitales que las económicas[217]. Para conocer la realidad de todo ello es exigible una cooperación con el contribuyente que, en muchas ocasiones, no será transparente si éste desea ser considerado como residente en otro Estado. Por eso, no habría que dar preferencia a unos intereses sobre otros de ahí que haya que apostar por una valoración conjunta de todos los factores. Más aún, ante las facilidades que tendría el contribuyente en poner a la venta o manipular parte de sus intereses. A pesar de ello, puede identificarse una parte positiva de esta regla en la amplitud, pues, al fin y al cabo, toda persona osten-

---

215 BORG OLIVIER, T., *Op. Cit.*, 2017, p. 85.

216 STUART, E., *Op. Cit.*, 2010, (Versión electrónica). Por su parte, ISMER, R. y BLANK, K., *Op. Cit.*, 2022, p. 305, critican que, al respecto, el MC OCDE no ofrece ningún tipo de guía para tratar estos asuntos.

217 Véase para más información en ESCRIBANO LÓPEZ, E.: *Op. Cit.*, [en línea], (2022), <https://papers.ssrn.com/sol3/papers.cfm?abstract_id=4245841)>

ta alguno de dichos intereses sobre algún Estado que hará, en principio, el trabajo de las autoridades fiscales más fácil a los efectos probatorios.

La tercera regla es la residencia habitual. A nuestro juicio, como luego señalaremos, esta regla supone un vínculo más real con un territorio. No obstante, la forma de explicar, por parte de los Comentarios, su funcionamiento debilita su potencial. A partir del apartado 19 de los Comentarios al 4.2 del MC OCDE se inicia una lectura de carácter complejo por el carácter abstracto, indeterminado y ambiguo de sus conceptos y expresiones[218].

Los Comentarios pretenden relacionar la expresión residencia habitual con la expresión de la versión francesa que expresa frecuencia, duración y regularidad. A través de esta se pretende evitar que las estancias sean meramente transitorias lo que, a nuestro considerar, podría denotar algo más que una mera estancia. La identificación temporal de estas presencias no puede realizarse a través, según los Comentarios, de una simple comparación de días entre dos Estados contratantes. Sin embargo, los mismos Comentarios también apuntan a que no atenderán a las razones de las mismas (párrafo 18 de los Comentarios). De este modo, el aspecto cualitativo, es decir, las intenciones de las estancias del sujeto no vendrían a considerarse.

A nuestro juicio, lo que prima es el aspecto cuantitativo, es decir, el número de días en que está presente el individuo en todo el territorio de un concreto Estado. A ello, habría que añadir un pequeño matiz en referencia a la denotación francesa de la regla: estas presencias deben ser recurrentes, con un cierto orden temporal dentro del período que se tenga en cuenta para su análisis. Es decir, no será residencia habitual una pre-

---

218 DE LA PEÑA AMORÓS, M. M., *Op. Cit.*, 2021, (Versión electrónica [BIB 2021/4925]).

sencia de siete días en enero, diez en agosto y, cinco en diciembre; pero sí lo sería, quince días cada mes (al menos) como bien indica el párrafo 19 de los Comentarios. De ello podemos considerar una cierta uniformidad en las visitas a dicho Estado sin que exista una diferencia temporal destacable entre ellas.

Lo anterior debe quedar reforzado con determinadas opiniones doctrinales. Es el caso de ISMER y BLANK que apuntan a que cuando se argumentaba sobre el período de la permanencia establecido en el artículo 4.2.a) del MC OCDE no se atendía a un criterio cuantitativo puro[219], pues éste se reservaba a la regla de la residencia habitual y que para ello era preciso el rebasamiento de ciertos umbrales[220]. Con ello, los autores mencionados concluyen que, a diferencia -en dicho caso- de los intereses vitales, en la residencia habitual existe mayor certeza pues no hay que proceder (en el mismo grado) a un análisis fáctico[221].

A continuación, se encuentra el criterio de la nacionalidad. En este caso, no hay mucho más que agregar, excepto que es un criterio puramente político y no territorial, como se mencionó anteriormente. Debido a que su definición depende de las legislaciones internas, existen discrepancias de posición que, en nuestra opinión, se alejan del propósito del artículo 4.2 del MC OCDE. El nacimiento en un Estado generalmente otorga la condición de nacional. Esto significa que los actos personales y económicos que una persona realice a lo largo de su vida pueden llevarse a cabo en otros territorios sin perder ese vínculo político con el Estado de nacimiento. Sin embargo,

---

219 ISMER, R. y BLANK, K., *Op. Cit.*, 2022, p. 301.

220 *Ibídem*, p. 308.

221 *Idem*, p. 308. Otros, como RUST, A., *Op. Cit.*, 2010 (Versión electrónica) estiman que no hay que analizarlo desde un punto de vista comparativo, pues hay que atender a la "frecuencia" que, a nuestro modo de ver, viene a ser, a fin de cuentas, un concepto formal (días).

este no es un criterio que aporte una seguridad para identificar el Estado de la residencia, aunque eso no significa que no deba estar incluido en el artículo 4.2 del MC OCDE. Además, en la actualidad es relativamente fácil adquirir la condición de nacional en un Estado, ya que muchos territorios la otorgan a cambio de una inversión económica, sin que esto implique un vínculo real. En cierto sentido, este último caso se asemejaría, en nuestra opinión, al criterio del centro de intereses vitales, sin olvidar los riesgos que esto conlleva en términos de abuso de convenios.

El último criterio es el procedimiento amistoso, al cual nos remitimos al análisis realizado en el punto anterior sin añadir nada relevante, ya que consideramos que su posición en último lugar es correcta. Es cierto que algunos aspectos, como la obligatoriedad de llegar a un acuerdo entre las autoridades fiscales competentes debe aclararse.

Las críticas señaladas muestran las deficiencias de las reglas para resolver un conflicto de doble residencia. Esta situación se agrava, como hemos mencionado anteriormente, cuando nos enfrentamos a situaciones de alta movilidad de personas físicas, como podría ocurrir con el trabajo a distancia a escala internacional. Esto se debe a que los tratados internacionales no son capaces de determinar dónde se encuentra esta tipología de trabajador y apuestan por criterios como la vivienda permanente, que no necesariamente refleja un vínculo real[222].

A continuación, presentamos una propuesta de cambio en el orden de preferencia de las reglas del artículo 4.2 del MC OCDE. Es importante destacar que este nuevo orden no debe establecerse de manera general, sino como una “disposición especial” para que los Estados contratantes tengan la opción de adoptarla en casos de individuos altamente móviles.

---

222 KOSTIC, V., *Op. Cit.*, 2019, pp. 204-205.

La propuesta de modificación para el artículo 4.2 del MC OCDE es la siguiente:

1. Se considerará residente exclusivamente del Estado donde viva habitualmente.
2. Si vive habitualmente en ambos Estados, se considerará residente exclusivamente del Estado con el que mantenga relaciones personales y económicas más estrechas (centro de intereses vitales).
3. Si no se puede determinar el Estado en el que la persona tenga el centro de sus intereses vitales, se considerará residente exclusivamente del Estado donde tenga una vivienda permanente.
4. Si tiene una vivienda permanente disponible en ambos Estados o no tiene una en ninguno de ellos, se considerará residente exclusivamente del Estado del cual sea nacional.
5. Si es nacional de ambos Estados o no es nacional de ninguno de ellos, las autoridades competentes de los Estados contratantes resolverán el caso mediante un acuerdo amistoso.

A partir de esta propuesta, se pueden destacar varias consideraciones importantes. La nacionalidad y la vivienda permanente son criterios que se basan en una certeza formal simple, como una escritura de compraventa o un registro civil, pero en un mundo cada vez más globalizado, pierden importancia. Estos criterios deberían considerarse en etapas posteriores, una vez se hayan analizado la residencia habitual y el centro de intereses vitales.

Consideramos adecuado reformular el orden del artículo 4.2 del MC OCDE, optando por la residencia habitual en primer lugar y el centro de intereses vitales en segundo lugar, ya que reflejan con mayor precisión la presencia de un trabajador a distancia en un territorio, y su impacto personal y económico en un Estado contratante. Esto atiende al uso de infraestructuras o al valor que aporta un Estado en el desarrollo personal y económico de un individuo.

El orden propuesto también busca fortalecer el precepto frente a cualquier tipo de manipulación. La facilidad con la que una persona puede deshacerse de su vivienda permanente, así como la facilidad con la que se puede acceder a una, abre la puerta a múltiples planificaciones agresivas por parte de los contribuyentes. Además, se busca separar este criterio del centro de intereses vitales, por lo que se establecen en puntos distintos para facilitar su aplicación y la posterior resolución de conflictos de doble residencia.

Por último, subrayar nuestra opinión respecto a que si se prioriza la vivienda permanente como primer criterio es debido a la falta de voluntad de la Administración tributaria en identificar el verdadero vínculo entre individuo y territorio. Un ejemplo de esto se encuentra en el apartado 16 de los Comentarios al artículo 4.2.a) del MC OCDE, donde se salta el criterio del centro de intereses vitales a favor de la residencia habitual, a pesar de los avances en el intercambio de información e, insistimos, todo ello es por lo fácil que es identificar un inmueble y considerarlo como permanente. Esta situación demuestra una inclinación hacia la residencia habitual, por lo que consideramos más apropiado situarla en primer lugar, y luego considerar el centro de intereses vitales.

4. ANÁLISIS DEL ARTÍCULO 15 DEL MC OCDE: LAS RENTAS OBTENIDAS POR EL TRABAJADOR A DISTANCIA

El punto cuarto de este segundo Capítulo se conforma de cuatro partes. En todas ellas se tratará de desengranar el artículo 15 del MC OCDE con el fin de identificar los puntos débiles del precepto ante situaciones de alta movilidad como es el trabajo a distancia.

El precepto se compone de tres apartados. El primero de ellos nos servirá para exponer el ámbito subjetivo constituido por el trabajador que presta el servicio en remoto y el empleador, así como del ámbito objetivo.

La segunda parte se dedica al análisis de las reglas de distribución del poder impositivo que recaen sobre las rentas de los trabajadores a distancia. En el primer apartado aparecen dos reglas de distribución: la primera, es la regla general, que implica la tributación en el Estado de la residencia del empleado; la segunda, es la regla excepción, que permite tributar en el Estado donde se presta el servicio por el trabajador a distancia (en nuestro caso) y, para ello, se requiere que haya un desplazamiento físico por parte del trabajador.

El segundo apartado establece la "excepción de la excepción" lo cual significa que, en caso de que se cumplan las tres condiciones enumeradas, en su sentido negativo, el Estado de la residencia volverá a tener la exclusividad de derechos para ejercer su poder impositivo sobre las rentas obtenidas por el trabajador. Por su parte, y como enseguida consideraremos, el Estado, genéricamente llamado "de la fuente", tan sólo requerirá de la existencia de una de ellas.

Finalmente, el apartado tercero se destina a la distribución de los derechos impositivos en materia de operaciones navales y aeronáuticas. El artículo 15.3 del MC OCDE supone otra *lex specialis* frente al "sistema cerrado" que caracteriza el artículo 15 del MC OCDE[223]. Esta tercera regla otorga al Estado de la residencia del trabajador el poder tributario, pues se pretenden evitar fragmentaciones en la tributación en vista al requerido contacto que mantienen las operaciones señaladas con diversos territorios (puertos, aeropuertos, etc.). Sin embargo,

---

223 PISTONE, P., *Op. Cit.*, 2021, (Versión electrónica).

no será objeto de análisis debido a que excede de la temática de la presente investigación.

La irrupción del trabajo a distancia, como bien se analizará, implica un reto en la aplicación del artículo 15 MC OCDE. Podría, incluso, afirmarse que, supone "otro reto añadido" a la vista de los problemas interpretativos y de aplicación que ostenta tal precepto. No sólo identificaremos que existen limitaciones por una ausencia de previsión tecnológica (en los Comentarios); sino que se parte de unos cimientos que, en algunos casos, no están bien construidos a los simples efectos de manifestar una clara aplicación y seguridad jurídica. Por este motivo, finalizaremos el punto con una serie de propuestas de mejora.

4.1. El ámbito de aplicación subjetivo

El ámbito subjetivo del artículo 15 del MC OCDE se centra en aquella persona, el trabajador, que obtiene unos rendimientos del trabajo tras prestar un servicio enmarcado en una relación de trabajo dependiente. La otra parte de la relación la protagoniza el empleador; término conflictivo como se verá en los siguientes epígrafes.

A simple vista, podría parecer sencillo encuadrar a los dos sujetos mencionados en el marco de una relación laboral, pero la realidad demuestra lo contrario. El párrafo 8.1 de los comentarios al artículo 15.2 del MC OCDE remarca la complejidad en determinar si un servicio prestado por un individuo a favor de un empresario es una relación laboral o bien, profesional[224]. En consecuencia, habrá que identificar aquellas

---

[224] PEETERS, B., "Article 15 of the OECD Model Convention on "Income from Employment" and its Undefined Terms", *European Taxation*, vol. 44, IBFD, 2004, p. 72. El autor indica que la aplicabilidad que tiene dicho precepto es compleja debido a la ausencia de claridad y seguridad jurídica.

notas que caracterizan a las relaciones laborales con el fin de conocer cómo actúan los sujetos que intervienen en la misma.

Conviene remarcar que el artículo 15 del MC OCDE se remite a las legislaciones internas (en concreto, del Estado de la fuente) para la conceptualización de sus expresiones. Entonces, el significado de trabajador, empleador y de relación laboral se desarrolla en los ordenamientos nacionales. Los Comentarios sí proporcionan una metodología determinada encaminada a conocer si existe una relación laboral y, por ende, un trabajador y un empresario para proceder a una correcta distribución del poder impositivo en base a las reglas del artículo 15 del MC OCDE[225].

La doctrina internacional se refiere, en general, a la subordinación para determinar la dependencia del trabajador respecto de su empleador[226]. Otro elemento característico lo destaca DANON al mencionar que el empleador ejerce un grado de control sobre el trabajador; hecho que lo distingue de las rentas establecidas en el artículo 7 del MC OCDE[227]. También resulta destacable esa autoridad del empleador para dar instrucciones, y la asunción de riesgos respecto de los resultados de su actividad económica[228]. Todo ello, sin obviar que, el propio artículo 15.2.b) del MC OCDE conecta el término de em-

---

225 Véanse, entre otros, los párrafos 8.13 y 8.14 de los comentarios al artículo 15.2.b) del MC OCDE.

226 PEZZATO, G., "The meaning of the term "employment" under article 15 of the OECD Model Convention", en *Taxation of Employment Income in International Tax Law*, Linde, Viena, 2009, p. 57.

227 DANON, R., *Op. Cit.*, 2012, p. 96.

228 PÖTGENS, F., "The Dutch Supreme Court Reaffirms and Clarifies 'de facto employer' under Article 15 of the OECD Model", *Intertax*, volume 36, núm. 2, 2008a, p. 81 y PÖTGENS, F., *Income from International private Employment: An analysis of Article 15 of the OECD Model*, vol. 12, Doctoral Series, IBFD, Amsterdam, 2006, p. 266.

pleador con la persona que realiza los pagos por los servicios prestados por el trabajador.

Lo anterior demuestra que quien ejerce la actividad económica o profesional es el empleador; en el lado contrario, encontramos al trabajador quien se vincula con el primero a través de un contrato de trabajo en los términos establecidos en el artículo 15 del MC OCDE que, más adelante, se indicará con detalle en el plano objetivo del precepto.

4.2. El ámbito de aplicación objetivo

A continuación, nos centraremos en el análisis detallado del significado de la expresión dispuesta en el primer párrafo del artículo 15.1 del MC OCDE. Esto nos permitirá comprender la importancia del artículo 15 en la delimitación de las rentas incluidas en este apartado y las diferencias que existen con respecto a otros artículos del MC OCDE que también pueden contener rentas originadas en el marco de una relación laboral dependiente.

4.2.1. La expresión sueldos, salarios y otras retribuciones análogas

El objeto de imposición del artículo 15 del MC OCDE según la rúbrica del mismo es la "renta del trabajo por cuenta ajena". Así se confirma de la lectura del párrafo primero de los Comentarios al artículo 15.1 del MC OCDE el cual apunta que «*el apartado 1 establece la regla general aplicable a la imposición de la renta del trabajo por cuenta ajena*». Sin embargo, podríamos encontrar relevantes dificultades interpretativas si comparamos el párrafo expuesto de los Comentarios respecto de lo que se establece en el artículo 15.1 del MC OCDE.

Tal precepto no se refiere a *rentas del trabajo por cuenta ajena* –sí, como hemos señalado, en la rúbrica-; sino que, su ámbito de aplicación parece recaer sobre la expresión *sueldos, salarios y otras retribuciones análogas*. Se pueden extraer varias cuestiones de los términos enumerados: en primer lugar, la realización de un trabajo por cuenta ajena es compensado a través de un pago que, atención, no tiene por qué ser dinerario, pues puede ser una suma equivalente al dinero lo cual, a nuestro modo de ver, da entrada al pago "en especie"[229]: cuestión relevante en el ámbito del trabajo a distancia si tenemos en cuenta que, en la normativa española de la nueva Ley del trabajo a distancia, se contempla tal posibilidad de compensación.

La compensación es la contraprestación por la prestación del servicio encomendado al trabajador o a un individuo que no tenga una relación dependiente. En palabras de VOGEL, es preciso que haya un vínculo entre la prestación realizada y la compensación adquirida por el individuo[230] que podría darse a la perfección en rentas encuadradas en el artículo 7 del MC OCDE (que regula los servicios independientes) como en las ejercidas en el marco de una relación dependiente (artículo 15 del MC OCDE y en el resto de los preceptos *lex specialis*).

Algunos autores como, por ejemplo, PISTONE, plantean la posibilidad de sustituir dicha expresión por "ingresos del empleo" (*income from employment*), pues lo importante es el vínculo con los servicios personales dependientes que constituyen el motivo de pago y la fuente de los ingresos[231]. Si se hiciera esta modificación, considera el autor, no habría un cambio significativo del alcance del precepto y facilitaría su interpretación. Además, tampoco afectaría a su relación con el resto de los preceptos y delimitaría más las relaciones con el artículo 21 del MC OCDE.

Volviendo a la expresión "sueldos, salarios y otras retribuciones análogas" cabe apuntar que no se encuentra en las legislacio-

---

229 CHOI, W., "Active Income of Individuals", en *Roy Rohatgi on International Taxation,* Vol 1: Principles, IBFD, 2021, (Versión electrónica).

230 DE BROE, L., *Op. Cit.*, 2015, p. 1124.

231 PISTONE, P., *Op. Cit.,* 2021, (Versión electrónica).

nes internas de ahí que los defensores de la interpretación doméstica como AVERY JONES indiquen debería considerar como "identificable" con cualquier renta que derive del trabajo[232].

Cuando en el párrafo 2.2 de los Comentarios al art. 15.1 del MC OCDE se menciona la palabra «*deriven del ejercicio de un trabajo por cuenta ajena*» hay que entenderlo desde una perspectiva distinta a la expresión de «*sueldos, salarios y otras retribuciones análogas*». Para comprender este punto PÖTGENS declara que la primera, se identifica con cuestiones temporales; mientras que la segunda, enumera los elementos objeto de imposición[233].

Este autor no considera del todo similar el concepto de rentas del trabajo con la expresión "sueldos, salarios y otras remuneraciones análogas", pues una renta (*income*) también podría ser obtenida por un futbolista, y no puede asimilarse a la que obtiene un trabajador del artículo 15 del MC OCDE[234]; a diferencia de lo que señalaba PISTONE anteriormente. Es por este motivo que será esencial delimitar las rentas establecidas en el artículo 15 con respecto a las de los artículos 16, 17, 18, 19, 20 y 21 del MC OCDE.

El término "análogas" que aparece en la expresión da lugar a una consideración amplia de la misma lo cual exige una correcta delimitación, pues solo serán rentas del artículo 15 del MC OCDE aquellas que sean similares a los sueldos y salarios. En caso contrario, habría que acudir al término de *otras rentas* del artículo 21 MC OCDE. Todo ello, siempre y cuando no se cumplan con las *lex specialis* de los artículos 16, 18 y 19. Para DE BROE es precisa una interpretación amplia para asegurarse de que todas las rentas del empleo recaen en el marco del artículo 15 del MC OCDE, salvo las excepciones que se contemplan en las leyes especiales[235].

---

232 AVERY JONES, J. F., *Op. cit.*, 2001, p. 393 (Traducción propia).

233 PÖTGENS, F., *Op. Cit.*, 2006, p. 151.

234 *Ibídem.*, p. 159.

235 DE BROE, L., *Op. Cit.*, 2015, p. 1123.

4.2.2. La delimitación y el *efecto paraguas* del artículo 15

El artículo 15.1 del MC OCDE dispone lo siguiente: *«1. Sin perjuicio de lo dispuesto en los artículos 16, 18 y 19, los sueldos, salarios y otras retribuciones análogas (...)»*.

Con la mención del *«sin perjuicio»* se da cuenta, como bien confirman los Comentarios, que la regla general es la aplicación del artículo 15 del MC OCDE. A partir de ahí, el resto de los preceptos o bien, son considerados como excepciones o previsiones especiales. En el primer grupo, podemos incluir los artículos 15.3, 18 y 19 del MC OCDE y, en el segundo grupo, el artículo 16 del MC OCDE[236].

La diferencia entre ambos grupos parece encuadrarse en el modo en que se distribuye el poder impositivo. Un razonamiento adecuado lo invoca PÖTGENS al indicar que los artículos 15 y 16 del MC OCDE asignarían al Estado de la fuente el derecho de imposición; mientras que, el 15.3, el 18 y el 19 del MC OCDE lo fijan a favor del Estado de la residencia, pues coincide con el lugar de pago[237]. El autor señala que el artículo 15 del MC OCDE tiene un efecto sobre las rentas obtenidas en el marco de una relación por cuenta ajena, el llamado efecto paraguas. Se viene a sostener que el artículo 15 del MC OCDE actúa como una *lex generalis* de modo que, si las rentas obtenidas por cuenta ajena no cumplen con las características propias de las *lex specialis*, es decir, de las rentas contenidas en los artículos 16, 18 y 19 del MC OCDE el artículo 15 del Modelo las acogerá en su ámbito de aplicación a modo de "paraguas": al ser su función

---

236 PÖTGENS, F., "The "Closed System" of the Provisions on Income from Employment in the OECD Model", *European Taxation*, volume 41, número 7/8, IBFD, 2001, p. 252.

237 PÖTGENS, F., *Op. Cit.*, 2006, p. 121.

más genérica que la del resto de los preceptos indicados[238]. La generalidad del artículo 15 del MC OCDE manifiesta, como arguye HINNEKENS, un cierto paralelismo con el contenido establecido en el artículo 21 del MC OCDE sobre *Otras rentas,* pero la distinción entre uno y otro es que el segundo artículo recae sobre rentas no contempladas en el tratado[239].

No todos los autores están conformes con considerar el artículo 15 del MC OCDE como un sistema cerrado, o sea, como un precepto que agrupa las rentas que no pueden incardinarse en el resto de los artículos. De entre la doctrina disconforme encontramos a PROKISCH quien estima, en relación con las indemnizaciones por despido, que el artículo 15 es más restrictivo, pues únicamente se aplica sobre pagos que están estrictamente relacionados con el ejercicio del empleo. Es decir, en el caso de una indemnización por despido no existe un ejercicio como parece exigir el artículo 15 del MC ODE, sino que es una mera compensación por la pérdida del empleo[240]. En consecuencia, el artículo 15 del MC OCDE no podría agrupar este tipo de rendimiento.

---

238 PÖTGENS, F., "The Allocation of Severance Payments under Article 15 of the OECDE Model", en *A Tax Globalist: Essays in honour of Maarten J. Ellis,* IBFD, Amsterdam, 2005, (Versión electronica).

239 HINNEKENS, L., "The salary split and the 183-day exception in the OECD Model and Belgian tax treaties (Part I)", *Intertax,* número 8-9, 1988, p. 229. Pero, como bien señala el autor, el artículo 15 del MC OCDE prevalece sobre el artículo 21 del mismo texto.

240 PROKISCH, R., "Severance payments", *European Taxation,* volumen 38, número 5-6, 1998, pp. 178-179. En contra de esta concreta opinión destacamos a LEDURE, C., "The Tax Treatment of Severance Payments Made in a Cross-Border Context – A Swiss Perspective", *European Taxation,* vol. 56, Journal Articles & Opinion Pieces IBFD, 2016, p. 66. En la misma línea de LEDURE, véase PÖTGENS, F., *Op. Cit.*, 2001, p. 259.

Una línea similar la mantiene DE BROE, pues considera que si no se han podido aplicar las reglas *specialis* o las previsiones especiales (artículo 16 del MC OCDE) las rentas podrían ser interpretadas como "otras rentas" y, en consecuencia, no tendría por qué, el artículo 15 del MC OCDE, actuar como regla general, pues también existe el artículo 21 del MC OCDE. Esta problemática, para el autor, se aprecia cuando se producen situaciones puntuales como, por ejemplo, cuando los pagos son de un empleo pasado o futuro. En este tipo de operaciones tanto el artículo 21 como el 15 del MC OCDE podrían tener una función idéntica[241]. Claro está que, este argumento depende de la interpretación que se haga del precepto, pero consideramos que poner en duda el "efecto paraguas" que presenta el artículo 15 del MC OCDE atendiendo al artículo 21 del mismo texto no es coherente de conformidad con la interpretación autónoma del contenido de ambos.

La aplicación del artículo 21 del MC OCDE, a nuestro juicio, tiene razón de ser cuando las rentas obtenidas por un teletrabajador no aparecen previstas en ninguno de los preceptos hasta aquí mencionados. S e trata de una afirmación que ya aparece en el 21.1 del MC OCDE. Por ende, mantener la justificación en cuando ha sido o será pagada la compensación es irrelevante a los efectos de considerar el artículo 15 del MC OCDE como un sistema cerrado[242], y que sólo debe depender de la naturaleza del pago y de la capacidad las partes en la relación laboral. Por ejemplo, el artículo 19 del MC OCDE se aplica sobre rentas del empleo, pero necesariamente debe cumplirse la condición de "persona que prestar un servicio a un Estado" como un funcionario público y que la otra parte "sea el Estado contratante o por una de sus subdivisiones políticas o entidades locales".

---

241 DE BROE, L., *Op. Cit.*, 2015, p. 1293.

242 BERETTA, G., *Op. Cit.*, 2022, p. 10.

Hemos comprobado que para identificar el artículo aplicable sobre las rentas del trabajo ha sido necesario, como bien expresa KOSTIC, interpretar todas aquellas cuestiones centrales como la relación laboral, el concepto de empleador y de trabajador a distancia analizadas en epígrafes anteriores[243]. Sin embargo, la caracterización de las rentas para acabar encuadrándolas en el artículo 15 del MC OCDE o dentro de las reglas especiales nos supone obtener un conocimiento concluyente del asunto, pues como bien se infiere de las palabras de EDEN y PALAO, la realidad de los hechos será el terreno donde encontremos la correcta calificación[244]. Por este motivo, detallaremos como se delimitan los preceptos que pueden entrar en colisión con la regla general establecida en el artículo 15 del MC OCDE.[245].

Empecemos por el artículo 16 del MC OCDE. Ya hemos indicado que respecto del artículo 15 del MC OCDE supone una "previsión especial" y no, una excepción. El párrafo 2.3 de los Comentarios al artículo 15.1 del MC OCDE dispone que en ocasiones puede resultar complejo identificar qué parte de la retribución tiene origen en un trabajo por cuenta ajena y lo mismo puede ocurrir en el caso del artículo 16 del MC OCDE, es decir, determinar qué parte de la retribución obtenida recae sobre el ámbito de aplicación del artículo 15 o del artículo 16 del MC OCDE. Para PÖTGENS lo más adecuado es que las partes dejen previsto en los contratos todos los detalles y en concepto de qué se obtiene la remuneración para facilitar

243 KOSTIC, V., *Op. Cit.*, 2019, p. 191.

244 EDEN, S. y PALAO TABOADA, C., "General report on the taxation of workers in Europe", en *Taxation of workers in Europe*, vol. 6, EATLP International Tax Series, 2010, p. 27.

245 Un análisis que según WASSERMEYER, F., *Op. Cit*, 2010, p. 1448, tendrá que llevarse a cabo de forma homogénea dada la cercanía de las disposiciones.

la práctica[246]. Esto deviene relevante por el hecho de que un miembro de un consejo de administración de una sociedad puede obtener sus rentas en concepto de miembro del consejo mencionado o como un simple empleado, de ahí que sea importante especificar formalmente las funciones encomendadas y las retribuciones por las mismas acordadas. Añade COOLS que lo más recomendable es fijar las cantidades que se vayan a pagar en un concepto u otro en el contrato y en los estatutos para facilitar la justificación[247].

El artículo 17 del MC OCDE tiene por fin establecer las reglas de distribución de las rentas que proceden de aquellas personas que ostentan la calidad de "artistas y deportistas". La delimitación, a pesar de que no se haya indicado con anterioridad, con respecto al artículo 15 del MC OCDE es debida a que las rentas del precepto mencionado en primer lugar se configuran como otra especie de reserva especial a la regla general de las rentas del trabajo por cuenta ajena[248].

La capacidad de la persona en los casos *lex specialis* también concurre en el artículo 17 del MC OCDE lo cual resultará esencial, pues en caso de ausencia de las características subjetivas requeridas por tales preceptos, el efecto paraguas del artículo 15 del MC OCDE será de aplicación[249]. Entre ellas se destaca la nota de competitividad como señaló el *Bundesfinanzhof*[250]

---

246 PÖTGENS, F., *Op. Cit.*, 2006, p. 124.

247 COOLS, A., "What Is the Scope of the Concept of "Income" in Article 16 of the OECD Model?", *Bulletin for International Taxation*, volume 71, núm. 3-4, IBFD, 2017, (Versión electrónica).

248 PÖTGENS, F., *Op. Cit.*, 2001, p. 254, indica que sobre el artículo 17 del MC OCDE no se hace ninguna reserva, pero de los comentarios parece darse prioridad a este sobre el 15 del MC OCDE como una excepción.

249 DE BROE, L., *Op. Cit.*, 2015, p. 1133.

250 Bunsdesfinanzhof, de fecha 20 de diciembre de 2017, IR 98/15.

respecto a un evento deportivo o la creatividad como indicó Tribunal Fiscal de Apelación de Florencia el 15 de febrero de 2016[251]. El reto del artículo 17 del MC OCDE se halla en la compleja tarea, para el Estado de la residencia, en determinar las rentas derivadas de los eventos que tienen lugar en el extranjero. Por tales circunstancias resulta más eficaz la tributación en el Estado de la fuente.

Pasando al artículo 18. Su ámbito de aplicación y sus conexiones con el artículo 15 del MC OCDE encontrarán especiales problemas en relación con las indemnizaciones por despido y con las características que debe tener la renta para ser considerada como una pensión y no renta del trabajo a los efectos del segundo precepto mencionado.

Respecto a las características del precepto, la sentencia del Tribunal Supremo de Holanda de fecha 26 de agosto de 1981[252] consideró que la renta percibida no podía ser calificada como una "pensión", pues no iba destinada a satisfacer las necesidades del empleo tras cesar en su trabajo, es decir, no iba dirigida a "su cuidado por la edad o por incapacidad". En consecuencia, fueron insertadas en el ámbito del artículo 15 del MC OCDE debido a su consideración como indemnización. Autores como PÖTGENS consideran que las rentas del artículo 18 del MC OCDE deben cumplir con tres características: la primera, el requerimiento de cuidado (que es la más relevante); la segunda, la razonabilidad, es decir, no debe exceder lo que socialmente no se consideraría aceptable y, la tercera, la terminación del empleo que dio origen a la pensión[253].

---

251 Análisis realizado por TENORE, M., "Supreme Court of 7 September 2018, case no. 21865" en *Tax Treaty Case Law around the Globe 2019*, Linde, 2020, (Versión electrónica).

252 Sentencia del Tribunal Supremo de Holanda, de fecha 26 de agosto de 1981, BNB 1981/307, IBFD.

253 PÖTGENS, F., *Op. Cit.*, 2001, pp 260-261.

En artículo 19 del MC OCDE se distingue con el artículo 15 del MC OCDE por el hecho de que las rentas del primero provienen por la función pública, del servicio a un ente público o bien, es una remuneración con cargo a fondos públicos. Las rentas que se obtienen no únicamente recaen sobre empleados públicos lo cual no debe confundirse con prestaciones de servicios al sector público, pues en dicho caso también participan trabajadores del sector privado[254].

En el artículo 20 del MC OCDE se establece la imposición sobre «*ciertos pagos percibidos por estudiantes o personas en prácticas para cubrir sus gastos de mantenimiento, estudios o formación*»[255]. En cierta forma, y de nuevo, a pesar de que no aparezca como una excepción en los Comentarios al artículo 15 del MC OCDE, la entrada del artículo 20 del MC OCDE, una vez se cumplan sus condiciones, será prioritaria a la aplicación de la regla general constituyendo también otra *lex specialis*.

En el supuesto *Joanna Klubo-Gwiezdzinska v. Commissioner of Internal Revenue* un ciudadano polaco obtiene una beca para trabajar como investigador en el Washington Hospital Center. El IRS (*Internal Revenue Service*) razonó que no se trataba de tal, sino que era una "compensación" por empleo. Posteriormente, el Tribunal Fiscal de Estados Unidos revisó el contrato y afirmó que se trataba de una remuneración que cumplía con las condiciones de salario, es decir, obtenidas por un empleado ordinario. A su vez, el Tribunal señaló que el hecho de que el contribuyente tuviera por objeto adquirir una experiencia y

---

254 BRIAN, J. A., "The Taxation of Income from Services under Tax Treaties: Cleaning Up the Mess – Expanded Versión", *Bulletin for International Taxation*, volumen 65, número 2, IBFD, 2011, (Versión electrónica).

255 Párrafo 1 de los Comentarios al artículo 20 del MC OCDE.

mayor conocimiento no significaba que no estuviera prestando un servicio dependiente a favor del Hospital[256].

Finalmente, hay que aludir al artículo 21 del MC OCDE sobre *Otras rentas*. Su función radica en el amparo de aquellas rentas que no tienen acomodo en el resto de precepto del MC OCDE. En lo que respecta a las rentas obtenidas por un trabajador, el hecho de acudir a este precepto supone, en nuestra opinión, dos cosas: la primera, que las *lex specialis* no han podido aplicarse por no darse las condiciones específicas para ello y, la segunda, que no han podido ser consideradas como rentas del trabajo conforme la regla general del artículo 15 del MC OCDE.

4.3. La distribución del poder impositivo

4.3.1. Reglas contenidas en el artículo 15.1 del MC OCDE

A continuación, abordaremos el tema de la distribución del poder impositivo, centrándonos en el análisis de dos de las reglas establecidas en el artículo 15 del MC OCDE: la regla general, que establece la tributación exclusiva en el Estado de residencia del trabajador a distancia, y la excepción a esta regla, que permite la tributación compartida con el Estado desde el cual se ha llevado a cabo el trabajo en remoto.

---

256 Estados Unidos, Joanna Klubo-Gwiezdzinska v. Commissioner of Internal Revenue, 28 de junio de 2017, Case Law IBFD (Versión electrónica). Referencia del caso: Docket No. 16501-15S.

A. La exclusividad del Estado de la residencia del trabajador a distancia

El apartado primero prevé, como una regla general, otorgar la exclusividad del poder impositivo al Estado de la residencia del trabajador dependiente. Concretamente se dispone que todos aquellos "sueldos, salarios y otras remuneraciones análogas " obtenidos por un trabajador residente de un Estado contratante tributarán de forma exclusiva en dicho Estado.

El Estado de residencia al que se refiere esta primera regla viene acompañado por el criterio de situación, pues el trabajador reside y, a la vez, ejerce la actividad en ese mismo territorio. La cuestión remuneratoria aparece en el párrafo 1 de los Comentarios al artículo 15.1 del MC OCDE. Respecto al lugar de pago, se presume que se realiza por parte del Estado "de la fuente (el otro Estado)", pues así parece afirmarse al señalarse que «*las fuentes están situadas "en el otro" Estado*». Ello quiere manifestar, o así lo consideramos nosotros, que es el *otro* Estado es territorio donde reside la persona pagadora lo cual como, más adelante veremos, generará una serie de problemas.

El párrafo primero de los Comentarios a esta primera regla continua y señala que las fuentes provienen de otro Estado contratante y no, del mismo territorio donde el empleado se encuentra trabajando y residiendo. La aplicación del CDI tiene sentido si existe más de un Estado y, en dicho caso es así, pues el "otro Estado" es el lugar donde reside la persona (física o jurídica) que paga la renta a pesar eso sí, de que no tenga derecho a gravar las rentas del trabajador a distancia en tal territorio, pues no habrá el desplazamiento físico requerido en la regla segunda (establecida en el artículo 15.1 *in fine*).

El Estado de la residencia, en estos supuestos, ostenta un poder de imposición de carácter exclusivo, pues únicamente éste podrá gravar las rentas, para nuestro caso, del trabajador en remoto. Lo que vendría a ser una norma de reparto de carácter cerrado y excluyente[257]. La justificación de mantener, para PISTONE, esta prevalencia del Estado de la residencia se justifica por la protección que ejerce dicho Estado sobre sus residentes en el sentido de que los mismos se benefician de las infraestructuras de tal territorio y, se atiende, como ya se ha señalado en diversas ocasiones, a las circunstancias personales del trabajador. De este modo, concluye el autor, se evita la doble imposición jurídica, así como la no imposición en caso de que se vaya a trabajar a territorios *off-shore*[258].

La prevalencia y, al fin y al cabo la exclusividad en la tributación en el Estado de la residencia también podría justificarse, a nuestro juicio, a través de las palabras manifestadas por SIMÓN ACOSTA en relación con el tema de la imposibilidad de que el "otro Estado" pueda retener si existe exclusividad en el Estado de residencia. Esto es, ante la ausencia de desplazamiento no habría hecho imponible en el *otro Estado* y, sin éste, tampoco una base imponible a través de la cual se cuantifica el tributo y sobre la que se aplicaría el correspondiente tipo de gravamen. De esta forma, señala el autor que «*sin base el tributo no tiene cuantía, no nace obligación tributaria y, por tanto, no existe hecho imponible*»[259]. Por ende, el "otro Estado" (por ahora, únicamente el "de pago") no podrá compartir con el Estado de la residencia el gravamen al no existir un hecho imponible propiamente dicho en sus fronteras.

De este modo resulta lógico afirmar que la vinculación entre el derecho de imposición (expresado con la retención) del Estado del pagador con el pagador de las rentas no resultaría factible o, mejor dicho, no podría darse por los motivos expuestos,

---

257 AGUAS ALCALDE, E., *Tributación Internacional de los Rendimientos de Trabajo,* Aranzadi, Navarra, 2003, p. 115.

258 PISTONE, P., *Op. Cit.,* 2021, (Versión electrónica).

259 SIMÓN ACOSTA, E., *El Nuevo Impuesto sobre la Renta de las Personas Físicas,* Editorial Aranzadi, Navarra, 1999, pp. 40-41.

más allá de que el empleado pueda suponer un activo para la empresa sita en el Estado de la actividad[260]. Otra cosa será que el pagador de tales rentas deba o no retener en el Estado en el que se halle el trabajador a distancia por tener éste último territorio el derecho exclusivo a gravar al ser el Estado de residencia del trabajador en remoto junto con el vínculo de la situación.

En vista a lo anterior, la preminencia del tándem entre "residencia" y "situación" provoca que el lugar de explotación del fruto entendido como, el lugar donde esta sito el pagador no tenga relevancia a los efectos distributivos. Es más, una idea interesante que refuerza esta cuestión es la distinción que realiza AGUAS ALCALDE sobre el "lugar de dirección" y el "lugar de ejercicio" la cual es verdaderamente relevante en materia de teletrabajo. La diferencia entre ambos "lugares" puede explicarse por medio de un ejemplo: un profesor extranjero que da clases para alumnos españoles a través de medios digitales o un arquitecto que transmite instrucciones de cómo construir un edificio en España cuando el primero, radica fuera de dicho territorio. Como observamos, los medios digitales son claves. La transmisión de los datos, la información, el servicio en sí a través de dichos canales han dado a entender que quien da las instrucciones (el arquitecto, el docente) es el "lugar de dirección"; en cambio, el lugar donde se hace efectivo, es decir, el "lugar de ejercicio" será el aula o el terreno donde se construye[261]. De este modo, a pesar de que las indicaciones vengan a tener su efectividad en otro Estado lo que importa será la "situación del trabajador dependiente".

---

260 WALDBURGER, R., "Income from Employment (Article 15 OECD Model Convention)", en *Source versus Residence: Problems Arising from the Allocation of Taxing Rights in Tax Treaty Law and Possible Alternatives*, Kluwer Law International, Holanda, 2008, p. 194.

261 AGUAS ALCALDE, E., *Op. Cit.*, 2003, p. 142.

Así, no sólo se extraen defectos técnicos[262] de la configuración del artículo 15 del MC OCDE y sus Comentarios; sino que, tampoco se aborda como debería, la cuestión de la economía digital y la globalización. Se recuerda que la elaboración del precepto se contextualiza en una época en que la presencia física del empleado era un punto de conexión fiable para imponer las rentas del trabajo[263].

En materia de teletrabajo, la DGT ya se ha manifestado respecto al derecho que ostenta el Estado de la residencia en aplicar su poder impositivo a pesar de que, la empresa no se halle sita en dicho territorio. De este modo, la Consulta V1265-22, de fecha 6 de junio de 2022, indicó que el teletrabajador (dependiente) consultante tenía que tributar de forma exclusiva en España por los servicios prestados a su empleador (empresa sita en Estados Unidos), pues en territorio español se ejercía el teletrabajo y, además, el trabajador ostentaba en él la residencia fiscal. Se trata de un caso bastante claro de coincidencia entre Estado de residencia del teletrabajador y Estado de situación.

Como vemos, el hecho de que la explotación de los frutos tenga lugar en otro Estado eso no determinará la sujeción en dicho territorio de las retribuciones obtenidas por el trabajo tal y como lo determina el párrafo primero *in fine* de los Comentarios al artículo 15.1 del MC OCDE. También, en la Consulta de la DGT V3794-16, de fecha 9 de septiembre de 2016 se entiende que los frutos que conlleva el teletrabajo, aunque aparezcan en otro Estado, la tributación se mantendrá en el Estado de la residencia.

Hasta aquí, hemos podido analizar que una norma de carácter cerrada y excluyente no se mantendrá si existe un desplazamiento del trabajador a distancia al Estado de situación, así como si en la relación dejan de haber dos Estados, es decir, Estado de resi-

---

262 WALDBURGER, R., *Op. Cit.*, 2008, p. 194.

263 PISTONE, P., *Op. Cit.*, 2021, (Versión electrónica).

dencia y Estado de pago (el "otro Estado"), pues también podríamos encontrar casos triangulares en los que el pagador se halle en un tercer Estado y el teletrabajador preste sus servicios desde el Estado de actividad (situación) que, a su vez, no coincida con el de su residencia. Todas estas cuestiones se irán resolviendo a medida que desgranemos cada una de las reglas, condiciones y excepciones que contiene el artículo 15 del MC OCDE.

B. La intervención del Estado de la fuente

Cuando el trabajador a distancia debe o desea desplazarse físicamente a otro Estado, donde va a prestar el servicio, se identifican dos elementos: el primero, una excepción a la regla general, pues el "otro Estado" puede someter a imposición las rentas del teletrabajador y, el segundo, consecuencia del primero, es que el Estado de la residencia ya no tendrá plena exclusividad, pues el poder impositivo será compartido. En dicho caso, el Estado de la fuente (a diferencia de la primera regla) ya no sólo sería (presumiblemente) el territorio de pago, sino que se hallaría vinculado el criterio de situación al realizarse en él la actividad dependiente. De esta forma, la fuente puede verse compuesta por dos tipos de vínculos que no tienen por qué aparecer en un mismo territorio: el vínculo de situación, que como señalamos, implica el lugar donde *físicamente* se presta el servicio por el teletrabajador y, el vínculo de pago, como el lugar donde reside el pagador (que, en general, será el empleador).

La segunda regla la encontramos en el artículo 15.1 *in fine*. De modo que, la alusión a que «*salvo si el empleo se ejerce en el otro Estado contratante*» implica una presencia física por parte del teletrabajador lo cual conlleva señalar que es el "lugar de dirección" de las actividades laborales prestadas en remoto[264].

[264] WALDBURGER, R., *Op. Cit.*, 2008, p. 185.

La presencia exigida supone para WALDBURGER el principio esencial sobre el que se rige el artículo 15 del MC OCDE; esto es, el de asignar el derecho de imposición de las rentas obtenidas por el teletrabajo al Estado donde se ejerza la actividad. Claramente, se trata de un precepto que gira en torno a la presencia física lo que no tiene por qué ir desligado con el trabajo a distancia[265]. Precisamente, por esa razón, diferenciamos entre el lugar desde donde se dirige la prestación respecto del lugar donde se explota.

Algunos autores han señalado que la presencia física se halla más presente en los CDI suscritos de conformidad con la OCDE y, no tanto, en la línea de la ONU que incluye, por exponer un ejemplo, en 2017 el artículo 12A del MC ONU en el que se permite al Estado de la fuente gravar las rentas para determinados servicios sin la necesidad de que el prestador del servicio se sitúe físicamente en tal Estado[266]. Un supuesto que, no desentonaría con la estructura del artículo 15 del MC OCDE por medio de una cláusula alternativa para los Estados. Una de las tantas cláusulas que, como enseguida analizaremos, pueden disponer los Estados respecto del artículo que aquí examinamos.

En esta línea y, retrocediendo en el tiempo, es interesante mencionar que, en el artículo 7 del informe presentado por la Liga de las Naciones en octubre de 1928 se aludió a la expresión contenida en el artículo 15.1 del MC OCDE para señalar que el poder impositivo debe asignarse al Estado donde se produce la renta, a nuestro modo de ver, en alusión al Estado de "situación",

---

265 Pues como bien señala TOVILLAS MORÁN, J. M., *Estudio del Modelo de Convenio sobre Renta y Patrimonio de la OCDE de 1992,* Marcial Pons, Madrid, 1996, p. 172, fue el criterio escogido por el Comité de Asuntos Fiscales.

266 Véase en BÁEZ MORENO, A., LÓPEZ LÓPEZ, H. y NAVARRO IBARROLA, A., *Implicaciones del COVID-19 en la Fiscalidad Internacional: Convenios de Doble Imposición y Precios de Trasferencia,* Thomson Reuters, Navarra, 2022, p. 9.

por ser el territorio que tiene mayor facilidad para gravar[267]. El Tribunal de Primera Instancia de Bruselas secunda lo hasta aquí mencionado al precisar que debe interpretarse en sentido geográfico la expresión «*se ejerce en el otro Estado contratante*»[268].

A su vez, la mayor parte de la doctrina coincide en que otorgar el derecho de imposición al "otro Estado" como país donde se ejerce el empleo viene vinculado por la deducibilidad de la remuneración pagada por el empleador. Es decir, el Estado que soporta los costes debe ser compensado a través de un derecho a la imposición sobre las rentas del trabajador[269]. Esta idea puede conllevar determinados problemas interpretativos en su puesta en conexión con la condición que examinaremos en la letra b) del artículo 15.2 del MC OCDE, pues se presume que el Estado de situación es donde está el pagador y, a su vez, que la retención va ligada a la deducción que reduce la base imponible del empleador. Pero ello, se analizará en el epígrafe sobre *El pagador en operaciones prestadas a través del trabajo a distancia.*

Volviendo al tema del ejercicio del teletrabajo "físicamente" en el "otro Estado" que será el de situación en dicho supuesto. El párrafo primero de los Comentarios al artículo 15.1 del MC OCDE señala que «*el trabajo por cuenta ajena se ejerce en el lugar donde el empleado esté físicamente presente "cuando" realiza las actividades por las que se paga la renta correspondiente*». A pesar

---

267 LEAGUE OF NATIONS, *General Meeting of Government Experts on Double Taxation and Tax Evasion*, C.562.M.178.1928.II. Legislative History of United States Tax Convention, vol. 4, section 1, 1928, (Version electronica).

268 Los hechos de tal decisión se enmarcan en la solicitud por parte de un contribuyente belga, que trabaja en la Embajada de Estados Unidos en Bruselas, de la exención de sus rentas por estar en suelo estadounidense. El Tribunal mencionado, en el Caso número 2003/7281/A, de 10 de marzo de 2006, Case Law IBFD, consideró que el argumento del contribuyente se apartaba del lugar de ejecución física.

269 WALDBURGER, R., *Op. Cit.*, 2008, p. 185 y LÓPEZ LÓPEZ, H., *Op. Cit.*, 2015, p. 69.

de que, en principio, parezca lógico, no solo será necesario un desplazamiento físico, sino que también, habrá que ejercer una actividad que de origen a la remuneración.

Nos permitirá el lector, pues de trabajo en remoto se reflexiona aquí, considerar si el empleado debe acudir o no al centro de trabajo: es decir, ¿el artículo 15.1 *in fine* del MC OCDE exige acudir a las instalaciones del empleador? Consideramos que la respuesta debería ser negativa. No parece exigirse por el precepto que el trabajador deba prestar el servicio en un lugar concreto del Estado de situación por el que se le remunera.

Discernir ambas cosas, no debe, a nuestro juicio, llevar al equívoco de que el empleador radica en otro Estado distinto al país donde se lleva a cabo el empleo. Pueden surgir varias situaciones: la primera, que el trabajador a distancia preste sus servicios en el Estado de la situación y no se requiere que sea en las instalaciones del empleador el cual, por cierto, también radica en el mismo territorio y, la segunda, que existan tres Estados en la operación: el Estado de residencia del empleado, el Estado del empleo (situación) y, el Estado donde radica el pagador-empleador (pago). Otra, sería que empleador radique en el Estado de residencia del trabajador lo cual no puede ser descartado ante la gran casuística que ostenta el artículo 15 del MC OCDE.

Para los supuestos en que no coincidan los puntos de "situación" y de "pago" debemos prever la posibilidad de que el propio teletrabajador genere un establecimiento permanente para su empleador[270] (supuesto que analizaremos en el epígrafe dedicado al artículo 15.2.c) del MC OCDE) o que, el mismo exista de forma previa a la llegada del trabajador a distancia.

---

270 Un hecho que, a su vez, puede tener origen en la alternativa que el empleador le otorga a su trabajador a ejercer donde éste (o, de común acuerdo) estime más conveniente prestar sus servicios en vista a las facilidades que esta forma de organizar el empleo ofrece.

Aunque, es cierto que es posible que la prestación pueda efectuarse fuera de un centro de trabajo que ya ostenta el empleador en el Estado de "situación" sin que tenga la consideración de establecimiento permanente por el hecho de que tal territorio también es el de residencia del empleador.

Respecto a la flexibilidad del teletrabajo y su presencia en el Estado del empleo, algunos autores como PISTONE apuntan a que este tipo de prestaciones son remuneradas de forma previa al desplazamiento como método para que los trabajadores calificados acepten el empleo. Para el autor, el empleador "requiere" esa presencia en el Estado del empleo y si tiene la consideración de teletrabajador es "posible" que ni se le exija acudir físicamente al lugar de trabajo, pues puede ejercerlo donde mejor le convenga a él y al empleador[271]. Este autor sostiene que las precisiones realizadas por los Comentarios al artículo 15 del MC OCDE en la versión de 1998 respecto a la presencia física estaba directamente relacionado con el auge del ejercicio del empleo en su modalidad de trabajo a distancia[272].

El requerimiento como defendemos aquí no tiene por qué ser en el centro de trabajo y, si fuera el caso de que se le requiere para prestar servicios en un lugar concreto, el mismo no tiene por qué ser prestado constantemente en dicho lugar, pues quizá, únicamente, se le exige que se reúna con algunos clientes o que compruebe ciertas cuestiones que sin acudir físicamente no podrían realizarse. De este modo el trabajador a distancia se desplaza al Estado de situación y se mantiene en él prestando un servicio durante un tiempo determinado, pero que "de forma híbrida" puede venir complementado con una presencia en unas instalaciones determinadas (del empleador o de clientes del empleador). Lo cual podría tener cabida en la condición a) del artículo 15.2 del MC OCDE tal y como intentaremos defender.

---

271 PISTONE, P., *Op. Cit.,* 2021, (Versión electrónica).

272 *Ibídem.* (Versión electrónica).

La casuística, como se está observando, es muy variada: tanto en positivo como en negativo, en cuanto a los efectos que conlleva el trabajo en remoto para ambas partes. Considera BERETTA, en la visión positiva de la modalidad, que «*las empresas podrían permitir a sus empleados trabajar desde cualquier lugar, con pocas o ninguna limitación geográfica. Los empleados podrían trabajar a distancia desde su estado de residencia o desde un país o desde un país distinto al de su empleador o del establecimiento permanente que paga el salario al empleado. Los trabajadores también podrían cambiar de ubicación con frecuencia, viviendo como nómadas digitales que permanecen en un país durante unos meses o menos de un año*»[273].

Sin embargo, la visión negativa de todo ello radica, por ejemplo, en cómo determinar las retenciones si el lugar de trabajo se desmaterializa como un lugar fijo lo cual conlleva para PISTONE un «*desfase estructural en las normas de origen*» del artículo 15.1 del MC OCDE[274]. Otros autores como PÖTGENS señalan que en el caso de que no sea posible determinar dicho lugar, la tributación será en el Estado de la residencia del trabajador[275]. Esta última opinión creemos que únicamente sería adecuada en el caso en que hubiera varios Estados de "situación"; que no de "pago", pues si fuera éste último se podría aplicar la cláusula alternativa establecida en el párrafo 6 de los Comentarios al artículo 15.2 del MC OCDE.

Si conocemos que es en el Estado de la situación donde se lleva de forma efectiva la prestación del trabajo a distancia, tal territorio se limitará a gravar los "sueldos, salarios y otras remuneraciones análogas" que se originen en su territorio. No pudiendo, por ende, extender su poder impositivo más allá de

---

273 BERETTA, G., Op. Cit., 2022, p. 13 (Traducción personal).

274 PISTONE, P., *Op. Cit.*, 2021, (Versión electrónica).

275 PÖTGENS, F., "Income from Inactivity under Article 15 of the OECD Model Tax Convention – Part 2", *Bulletin for International Taxation*, volume 63, Journal Articles & Opinion Pieces, IBFD, 2009, p. 497.

sus fronteras. De este modo, se establece una norma de distribución abierta "prevalente", es decir, el derecho primario de gravar las rentas la ostenta el Estado de situación, pero el Estado de la residencia "podrá" gravar, y si lo hiciera tendrá que eliminar la doble imposición jurídica.

En virtud del artículo 23 del MC OCDE será el Estado de la residencia quien deba eliminar la doble imposición. El artículo 80 de la LIRPF también menciona lo mismo y, la DGT, indicó que, si un teletrabajador es residente en España y, las rentas obtenidas a través de dicha modalidad no han supuesto un desplazamiento físico al Estado donde se halla el empleador, España no tendrá que poner en marcha el mecanismo de eliminación de la doble imposición al ostentar la plena exclusividad de los derechos de imposición[276]. Este sería un supuesto de ausencia de poder compartido, al no existir una "situación" en "el otro Estado".

Diferente fue en el caso de la Consulta de la DGT V1162-22, de 26 de mayo de 2022, en el que la consultante era trabajadora dependiente de una empresa inglesa que le permitía teletrabajar desde España, aunque también acudía de forma presencial (de forma esporádica). Al desplazarse entre ambos Estados, tanto España como Reino Unido tenían un derecho a gravar y, en caso de producirse una doble imposición, ahora sí, España tendría que aplicar el artículo 23 del CDI suscrito, pero únicamente respecto por los rendimientos percibidos por los desplazamientos físicos y no, a través del teletrabajo[277]. Las rentas generadas en Reino Unido tributarán en tal territorio pues existió desplazamiento (por tanto, situación) y el pagador es residente (artículo 15.2.b)

---

[276] Véase en la Consulta ya indicada V1265-22, de fecha 6 de junio de 2022.

[277] En el mismo sentido, véanse Consulta V2960-21, de fecha 22 de diciembre de 2021 y la Consulta V3794-16, de fecha 9 de septiembre de 2016.

De este modo, la probabilidad de que el Estado de la residencia deba eliminar la doble imposición cuando únicamente es aplicable la regla general, es decir, la tributación exclusiva en dicho territorio porque el trabajador a distancia presta el servicio desde su domicilio, queda prácticamente eliminada[278].

4.3.2. Reglas contenidas en el artículo 15.2 del MC OCDE

Tras analizar las dos reglas contenidas en el apartado primero, el segundo apartado del artículo 15 del MC OCDE establece tres condiciones que tienen como objetivo desplazar el derecho primario prevalente del Estado de situación a favor del Estado de la residencia del trabajador.

Una parte de la doctrina internacional ha considerado que las condiciones suponen la débil conexión que existe con el Estado de la actividad[279]. Las razones o motivaciones políticas[280] del artículo 15.2 del MC OCDE son evitar la tributación en el Estado de la situación en aquellos casos en que la prestación del servicio haya sucedido en un periodo corto de tiempo. Esta idea ya fue expuesta por la OECE en el *Report on the taxation of profits or remuneration in respect of dependent and independent personal services* del año 1957 en el cual ya se aluden a las tres condiciones del apartado segundo.

Para WALDBURGER la justificación se divide en dos partes: la primera, es más clara, pues supone una especie de facilidad para promover el movimiento de trabajadores y evitar cargas administrativas para ambos Estados contratantes. La segunda,

---

278 LÓPEZ LÓPEZ, H., *Op. Cit.*, 2015, p. 66.

279 PISTONE, P., *Op. Cit.*, 2021, (Versión electrónica).

280 Sobre el calificativo de "políticas" señalan algunos autores como GARCÍA CARRERO, B., *Op. Cit.*, 2006, p. 27.

ostenta mayores dudas, se configuran las tres excepciones sin quedar claros los límites en su aplicación.

Esta segunda parte del artículo 15 del MC OCDE supone la "excepción de la excepción"[281]. Así, el párrafo 4 de los Comentarios al artículo 15.2 del MC OCDE indica que para que sea aplicable tendrán que darse las tres condiciones. La primera, que no permanezca el trabajador más de 183 días en cualquier período de doce meses que comience o termine en el ejercicio fiscal considerado en el Estado de la actividad; la segunda, que el empleador que retribuye no sea residente en el Estado donde tiene lugar la actividad y, la tercera, que los pagos no sean efectuados por parte de un establecimiento permanente del empleador sito en el Estado de la actividad[282].

Un tema muy importante es el "sentido" en el que se adopta la lectura de las condiciones, pues existen dos: el negativo y el positivo. Según el que adoptemos estaremos tratando de concluir que, por un lado, el poder impositivo recae, en exclusiva, sobre el Estado de la residencia del trabajador a distancia o bien, por el otro, a favor del Estado de situación.

El sentido de la redacción actual es "negativo". Esto es, que "no" se superen los 183 días de presencia en el Estado de situación; que el pagador, o aquel por cuenta de quien se paguen las retribucio-

---

281 Recordemos que la primera excepción se halla en el apartado primero *in fine* y supone un poder compartido y no, la exclusividad como manifiesta la regla general.

282 Las tres reglas suponen un vínculo concreto con un territorio, compartimos la idea que apuntó AGUAS ALCALDE, E., *Op. Cit.*, 2003, p. 146, al señalar que, la condición de la letra a), sobre el cómputo de los 183 días de presencia en el Estado de la situación, representa un criterio de "residencia"; en cambio, las condiciones de las letras b) y c) manifiesta un criterio de "pago" sea por parte del empleador (o, a nombre de quien se haga) o por un establecimiento permanente (al asumir el coste de la retribución del teletrabajador).

nes "no" sean residentes en el Estado de la situación y, que la remuneración del teletrabajador "no" corra a cargo de un establecimiento permanente del empleador en el Estado de la situación.

Además, por medio del sentido negativo, para que el Estado de la residencia tenga la exclusividad, de nuevo, de la imposición respecto de las rentas generadas por el teletrabajador, deberán de concurrir de forma acumulada las tres condiciones. Del nexo "y" se extrae tal afirmación. Así, se trata de eliminar todos aquellos vínculos que puedan ser suficientes para que el Estado de la situación pueda ser reconocido como territorio con derechos primarios de imposición.

Para que así sea, el sentido de la lectura debería ser "positivo". La consecuencia será que, si el trabajador a distancia permanece más de 183 días en el Estado de la situación o bien, el empleador ostenta un establecimiento permanente en tal territorio que asuma la remuneración del trabajador a distancia, el Estado de residencia debería compartir la imposición y, si lo hiciera, eliminar la doble imposición jurídica que pueda generarse.

La diferencia entre un sentido u otro, aparte de del consecuente destino de la tributación (residencia o situación) es que, en el sentido positivo no deben concurrir las tres condiciones de forma simultánea al ser el vínculo de situación un requisito suficiente junto con la existencia de una única condición (en positivo) para que el Estado de la situación pueda intervenir. Esta idea es coherente con el sentido negativo, pues si lo que se pretende es que el Estado de residencia ostente la exclusividad no deberán aparecer vínculos "suficientes" con el Estado de situación; de lo contrario, si existe uno sólo, ya no tendría efectos la lectura "negativa" del apartado segundo pues ya sería aplicable una de las tres condiciones.

Aclarado lo anterior, volvamos de nuevo, a mencionar la alusión "errónea" que realiza el apartado segundo del artículo 15 respecto del apartado primero. Para empezar, el apartado segundo del artículo 15 del MC OCDE indica que «*no obstante lo dispuesto en el apartado 1 (…)»* lo cual, a primera vista, parece indicar que alude a las dos reglas contenidas en el mismo: la regla general de tributación en el Estado de la residencia del teletrabajador y la excepción de tributación en el "otro Estado" si existe un desplazamiento físico. A su vez, en el párrafo 3 de los Comentarios al apartado segundo se indica que *«el apartado 2 contiene una excepción general a la regla establecida en el apartado 1»* y, para que la excepción se cumpla, el párrafo 4 de los Comentarios al mismo apartado dispone que *«han de cumplirse las tres condiciones establecidas en el mismo»*.

Señala PÖTGENS que el apartado primero no puede ser aplicado por completo sobre el apartado segundo dado que para que se cumpla la excepción las tres condiciones (en negativo) deben ser aplicables al mismo tiempo y, este hecho únicamente sucede cuando se ve envuelto el Estado de la situación al ser, como bien indica el autor, el punto de partida de la excepción a la regla general[283]. Claramente, se trata de un error en la formulación del precepto[284], al menos a nuestro juicio, que se agrava con los Comentarios al aludir a las tres condiciones sin discriminar expresamente a qué Estado se refiere. De ahí que, autores como AGUAS ALCALDE propongan reformular el apartado segundo con la siguiente redacción:

> *«15.2 Para que el otro Estado (el de la fuente) pueda someter a imposición la remuneración recibida por un residente del primer Estado (el de residencia) por razón de un empleo ejercido en el otro Estado (el de la fuente) deberá darse, al menos, uno de los tres vínculos siguientes»*[285].

---

[283] PÖTGENS, F., *Op. Cit.*, 2006, p. 114 que apunta a que los Comentarios al primer apartado del artículo 15 (párrafo 1 y ss.) no realizan una clara distinción entre la primera y la segunda regla, pues se puede observar de la literalidad de mismo.

[284] AGUAS ALCALDE, E., *Op. Cit.*, 2003, p. 144 y HINNEKENS, L., *Op. Cit.*, 1988, p. 238.

[285] *Ibídem.*, p. 146.

De este modo, se despejarían dudas, pero creemos que sería suficiente con modificar el inicio del apartado y que, en lugar de señalar «*no obstante lo dispuesto en el apartado 1 (…)*» se indicara «*no obstante lo indicado en la excepción del apartado 1 (…)*». Y es que, como venimos afirmando, el precepto, en esencia, es claro[286], pues si existe desplazamiento físico tomará partida el "otro Estado" que es el de situación. Cuando este hecho suceda será aplicable el apartado segundo; no antes (por tanto, no sobre la primera regla).

Otro de los problemas que consideramos que ostenta el apartado segundo es consecuencia de un error contenido en el apartado primero. Ya indicamos que el párrafo primero de los Comentarios al apartado primero del precepto "presume", en cierta forma que, el "otro Estado" es el lugar donde surge la fuente, en el sentido, del origen de los pagos. Tal problema lo reiteraremos al exponer la condición de la letra b) del apartado segundo, pero es que nos preguntamos qué sentido tendría incluir la letra b) en el apartado segundo cuando el apartado primero (en el sentido de los Comentarios) considera que el Estado, en este caso, de situación también es el Estado de pago. La consecuencia que vemos aquí es que siempre se daría un vínculo a favor del "otro Estado" lo cual impediría al Estado de la residencia del trabajador a distancia gravar de forma exclusiva las rentas derivadas del trabajo en remoto.

Para hacer frente a estas confusiones, el apartado segundo se somete a posibles cambios que, según las negociaciones bilaterales que se lleven a cabo en el proceso de elaboración del tratado, podrá divergir del contenido "mínimo" expuesto en el artículo 15 del MC OCDE. Las posibles variaciones de cada una de las condiciones del apartado segundo suelen tener como motivación la solución de posibles abusos del tratado. Estos problemas se dan especialmente en materia de arrendamiento de mano de obra o, en el umbral de los 183 días de permanencia en el Estado de la situación.

---

286 LÓPEZ LÓPEZ, H., *Op. Cit.*, 2015, p. 68.

Algunas de las cláusulas alternativas que prevén los Comentarios deberían dejar de serlo, pues facilitarían la aplicación del precepto. Especialmente cuando nos encontramos ante supuestos de alta movilidad en que es probable que existan más de dos Estados y que de mantener la actual redacción habría o una doble imposición jurídica o, todo lo contrario, que ninguno de los Estados intervinientes sea capaz de identificar el lugar donde el trabajador a distancia ha prestado el servicio o, quién es el pagador de las rentas (y, por ende, el que debería retenerlas)[287].

Junto a estas razones, algunos han considerado que el apartado segundo tal y como está, debería modificarse (o, incluso eliminarse), pero otros creen que en caso de eliminar el apartado segundo del artículo 15 del MC OCDE se produciría una doble no imposición, pues teniendo en cuenta que suelen ser trabajos por períodos cortos de tiempo podría ser que el Estado de la situación no llegara a gravar las rentas y, a la vez, el Estado de la residencia del trabajador aplicara un método de exención.

Por su parte, otros consideran que si se eliminan los apartados b) y c) habría menos posibilidades de atribuir al Estado de la fuente el derecho de la imposición y tendría, en consecuencia, que compensarse por medio de una reducción del plazo de los 183 (por ejemplo, en el límite de 120 o 90 días)[288].

---

287 BERETTA, G., *Op. Cit.*, 2022, p. 14.

288 WALDBURGER, R., *Op. Cit.*, 2008, p. 195. Cfr. DZIURDZ, K. y PÖTGENS, F., "Cross-Border Short-Term Employment", *Bulletin for International Taxation*, volume 68, número 8. Ámsterdam: IBFD, 2014, p. 404. Los autores mencionan una sentencia del Bundesfinanzhof en la cual se señala que el vínculo que existe entra la deducibilidad que obtiene el pagador de las remuneraciones con el derecho de imposición en el Estado del trabajo es uno de los principales objetivos del subapartado b) (véase el Caso I R 63/80, de fecha 21 de agosto de 1985 del Bundesfinanzhof).

BERETTA se posiciona tanto por las modificaciones como por eliminar partes del precepto. De esta manera señala que la presencia física como criterio de imposición en fuente debería ser eliminada como requisito. De forma alternativa, señala, que podría reducirse o, añadimos, "relativizarse" su importancia como forma de asignar los derechos de imposición. El autor continua con sus propuestas de modificación del artículo 15.2 del MC OCDE con la apuesta por eliminar la referencia al establecimiento permanente o al menos, clarificar (de forma alternativa) qué significa el *home office* [289]. Sobre esto último, que lo analizaremos con más detenimiento en el epígrafe dedicado a la letra c) del 15.2, nos mostramos a favor de esa precisión, pues ya es una realidad o, al menos, un tema sobre la mesa de muchos gobiernos tras las alusiones que hizo el Secretariado de la OCDE en sus informes a causa de las restricciones establecidas durante la pandemia de la COVID-19.

A. La permanencia del trabajador a distancia por más de 183 días

La permanencia por más de 183 días es la primera condición que encontramos en el artículo 15.2 del MC OCDE. Se trata de un umbral con arraigo a nivel internacional, pues ya se establecía en diversos tratados internacionales en un contexto en el que aún no se había redactado el Modelo de la OCDE. Por citar varios ejemplos: el CDI entre Países Bajos y Noruega (1950), el suscrito entre Alemania y Austria (1954) o en determinados de Reino Unido[290].

El párrafo 4 de los Comentarios al artículo 15.2 del MC OCDE señala, con la intención de que sea el Estado de la re-

---

289 BERETTA, G., *Op. Cit.*, 2022, p. 26.

290 Organisation for European Economic Co-Operation., *Report on the taxation of profits or remuneration in respect of dependent and independent personal services.* Working Party núm. 10 of the Fiscal Committee, 1957, (Suiza).

sidencia quien mantenga la exclusividad en la imposición de las rentas del trabajador, que la estancia de este no exceda del plazo de los 183 días. Se trata de este modo, de una regla que se utiliza para conocer si el Estado de la situación puede gravar de forma "limitada" las rentas de un trabajador no residente. De darse, no habrá, como es coherente, exclusividad por parte del Estado de la residencia del empleado.

La finalidad de este período ya fue dispuesta en los Comentarios al Modelo de Convenio de México (1943) y de Londres (1946). Esta era la de facilitar las operaciones de las empresas en el mercado internacional y favorecer el movimiento de trabajadores entre las diferentes fronteras[291]. En especial, para aquellos casos en que existía una corta presencia en diferentes Estados lo que conllevaría una excesiva carga de obligaciones administrativas establecidas por los Estados intervinientes.

La doctrina actual, como RUST, apunta que la regla de los 183 días tiene un doble fundamento: el primero, que las autoridades fiscales del Estado de la actividad no tienen que realizar unos grandes esfuerzos en recaudar cantidades "pequeñas" de personas no residentes por un corto plazo y, el segundo, que los trabajadores no deben verse obligados a cumplir con un conjunto de obligaciones fiscales en otro Estado (que será desconocido) por haber obtenido unas cantidades durante un periodo corto de tiempo[292].

---

291 LEAGUE OF NATIONS., *London and Mexico Model Tax Conventions – Commentary and Text*, C. 88. M. 88. 1946.II. A. Genova: Legislative History of United States Tax Conventions (Joint Committee on Internal Revenue of Taxation). Versión electrónica: https://adc.library.usyd.edu.au/view?docId=split/law/xml-main-texts/brulegi-source-bibl-15.xml;collection=;database=;query=;brand=default.

292 RUST, A., "Germany: Interpreting the 183-day rule", en *Tax Treaty Case Law around the Globe 2013*, IBFD, Amsterdam, 2013, (Versión electronica).

Precisamente porque se pretenden evitar los plazos cortos de "estancias" PISTONE indicó que la presencia física requerida no debe entenderse como "algo ocasional"[293]. De este modo, PEETERS se pregunta: «*¿cuánto tiempo tiene que trabajar un empleado para que ese día se tenga en cuenta en el cálculo de la norma de 183 días?*». El autor menciona que, en Estados Unidos, por ejemplo, cualquier persona que se halle en dicho territorio para ejercer sus actividades ya supone un motivo para iniciar el cómputo y también menciona Reino Unido, que tiene en cuenta si la persona está allí al final del día[294].

Lo anterior, invita a pensar que una "mera ocasionalidad" puede iniciar el cómputo de días. Un cálculo que no debería ser aplicado de forma estricta, pues podría fragmentar demasiado el lugar de trabajo. Un hecho con altas probabilidades de ocurrir en materia de teletrabajo[295]. De este modo pensamos que, quizá, la opinión esgrimida por BERETTA, el cual considera que si se teletrabaja en un Estado una parte del día y la otra se está en el centro de trabajo durante más de 183 días esa presencia deberá tenerse en cuenta y, por ende, ambos estados podrían gravar la renta[296]. Tal teoría conllevaría una "excesiva fragmentación" del lugar de trabajo, pero va en línea a lo que establece el párrafo 5 *in fine* de los Comentarios al artículo 15.2 del MC OCDE.

Dicho esto, es conveniente resaltar que la horquilla de tiempo sobre la que tener en cuenta los 183 días ha sufrido algunas variaciones a lo largo del tiempo. Actualmente, los Comentarios en el párrafo 4 alude a que la exigencia de no superar los 183 días debe contemplarse dentro de «*cualquier período de doce meses que comience o termine en el ejercicio fiscal considerado*»,

---

293 PISTONE, P., *Op. Cit.*, 2021, (Versión electrónica).

294 PEETERS, B., *Op. Cit.*, 2004, p. 78.

295 PISTONE, P., *Op. Cit.*, 2021, (Versión electrónica).

296 BERETTA, G., *Op. Cit.*, 2022, p. 13 (Traducción personal).

pero esto fue el resultado de una modificación llevada a cabo en 1992 por el Comité Fiscal respecto la expresión "ejercicio fiscal considerado" que se contenía en el Modelo de Convenio de 1977. La intención era confrontar la tendencia abusiva por parte de algunos sujetos a la vista de las disparidades que existen entre los diferentes sistemas domésticos. A pesar de ello, autores como AGUAS ALCALDE no acaban de ver solucionados los problemas, pues con la expresión "que comience o termine" no indica con claridad el momento en que debería iniciarse el cómputo[297].

Las disparidades también pueden encontrarse a nivel convencional, pues no todos los CDI siguen el umbral de los 183 días; aunque, se trata de un umbral bastante arbitrario[298]. Ecuador estableció un umbral de 180 días en el CDI suscrito (1988) con Alemania. Estados Unidos tiene varios tratados que tampoco siguen este umbral así, el CDI suscrito con Indonesia (1990) prevé un período de 120 días o en los suscritos con Egipto (1980) y con Filipinas (1976) la cuestión va más allá, pues se prevé un plazo de 90 días. Por último, y al otro extremo, existían tratados como el firmado entre Países Bajos y Suiza en 1951 que no aludía al plazo de 183 días; o sea, no mencionaba la condición de la letra a) del artículo 15.2 del MC OCDE[299].

Claramente, la presencia física es el requisito *sine qua non* para la aplicación de esta condición, pero debe venir acompañado de más exigencias. Ya lo indica el párrafo de los Comentarios al artículo 15.2 del MC OCDE al invocar que: «*aunque los países miembros han utilizado fórmulas diversas para calcular el perío-*

---

297 AGUAS ALCALDE, E., *Op. Cit.*, 2003, p. 150.

298 PÖTGENS, F., *Op. Cit.*, 2006, (en este caso, de la versión electrónica).

299 Una cuestión que ya fue resuelta cuando en 2010 suscribieron un nuevo tratado. Véase en https://www.admin.ch/gov/en/start/documentation/media-releases.msg-id-32020.html (última consulta en fecha 10 de abril de 2023).

do de 183 días, sólo hay un método coherente con los términos de este apartado: el de los "días de presencia física"». Sobre esta cuestión, el Tribunal Supremo holandés en fecha 21 de febrero de 2003 declaró que, la condición establecida en el artículo 15.2.a) del MC OCDE expresa de forma "inequívoca" la presencia física y, de esta forma resolvió que un trabajador residente en Holanda debía tributar en dicho Estado al haber pasado menos de 183 días en una plataforma continental brasileña. El trabajador alegó que el empleo tenía una duración mucho mayor y que, por ello, el cómputo se decantaba a favor de tributar en Brasil, pero el Tribunal aclaró que lo que prima son los días de presencia y no, la duración que tiene la actividad[300].

La presencia física necesitará de un ejercicio del empleo. Así, lo afirma PÖTGENS para el cual es irrelevante el hecho de haber superado o no los 183 días si no se ha llevado a término empleo alguno. De este modo, el "motivo" de la estancia será importante. Pensemos que, como bien ejemplifica el autor, si pasamos en un Estado un año sabático no tendría razón de ser considerar si se ha llegado al umbral de días, pues el "motivo" es totalmente ajeno al trabajo[301].

---

300 Países Bajos, caso 37.011, de fecha 21 de febrero de 2003, Case Law, IBFD (Versión electrónica). Un caso similar fue iniciado ante el Tribunal de Apelación de La Haya ante un asunto de un holandés que trabajó en Nigeria durante menos de 183 días, pero alegó que fueron más al considerar que el plazo del artículo 15.2.a) tenía en cuenta la duración de la actividad y no los días de presencia física en el Estado de la fuente. Pues bien, el Tribunal expresó que "estar presente" supone "presencia física". De la misma forma fue argumentado por el Tribunal Supremo. Véase en el caso 37.024, de fecha 21 de febrero de 2003, Case Law, IBFD (Versión electrónica) así como RUST, A., "Germany: Interpreting the 183-day rule", en *Tax Treaty Case Law around the Globe 2013*, IBFD, Amsterdam, 2013, (Versión electrónica).

301 PÖTGENS, F., *Op. Cit.*, 2006, p. 497.

Ahora bien, es preciso matizar el apartado anterior. A pesar de que deba ejercerse un empleo durante el plazo que ahora analizamos ello no debe ser sinónimo a no tener en consideración, dentro del cómputo, determinados días y circunstancias. Así, PISTONE arguye que no es relevante conocer si durante ese plazo de presencia el trabajador se toma días libres, está enfermo, o acude a su Estado de residencia a visitar a la familia[302]. Y, la opinión de BERETTA refuerza todo lo hasta aquí mencionado, pues apunta a que en el cómputo de los 183 se incluyen también los días no trabajados, pues lo importante es la presencia física, pero sí será preciso trabajar en algún momento[303]. En contra, el *Bundesfinanzhof* declaró que los días por enfermedad que caían dentro de los días laborables, si no eran ejercidos en el Estado de la actividad y, además, fueron disfrutados en el Estado de la residencia, éste último podía reclamarlos[304].

Autores como RUST apuestan por computar los 183 días atendiendo de forma global a la situación sin tener que identificar si un día ha salido de un Estado para pasar el fin de semana o no. Pero, eso sí, los días que pase en el Estado de la actividad tienen que verse vinculados con el ejercicio del empleo, pues supone un mayor respeto a la equidad internacional, pero es cierto que es mucho más fácil los días de presencia física en lo que respecta a la prueba (también lo señalan los Comentarios en el párrafo 5 al artículo 15.2 del MC OCDE)[305].

---

302 PISTONE, P., *Op. Cit.*, 2021, (Versión electrónica).

303 BERETTA, G., *Op. Cit.*, 2022, p. 12.

304 Alemania, caso I B 98, S 9/03, I B 98/03, I S 9/03, de fecha 17 de octubre de 2003, Case Law, IBFD (Versión electrónica). Para más información sobre los métodos de cálculo y la inclusión de días en el cómputo OCDE., "R(9). The 183-day rule: some problems of application and interpretation", *Model Tax Convention on Income and on Capital 2010* (Full Version), OECD Publishing, Paris, 2012,

305 RUST, A., *Op. Cit.*, 2013, (Versión electrónica).

B. El pagador en operaciones prestadas a través del trabajo a distancia

La segunda condición establecida en la letra b) del artículo 15.2 del MC OCDE apunta lo siguiente:

> *«el pagador, o aquel por cuenta de quien se paguen las retribuciones, sea un empleador no residente del otro Estado (...)»*

De esta forma, para que se cumpla con la lectura negativa del apartado segundo del artículo 15 del MC OCDE, es decir, para que no tribute el trabajador a distancia en el Estado de la actividad su empleador no debe ser residente en éste último territorio. Aunque pueda parecer sencilla la configuración de la letra b), en la práctica, acontecen múltiples problemas cuyo origen radica en el abuso de convenios. Para evitarlos, especialmente en operaciones de alta movilidad, será esencial conocer la naturaleza de la relación para, posteriormente, identificar el empleador del trabajador a distancia. Solo de este modo podremos sortear las llamadas operaciones de arrendamiento de mano de obra internacional. Sin embargo, se plantean problemas previos que deberán resolverse con tal de poder afrontar los obstáculos anteriormente planteados.

La redacción de la condición b) del artículo 15.2 del MC OCDE, como puede leerse en el párrafo 6 de sus Comentarios, puede suponer una dificultad para el cumplimiento de las obligaciones administrativas del empleador respecto de las rentas obtenidas por el teletrabajador. Nos referimos a la obligación de aplicar la oportuna retención sobre los salarios. Esto puede acontecer cuando el trabajador a distancia resida en un Estado diferente al de su empleador. La solución alternativa que plantean los Comentarios es modificar la redacción del precepto. De este modo, la letra b) quedaría de la siguiente manera:

> *«el pagador, o aquel por cuenta de quien se paguen las retribuciones, sea residente del Estado mencionado en primer lugar (...)»*

El cambio se observa al final de la condición al precisar el Estado en el cual debe ser residente el pagador el cual sería el Estado de la residencia del trabajador en remoto. Con la redacción anterior, el precepto no precisa cuál es el Estado de residencia del empleador al utilizar la alusión «*del otro Estado*». De este modo, y como veremos de nuevo más adelante, la redacción alternativa podría limitar la consideración de que el empleador radica en un tercer Estado y que, si así fuera, la tributación se desplazaría a favor del Estado de la actividad y no, al Estado de la residencia del trabajador a distancia[306].

La doctrina ha planteado en alguna ocasión la posibilidad y la pertinencia de otorgar mayor relevancia al Estado de residencia del pagador como lugar coincidente al Estado de la actividad con el objeto de que sea tal territorio el lugar de tributación. La justificación se halla, según SOLER ROCH, en una aplicación de reglas de atribución más justas y adecuadas[307]. En esta línea también se encuentra la Comisión de expertos para la reforma del sistema fiscal español, pues estimó la necesidad de "reconsiderar" la tributación en el lugar donde reside el pagador sin que el teletrabajador deba estar presente en tal territorio para la prestación del servicio[308]. Pensemos que la aplicación del apartado segundo del artículo 15.2 del MC OCDE únicamente tendrá lugar cuando exista un desplazamiento físico, y las propuestas anteriores proponen que no sea exigido el mismo como condición para que el Estado donde se halla el pagador pueda imponer las rentas del trabajador a distancia. El MC de la ONU viene a aplicar esta consideración en el artículo 12A que permite a los Estados de la fuente gravar las rentas de ciertos servicios sin que sea necesario que el prestador del servicio se encuentre físicamente en ese Estado.

---

306 AGUAS ALCALDE, E., *Op. Cit.*, 2003, p. 166.

307 SOLER ROCH, M. T., *Op. Cit.*, 2022, (Versión electrónica).

308 AA. VV., *Libro Blanco …*, *Op. Cit.*, 2022, p. 596.

Nos adherimos a estas opiniones, pues de esta forma se limitan supuestos abusivos y complejidades administrativas además de la consideración del gasto público generado en el Estado de la actividad que, de lo contrario, se vería incapacitado para ejercer su derecho de imposición.

Sobre esto último, SOLER ROCH afirma que con el teletrabajo y los retos que ello supone sobre la presencia física es una situación que debido a las limitaciones de los CDI los ingresos no quedarán gravados en el Estado del empleador al no aplicarse la retención y ello, conllevará una falta de ingreso (recaudación) para dicho Estado[309]. Así, con la inclusión de la nueva redacción, establecida en el párrafo 6 de los Comentarios al artículo 15.2 del MC OCDE como una especie de clausula alternativa, el Estado de la situación siempre tendrá la preferencia en imponer las rentas del trabajador a distancia. Es decir, supone el único caso de considerar que el factor "situación", por sí solo, es suficiente. De este modo, aunque el pagador se halle en un tercer Estado el país de la "situación" tendrá la oportunidad de gravar las retribuciones como bien hemos mencionado. En palabras de FALCÓN Y TELLA y PULIDO GUERRA la asunción por parte del Estado de la actividad de la potestad de gravamen, aún radicando el pagador en un tercer Estado, simplificará la determinación de la renta y la práctica de las retenciones[310]. De esta forma, se conseguiría establecer una solución intermedia para los casos en que el Estado de pago sea distinto al Estado de situación.

El hecho de mantener la redacción actual de la condición de la letra b) del artículo 15.2 del MC OCDE conllevaría, a nuestro juicio, no hacer frente a una serie de incoherencias en la configuración del artículo 15 del MC OCDE. La primera incoherencia radica en la presunción de que el Estado de

309 SOLER ROCH, M. T., *Op. Cit.*, 2022, (Versión electrónica).

310 FALCÓN Y TELLA, R. y PULIDO GUERRA, E., *Op. Cit.*, 2018, p. 132.

situación también es el Estado donde reside el pagador como bien se apuntó en epígrafes anteriores. Pensemos que para la aplicación de alguna de las condiciones del apartado segundo del artículo 15 del MC OCDE es imprescindible que exista un desplazamiento físico y si se cumple esto, pero se presume, al mismo tiempo, que el pagador radica en el Estado de la actividad este último territorio siempre ostentará el derecho a gravar lo cual vacía de contenido la condición de la letra b), pues ya vendría cumplida con la lectura del apartado primero.

La segunda incoherencia en la redacción de la letra b) es que no especifica dónde debería residir el pagador si no residiera, presumiblemente, en el Estado de situación, pues la redacción alude a otro Estado. ¿Debería residir en el Estado de residencia del trabajador a distancia o en un tercer Estado? La respuesta no es clara, pero lo que sí hemos identificado es que, si no reside en el Estado de situación, automáticamente se grava en el Estado de la residencia del trabajador a distancia como si el pagador también residiera allí. Lo aportado por el trabajador con sus servicios se vería desplazado a su Estado de residencia, sin importar si el Estado del pagador es un tercer Estado ni el valor ofrecido por el Estado de situación para generar las rentas obtenidas en su territorio a favor del trabajador a distancia. Respecto al valor, veremos enseguida la posibilidad que tiene el Estado de situación para no perder una parte de la recaudación.

En vista a lo anterior, volvemos a preguntarnos qué beneficios aportaría el cambio de redacción de la condición b) del artículo 15.2 del MC OCDE. Los beneficios se focalizarían en el hecho de evitar que el poder fiscal se concentre exclusivamente en el Estado de residencia del trabajador a distancia, ya que simplemente con no cumplir el requisito de residencia del pagador en el mismo Estado que el del trabajador en remoto, el poder fiscal se mantendría en el Estado de situación. Esto, como mencionaron los autores previamente citados, facilitaría la gestión de las obligaciones fiscales con respecto a las retenciones a la vez que ofrecería mayor justicia tributaria a la operación. Por ello, sería importante pasar la redacción alternativa establecida en el párrafo 6 de los Comentarios a la redacción permanente del artículo 15 del MC OCDE.

Expuesta la posibilidad de incluir indefinidamente en la configuración del artículo 15.2. del MC OCDE la cláusula alternativa vistas las incoherencias que mantiene su redacción actual procederemos a exponer el objeto y propósito que tiene esta circunstancia en base a los Comentarios. El párrafo 6.2 de los Comentarios dispone que *«el objetivo y propósitos de los subapartados b) y c) del apartado 2 son evitar la tributación en la fuente de los empleos de corta duración en la medida en que las retribuciones no se admitan como un gasto deducible en el Estado de la fuente porque el empleador no esté sujeto a imposición en ese Estado, al no ser residente del mismo, ni disponer en él de un establecimiento permanente»*. En este supuesto, observamos que la esencia del posible gravamen en el Estado de la situación no nace por una permanencia; sino por la residencia del pagador en tal territorio y, este efecto, se basa en el principio de territorialidad y coherencia fiscal[311]. Todo ello por la sencilla razón de que el pago que supone la remuneración del trabajador reduce la base imponible de la persona residente (empleador) en el Estado de la actividad[312].

Imaginemos el caso de un trabajador a distancia reside en Italia y desde su domicilio presta servicios a favor de su empleador residente en el "otro Estado" (únicamente como Estado de pago) que supongamos que es en Francia. La empresa le remunera al 100% pero no podrá gravar (retenciones), pues no existe un desplazamiento físico a dicho territorio por parte del trabajador que presta el servicio en remoto. De este modo,

---

311 LÓPEZ LÓPEZ, H., *Op. Cit.*, 2015, p. 74.

312 CALDERÓN CARRERO, J. M., "Trabajos dependientes", en *Convenios Fiscales Internacionales y Fiscalidad de la Unión Europea,* Wolters Kluwer, Madrid, 2014, p. 495.

un Estado remunera sin la contraprestación que conlleva el derecho de imponer las rentas (por vía retención). El problema puede venir por cuestiones de financiación del gasto de dicho territorio, el cual concede una deducción a un pagador-empleador residente, pero no podrá retener las rentas del trabajador.

En este epígrafe nos preguntamos si se vería afectada la deducibilidad de la que podría disfrutar el empleador por el pago de los salarios al teletrabajador por la imposibilidad de retener al no existir un desplazamiento físico por prestar el servicio desde el domicilio del teletrabajador. Todo, conectado con la posible vulneración de la justicia tributaria con, en este caso, el Estado de pago. Al respecto, debe quedar claro que, una cosa será que, a nivel Estado, no se puedan gravar las rentas de un trabajador a distancia al no haberse desplazado, en nuestro ejemplo, a Francia y otra, bien distinta, será que, a nivel del empleador francés no se vea reducida su base imponible, por medio de deducciones, por el acto de remunerar. Según PÖTGENS el vínculo entre la deducibilidad y la posibilidad de retención para que el Estado de la actividad pueda gravar resultará crucial, pues supone, en cierta medida, una compensación por el Estado para que se permita la deducibilidad[313].

En nuestra opinión, la compensación no es necesaria para que tanto el Estado como el empleador obtengan beneficios, aunque las rentas del teletrabajador no tributen en el Estado donde se realiza la actividad. Creemos que la clave está en el valor que el trabajador a distancia aporta a la empresa. No pretendemos medir esa aportación en esta investigación, pero es posible que sea rentable tanto para el Estado donde se realiza la actividad como para el empleador residente en ese Estado. El beneficio a nivel Estado, podría proceder de la tributación de la empresa a través de un impuesto similar al Impuesto sobre

---

313 PÖTGENS, F., *Op. Cit.*, 2006, (en este caso, de la versión electrónica).

Sociedades. Por su parte, el empleador obtendría beneficios gracias a los resultados que el teletrabajador ha permitido obtener en el negocio. De este modo, si se atendiera a la diferencia entre lo que aporta el teletrabajador y lo que paga la empresa podría ser un indicio importante para reflexionar sobre si compensa o no esa ausencia de tributación de rentas del trabajo en el Estado de la fuente. Este argumento también lo asume PÖTGENS y utiliza el término "sobrecompensado", pues el Estado de la actividad se verá más que beneficiado, pero por la vía de la tributación empresarial y no personal, es decir, por las rentas del trabajador a distancia[314]. Así, la deducibilidad podría darse, pero no a la vez que la retención sobre las rentas del trabajador a distancia. Es decir, a nuestro juicio, el hecho de no poder retener no tiene que conllevar una ausencia de deducción para el empleador. De este modo, el Estado de la actividad y del pagador podrían mantener una parte de la recaudación.

Tras las explicaciones previas resulta oportuno centrarse en el primer problema mencionado al inicio del presente epígrafe: el abuso del Convenio. Estas actitudes aparecen en operaciones de arrendamiento de mano de obra que se basan en la cesión de trabajadores entre empresas: la empresa que cede (la "intermediaria") y la que recibe (también llamada empresa "usuaria")[315]. De esta forma, la condición de la letra b) guarda

---

314 PÖTGENS, F., *Op. Cit.*, 2006 (en este caso, de la versión electrónica). El autor estima que los problemas no acabarían, pues no se puede descartar, por ejemplo, que si el que soporta las rentas es un establecimiento permanente, éste se beneficie de alguna exención y, en consecuencia, el Estado de la actividad no pueda ser *sobrecompensado* ni por la tributación empresarial ni la por la personal del teletrabajador.

315 En materia de cesión de trabajadores, como ya se señaló, es posible diferenciar aquellos supuestos en que se producen envíos de trabajadores a empresas independientes de aquellas (*the international hiring-out of labour*), que forman parte del mismo grupo empresarial (*the cross-border secondment of employees*).

entre sus múltiples obstáculos la incógnita de quién es el empleador para tratar de identificar si, finalmente, el trabajador a distancia tributará en el Estado de la actividad o en su Estado de residencia. Como observamos, todo se halla conectado.

Para hallar la respuesta debemos acudir, primero, a lo dispuesto en el párrafo 8.1 de los Comentarios al artículo 15.2 del MC OCDE. El párrafo nos habla de la naturaleza de los servicios prestados y admite la dificultad en conocer si un trabajador presta sus servicios en el Estado de la actividad a una empresa en el marco de un contrato de trabajo o bien, esos servicios se encuadran en un contrato de servicios entre dos empresas diferentes. Es importante esta distinción, pues respecto el primero será aplicable el artículo 15 del MC OCDE y, respecto del segundo será de aplicación el artículo 7 del MC OCDE sobre "*beneficios de actividades económicas*". La aplicación de un precepto y otro dependerá de la visión empleada por el Estado que aplique el Convenio y, en paralelo, poder conocer quién es el empleador. Para ello, los Comentarios toman dos visiones: la visión formal (o legal) y la visión sustantiva (o económica).

El párrafo 8.2 de los Comentarios contempla el enfoque formalista de la figura del empleador. Se expone que el Estado que aplique esta visión no se cuestionará, a los efectos fiscales, la relación contractual a no ser que identifique abusos del tratado. Al adoptar este punto de vista, los Estados estiman suficiente la existencia de un servicio vinculado al empleo para concluir que se está ante una relación laboral. Lo que ocurre es que, como bien expone PÖTGENS, tal tendencia es más propensa a encontrarse con supuestos de contratación de mano de obra[316] y, precisamente, es lo que tratan de evitar los

316 PÖTGENS, F., "Proposed Changes to the Commentary on Art. 15 (2) of the OECD Model and their Effect on the Interpretation of "Employer" for treaty Purposes", *Bulletin for International Taxation*, volume 61, num 11, Journal Articles & Opinion Pieces, IBFD, 2007, p. 478.

Comentarios otorgando la oportunidad a los Estados de introducir una cláusula alternativa. La podemos encontrar establecida en el párrafo 8.3 de los Comentarios.

Con la aplicación de esta cláusula, el Estado de la actividad se asegura que, en el marco de una operación de arrendamiento de mano de obra, el derecho a imposición se mantenga en sus fronteras, pues es el lugar donde reside el empleador real. Como vemos, la cláusula no sólo pretende evitar abusos, sino que también supone un límite para la legislación interna del Estado de la fuente durante el proceso de valoración de la naturaleza de la relación. La prueba de ello está en los indicios exigidos por la cláusula que, como bien apunta la doctrina, atienden a quién asume el riesgo y la responsabilidad de los resultados o si, el servicio prestado por el trabajador a distancia podría integrarse en la actividad del empleador[317]. En paralelo, cabe añadir que el contenido de la cláusula paraliza el argumento del Estado de la residencia del teletrabajador el cual podría alegar que el Estado de la fuente no ostenta poder alguno bajo el argumento de que éste no ha permanecido más de 183 días en el Estado de la actividad en el cual tampoco reside el empleador. Por ello, si se cumplen los criterios marcados en las letras a) y b) de la cláusula establecida en el párrafo 8.3 de los Comentarios, el Estado de la actividad ya puede justificar su derecho de imposición.

Para finalizar con la primera visión, la formalista, procedemos a exponer un ejemplo que escenifique lo hasta aquí analizado. Imaginemos que un trabajador a distancia que reside en España es contratado por una empresa intermediaria residente en el mismo territorio. Los servicios serán prestados en Italia durante un período inferior a 183 días. El usuario, que es la empresa de destino, contrata al empleado y se beneficia de sus

---

[317] DZIURDZ, K. y PÖTGENS, F., *Op. Cit.*, 2014, p. 407.

servicios, pues se integran en su propia actividad económica[318]. Si Italia siguiera una visión formalista de esta relación, conforme a su legislación interna y sus tratados internacionales, sin atender a la cláusula del párrafo 8.3 de los Comentarios, concluiría que no ostenta el poder impositivo sobre las rentas del teletrabajador al no haber permanecido éste más de 183 días en Italia y, en paralelo, considerar, en base al contrato laboral, que el empleador es la empresa intermediaria española (empleador formal) y no, por ende, la empresa usuaria.

Claramente, en esta situación se pretende hacer un uso abusivo del tratado y, además la legislación italiana se limita a contemplar la formalidad del contrato. Sin embargo, haciendo uso de la cláusula, Italia podría razonar que los servicios prestados por el trabajador a distancia se controlan y dirigen por la empresa italiana además de integrarse la prestación en la actividad económica de la empresa usuaria. Tras ello, Italia gozaría del derecho a imponer las rentas.

La segunda visión es la sustantiva o económica. Se encuentra en el párrafo 8.4 de los Comentarios y, a diferencia de la visión formalista, prima el fondo sobre la forma. A través de la visión sustantiva, aunque en un contrato se haya formalizado una relación laboral o bien, una relación de prestación de servicios entre dos empresas, el Estado de la fuente valorará la naturaleza; en lugar de la forma. De esta manera, se podrá hallar una respuesta a si los servicios se encuadran en el artículo 15 del MC OCDE o bien, se está ante una prestación de servicios entre empresas conforme el artículo 7 del MC OCDE como bien disponía el párrafo 8.1 de los Comentarios.

El enfoque sustantivo (o económico) contiene una serie de limitaciones que, al igual que la visión formal, se basa en el cumplimiento de algunos indicios; aunque de forma más ex-

---

318 DANON, R., *Op. Cit.*, 2012, p. 92.

haustiva. Las restricciones implican cumplir con lo establecido en el párrafo 8.11[319] de los Comentarios al igual que cumplir con el orden de interpretación de los tratados; esto es, primero se debe atender al contexto del tratado y, con posterioridad, a la normativa interna del Estado de la fuente. Las limitaciones tienen su sentido partiendo de que el Estado de la fuente, tal y como señalan los párrafos 8.5 y 8.6 de los Comentarios, puede considerar de acuerdo con su legislación interna que, una relación es laboral o bien, es una prestación de servicios entre empresas a pesar de que el contrato disponga lo contrario[320]. Si bien, la calificación de la naturaleza de la relación otorgada por la legislación del Estado de la fuente no puede ser arbitraria o absoluta y, para limitarlo habrá que acudir al contexto del tratado y a una serie de indicios objetivos que de acuerdo con el párrafo 8.11 de los Comentarios se encuentran establecidos en los párrafos 8.13 y 8.14.

Como podemos observar el párrafo 8.11 realiza una remisión al contenido dispuesto en los párrafos 8.13 y 8.14 de los Comentarios. La idea que pretenden ofrecer estos párrafos se basa en que para calificar una relación y, posteriormente, identificar al empleador real de la operación hay que partir de datos objetivos. Tale datos, criterios o indicios se distribuyen

---

319 DANON, R., *Op. Cit.*, 2012, p. 95, señala que dichas limitaciones no son "metodológicamente coherentes" y se circunscriben más en el campo político.

320 La labor de determinar qué es "empleo" y "empleador" no aparece en el MC OCDE, pero los Comentarios, en los párrafos 8.4 a 8.10, indican que será el Estado de la "fuente", el de "actividad" o, el que aplique el tratado. En palabras de DE BROE de la lectura de los Comentarios se puede inferir que el significado del "estado que aplique el Convenio" en el marco del artículo 15 del MC OCDE y la ayuda del artículo 3.2 del MC OCDE supone que será el Estado de la actividad quien identifique el tipo de relación y, por ende, el empleador, DE BROE, L., *Op. Cit.*, 2015, p. 1320.

en dos grupos que, a tenor de lo que señala la doctrina, son los llamados test (o pruebas) de integración y de control[321]. La aplicación de ambos no es alternativa, sino que más bien se establece un orden de prelación. Un orden que, como veremos, no es seguido por algunos autores.

La primera prueba que debe aplicarse es la de integración y se establece en el párrafo 8.13 de los Comentarios. Se indica que para determinar la naturaleza de la relación e identificar al empleador económico debemos atender a que el servicio prestado forme parte de la actividad económica desarrollada por el empleador y junto a ello que asuma el empleador una responsabilidad o riesgo por las actividades realizadas, en nuestro caso, por el trabajador a distancia. Cuando nos referimos a la responsabilidad y "para los propósitos del empleador" para BURGSTALLER puede incluirse la responsabilidad por los resultados, así como los riesgos económicos[322].

Por su parte, la prueba de control responde a un conjunto de factores enumerados en el párrafo 8.14 de los Comentarios.

En cuanto al orden aplicable de ambas pruebas no hay una opinión uniforme. Para PÖTGENS la prueba de la integración sería uno de los elementos más relevantes para conocer el significado del término empleador; aunque nunca el único[323]. En cambio, para DANON el MC OCDE, a la hora de establecer ejemplos en los Comentarios, otorga mucha importancia

---

321 Véanse PÖTGENS, F., *Op. Cit.*, 2008a, p. 81; DANON, R., *Op. Cit.*, 2012, p. 96; y DE BROE, Luc (2000): *Op. Cit.*, p. 7, entre otros. Tales pruebas otorgaron una mayor objetividad en la valoración del concepto empleador-pagador por parte del Tribunal Supremo de Holanda, en las decisiones emitidas en fecha 1 de diciembre de 2006 al pasar de un enfoque formal a un económico. PÖTGENS, F., *Op. Cit.*, 2008a, p. 81.

322 BURGSTALLER, E., *Op. Cit.*, 2005, p. 127.

323 PÖTGENS, F., *Op. Cit.*, 2007, p. 480.

al criterio de la integración y, en su opinión, debería recaer más sobre el control[324]. Según DE BROE el factor decisivo es la prueba de control[325], aunque y, en línea a los autores anteriores, deben considerarse otros factores que también tendrán cierta influencia en la decisión.

Las visiones expuestas tienen su utilidad, pero como bien destacan KOSTIC y CALDERÓN CARRERO el Comité Fiscal de la OCDE apuesta por la visión sustantiva (o económica) dado que la identificación de los elementos formales es una tarea demasiado compleja[326]. En la jurisprudencia también encontramos preferencias. Especial importancia tiene la posición del Tribunal Supremo de Holanda el cual se ha decantado por la sustancia antes que por la forma lo que implica que no importa quién es el empleador legal de la relación laboral, es decir, la posición de supervisor que ostenta el empleador en el Estado de la fuente no implica, de per se, una relación económica, sino que es necesario que concurran más elementos como la asunción de los costes o la responsabilidad de la actividad ejercida, así como los beneficios[327]. Al respecto, COOLS menciona que Holanda dejó de utilizar el criterio de la formalidad debido al abuso del convenio, pues los empleadores, en realidad, eran las empresas que radicaban en el Estado de la actividad. Aunque, aún existen países como Finlandia que mantienen la formalidad[328].

---

324 DANON, R., *Op. Cit.*, 2012, p. 96.

325 DE BROE, L., *Op. Cit.*, 2000, p. 7.

326 KOSTIC, S., "A Plea for a Workforce Presence PE Concept in a Post-Covid Digitalized World", *Intertax*, Volume 49, Issue 10, 2021, p. 769 y CALDERÓN CARRERO, J. M., *Op. Cit.*, 2014, p. 495.

327 COOLS, A., *Op. Cit.*, 2015, p. 166.

328 *Ibídem.*, p. 167.

C. La remuneración del trabajador a distancia y su impacto en el establecimiento permanente

El Secretariado de la OCDE emitió dos Guías para mostrar su posición con respecto a la posibilidad de que un trabajador, en nuestro caso, a distancia, pueda originar un establecimiento permanente. En concreto, se publicaron dos documentos: el primero, en fecha 3 de abril de 2020 y, el segundo, en fecha de 21 de enero de 2021. A pesar de no ser vinculantes tuvieron cierta repercusión en el ámbito doctrinal, así como, en las respuestas generadas por la DGT. Dicho esto, la OCDE valoró dos conceptos: el *home office* y la figura del agente dependiente.

Respecto al *home office,* es justo indicar que, los Comentarios, en los párrafos 18 y 19 al artículo 5.1 ya aludían al supuesto de un trabajador que presta su servicio desde su domicilio. El primero de los párrafos sostiene que podría calificarse de EP el despacho situado en el domicilio privado de un empleador. Un hecho que no se daría de forma automática, pues deben concurrir una serie de condiciones clásicas en la figura de un EP: la disposición, la permanencia, el requerimiento por el empleador, etc. Los comentarios no consideran la posibilidad de que se pueda crear una presunción basada en causas transitorias o incidentales. De este modo, las Guías del Secretariado de la OCDE confirman que ante circunstancias como las de la COVID-19 cualquier situación que pudiera crear un EP sería excepcional. En otras palabras, el Secretariado recomendó a los gobiernos nacionales que no cedieran en la consideración de que un trabajador puede generar un EP por el hecho de trabajar desde su hogar debido a las limitaciones sanitarias para contener el virus de la COVID-19. A pesar de esta especial etapa, consideramos que la OCDE desaprovechó la oportunidad de indagar como mayor precisión sobre este tema.

Entendemos que la situación excepcional no debía estancarse en la época COVID-19. Así, y como bien apunta CALDERÓN CARRERO al analizar las recomendaciones de fecha de 3 de abril de 2020 de la OCDE, es conveniente aceptar que existe una alta movilidad de trabajadores y que la crisis sanitaria ha supuesto un cambio organizativo para las empresas[329].

De entre los requisitos para la constitución de un EP encontramos el requerimiento por parte del empleador. Al respecto, la OCDE concibe que tal exigencia no tuvo lugar durante la pandemia, pues fue una imposición sanitaria aplicada por los gobiernos no, por los empleadores. A ello, se le suma que el elemento de la permanencia no tendría efectividad, pues este tipo de situación al ser excepcional podría calificarse de provisional. Es decir, con el levantamiento de las medidas sanitarias, la mayor parte de los trabajadores que hasta el momento prestaban el servicio en remoto desde sus hogares retornarían a sus centros de trabajo ordinarios[330].

Las Guías también trataron la figura del agente. De entre las condiciones que se exigen para que un agente dependiente implique el surgimiento de un EP, el Secretariado puso especial atención en si el empleado realizaba de forma "habitual" la celebración de los contratos en nombre de la empresa. Al igual que con el *home office* apuntó a que resultaría improbable que la actividad del empleado sea "habitual" si es debido a los eventos extraordinarios de la COVID, pues si se tiene en cuenta el párrafo 33 (en línea al párrafo 98) de los Comentarios, como regla general, no puede ser un servicio meramente transitorio. A no ser que, manifiestan las *Guías,* la persona ya viniera ejerciendo esas funciones antes de la pandemia[331].

---

329 CALDERÓN CARRERO, J. M., "COVID-19 y fiscalidad internacional. Las primeras recomendaciones de la OCDE", *Revista de Contabilidad y Tributación,* número 446, 2020, pp. 14-15.

330 OECD., *Updated guidance on tax treaties and the impact of the COVID-19 pandemic,* 2021, p. 7.

331 OECD., *Op. Cit.*, 2021, pp. 8-9.

A pesar de las reticencias de la OCDE sobre esta materia y, por ende, que se cumpla la condición tercera del artículo 15.2 de la OCDE, una parte de la doctrina como MARTÍN-ABRIL Y CALVO también han manifestado que procedería, si se cumplen las premisas indicadas, el nacimiento de un EP debido a la prestación de un servicio en remoto desde la vivienda o domicilio de un trabajador para su empleador por lo que habría que iniciar una reflexión a nivel internacional sobre esta materia[332]. En la misma línea también encontramos los argumentados establecidos en el Libro Blanco para la reforma del sistema fiscal español que también contempló la posibilidad de que surja un *home office* o un agente dependiente como variante del EP.

La disposición, como otro de los principales requisitos de los EP, es para algunos autores el elemento que marcará la diferencia[333]. La disposición supone el control del empleador sobre un concreto lugar o espacio. Si se afirma que un trabajador a distancia constituirá un EP por el hecho de prestar su servicio en remoto desde el Estado de la situación y, en su domicilio privado, será necesario que se contemplen dos cuestiones: la primera, que la parte de la vivienda en la cual se preste el servicio por el trabajador a distancia sea la única zona afecta a la actividad del empleador y, la segunda, que haya un pago realizado por el empleador, a modo de compensación, en concepto de utilización de una parte del domicilio privado del teletrabajador para sus fines y por obligarle a que el uso vaya destinado únicamente a su actividad[334]. Claramente, habrá que tener en

---

332 MARTÍN-ABRIL Y CALVO, D., "Cuestiones de fiscalidad internacional y tributación de no residentes", en *Libro blanco para la reforma fiscal en España: una reflexión de 60 expertos para el diseño de un sistema fiscal competitivo y eficiente*, Madrid, 2022, p. 656.

333 MONSENEGO, J., *Op. Cit.*, 2014, p. 251.

334 REIMER, E., *Op. Cit.* 2015, pp. 413-414 en relación con el párrafo 18 de los Comentarios al artículo 5 del MC OCDE.

cuenta si es esencial o no que el servicio se preste en la vivienda del trabajador con el fin de otorgar mayor claridad al asunto[335].

El grado de elección será también determinante. Hemos señalado que es importante que exista una exigibilidad, un requerimiento por parte del empleador. En esta línea KOSTIC señala que el mero hecho de optar, por parte del trabajador a distancia, a prestar el servicio desde su domicilio no conlleva una disposición para su empleador[336]. Así, una simple intención del trabajador no será suficiente.

El aspecto temporal también debe ser puesto en consonancia con la "intencionalidad" de constituir un EP. La doctrina, como DOS SANTOS, vincula la intencionalidad del EP con el elemento temporal e indica que «*la existencia de un EP puede darse aun cuando el contribuyente no pretenda tener un establecimiento permanente de negocios en el Estado de la fuente. Al principio, el contribuyente quiere usar un lugar de negocios por un corto período de tiempo; sin embargo, por otras razones, el uso se ha vuelto constante. En este caso no es relevante la intención del contribuyente y se considera que el EP se ha construido retroactivamente desde el principio*»[337].

La DGT respecto a la consideración de un EP en los casos objeto de análisis ha sido muy tajante. En la Consulta V066-22 de fecha 18 enero 2022 se descarta que el despacho utilizado (de forma unilateral) por el empleado de una empresa británica en su domicilio durante el estado de alarma decreta-

---

335 TEMMERMAN, M. y VAN DE PERRE, S., "Bélgica", en *Permanent Establishments. A Domestic Taxation, Bilateral Tax Treaty and OECD Perspective*, 5. Ed, Kluwer Law International, Países Bajos, 2016, (Versión electronica).

336 KOSTIC, S., *Op. Cit.*, 2021, p. 764.

337 DOS SANTOS, A. C. y MOTA LOPES, C., "Tax Sovereignty, Tax Competition and the Base Erosion and Profit Shifting Concept of Permanent Establishment", *EC Tax Review*, 5-6, 2016, p. 302 (Traducción propia). Añade el autor que «*podemos concluir que el concepto de lugar fijo no está en consonancia con las empresas modernas*».

do en España no cumplía con los requisitos exigibles de permanencia temporal y continuidad, dado que el teletrabajo es consecuencia de una medida extraordinaria. La DGT sugiere que la disponibilidad real del espacio por parte de la empresa sólo se producirá cuando el teletrabajo desde casa sea obligado (con costes sufragados por la empresa) y la empresa no ponga a disposición del empleado una oficina. En el caso *Zelinsky v. tax appeals tribunal* el Tribunal Supremo (Sala de Apelación) de Nueva York[338] valoró la situación de un profesor de Universidad que decidió prestar sus servicios docentes desde su domicilio (en un Estado distinto al de su trabajo). El Tribunal consideró que al haber decidido de forma voluntaria acudir a su domicilio y no ser requerido a hacerlo no cabía considerar como EP esa zona de su casa.

Como vemos, las posibilidades que ofrece la economía digital en el ámbito empresarial y en la toma de decisiones supondrá para algunos autores el inicio de procesos de descentralización que afectarán a las estructuras empresariales[339]. Resulta interesante advertir que la concepción de un home office como EP debe cumplir los requisitos elementales de un EP como estar a disposición del empresario, sin embargo, somos de la opinión de que es preciso un mayor desarrollo de este tema en los comentarios del MC OCDE[340]. Es necesario una mayor ejemplificación de supuestos sobre esta cuestión para disipar ciertas dudas y emprender una labor de precisión como siempre se alega por parte de la doctrina[341].

---

338 Resolución de fecha 24 de noviembre de 2003. Véase en BERETTA, G., *Op. Cit.*, 2022, p. 22.

339 LIPNIEWICZ, R., *Op. cit*, 2020, p. 604.

340 DE GOEDE, J., KAUR, D., KOSTERS, B. y PERDELWITZ, A., "Interpretation and Application of Article 5 (Permanent Establishment) of the OECD Model Tax Convention", *Response from IBFD Research Staff*, IBFD, 2012, p. 4.

341 KOSTIC, S., *Op. Cit.*, 2021, p. 764.

Finalmente, es preciso hacer referencia a los beneficios atribuibles a los EP y, por ende, a la tipología que hemos ido explicando en estas páginas. Las reglas de atribución de beneficios a un EP se invocan a través del artículo 7 del MC OCDE junto con las oportunas remisiones al artículo 5 del MC OCDE.

El artículo 7.1 del MC OCDE dispone, en su segunda parte, que «*si la empresa realiza su actividad de dicha manera (por medio de un EP), los beneficios atribuibles al establecimiento permanente de conformidad con las disposiciones del apartado 2 pueden someterse a imposición en ese otro Estado*». Para REIMER el artículo 7 del MC OCDE es el que pone en marcha la tarea de identificación de un EP, pues solo bajo su consideración como una empresa separada e independiente será calificada, conforme el artículo 5 del MC OCDE, como un EP[342]. Lo que resultará imprescindible en la aplicación de la excepción de artículo 15.2 del MC OCDE.

De este modo, el Estado de la fuente tan sólo podrá gravar aquellas ganancias obtenidas por dicho EP sin que haya derecho a gravar el resto de las ganancias obtenidas por la empresa no residente obtenidas sin el EP.

La distribución de los beneficios según algunos autores no necesita de una interpretación conjunta, pues bastaría con que el Estado de la fuente interpretara el artículo 5 y 7 del MC OCDE con el uso, si se requiere conforme el art. 3.2 de su legislación doméstica, y con posterioridad, el Estado de la residencia únicamente se limite a eliminar la doble imposición y, a realizar una "autoevaluación" positiva de los concluido por el Estado de la fuente. Es decir, el Estado de la residencia deberá comprobar si el de la fuente ha aplicado bien el CDI (artículo 3.2) como su legislación nacional, pues el 23 A o B impide al Estado de residencia aplicar el 3.2[343].

---

342 REIMER, E., *Op. Cit.*, 2016, (Versión electrónica).

343 *Ibídem.* (Versión electronica).

Para proceder al cálculo de los beneficios del EP habrá que realizar un análisis funcional y fáctico teniendo en consideración las funciones realizadas, los activos utilizados y los riesgos asumidos. Además, hay que atender al principio de plena competencia para proceder a estimar los precios de transferencia que se dan entre el EP y el resto de la empresa.

En resumen, es importante resaltar que las empresas están implementando pautas para el trabajo remoto permanente, y en este contexto, las políticas de precios de transferencia desempeñan un papel relevante. La presencia de teletrabajadores en diferentes jurisdicciones plantea desafíos en cuanto a la asignación de beneficios a los establecimientos permanentes y sus implicaciones fiscales para la empresa empleadora. Aunque estos problemas son amplios y no pueden ser abordados en detalle, es necesario mencionar las posibles complicaciones que puede generar el teletrabajo en este ámbito.

Además, conviene mencionar el Dictamen emitido por el Comité Económico y Social Europeo sobre la *Fiscalidad de los teletrabajadores transfronterizos y sus empleadores*[344]. En este dictamen se argumenta que muchas empresas no cuentan con una estructura internacional y que el teletrabajo, al tener a trabajadores dispersos prestando servicios de forma remota, puede tener implicaciones y consecuencias fiscales relevantes. Por lo tanto, es crucial estudiar y cumplir las normas relacionadas con los precios de transferencia, aunque este aspecto no será abordado en detalle en la presente investigación.

Efectivamente, los EP pueden tener importantes implicaciones en el marco de la tributación empresarial, especialmente cuando se considera la posibilidad de que la presencia de un

---

344 CESE., *Fiscalidad de los teletrabajadores transfronterizos y sus empleadores*, Dictamen de iniciativa, ECO/585, emitido en fecha 13 de julio de 2022, pp. 7-8.

trabajador a distancia pueda generar dicha estructura[345]. Aunque la OCDE ha indicado en sus guías que un teletrabajador no crearía un EP debido a la naturaleza excepcional de la situación, se argumenta que esto podría tener un efecto contrario. Es decir, en una situación no excepcional, la presencia de un teletrabajador podría implicar la creación de un EP.

Es fundamental tener en cuenta estas consideraciones en el análisis de la tributación empresarial relacionada con el teletrabajo, ya que pueden surgir distorsiones significativas en este ámbito. La evaluación de la presencia y los efectos fiscales de los EP en el contexto del trabajo a distancia es esencial para garantizar un marco tributario adecuado y equitativo.

4.4 Hacia una regulación más adecuada del gravamen de las actividades laborales prestadas a distancia: propuestas normativas

Después de analizar la estructura y el contenido del artículo 15 del MC OCDE, junto con los problemas y desafíos que surgen debido al crecimiento del trabajo a distancia y la economía digital, resulta necesario plantear algunas propuestas de modificación.

Comenzaremos nuestra exposición destacando que sería ineficiente e irreal proponer una modificación completa del artículo 15 del MC OCDE. Las reglas de distribución del poder tributario con respecto a los ingresos del trabajo dependiente son útiles, pero no están adaptadas a las nuevas situaciones que caracterizan el mercado laboral actual y la economía en general. Nos referimos específicamente a las situaciones de alta movilidad de los trabajadores, como es el caso de las actividades laborales prestadas a distancia.

---

345 A favor de esta opinión podemos encontrar el estudio de ROVIRA FERRER, I., *La fiscalidad del trabajo a distancia*, Aranzadi, Navarra, 2023, p. 66.

Con el fin de facilitar la comprensión, seguiremos el orden establecido en el propio artículo, es decir, regla por regla. La primera regla es la de tributación exclusiva en el Estado de residencia del trabajador a distancia. Como mencionamos anteriormente, esta regla se basa en la conexión entre el Estado de residencia y el Estado desde donde se presta el servicio en remoto, siempre y cuando el empleado sea considerado residente fiscal según la normativa interna de dicho Estado. La motivación detrás de esta exclusividad parece radicar en la protección brindada al trabajador a distancia, el uso de las infraestructuras del Estado de residencia, el conocimiento de su situación familiar y personal, así como la intención de evitar la doble imposición jurídica.

No obstante, sin contradecir lo expuesto anteriormente, es importante considerar dónde se presta efectivamente el servicio. Los comentarios, en su primer párrafo, señalan que el lugar de explotación de los resultados por parte del empleador no es relevante para determinar el territorio de tributación de un teletrabajador. El lugar de prestación del servicio es equivalente al "lugar de ejercicio" y, para referirse al lugar desde donde se realiza el trabajo a distancia, se debería hacer mención, como ha señalado acertadamente la doctrina, al "lugar de dirección". Esta distinción puede parecer sencilla, pero al exponer que los servicios se prestan en un lugar y que luego los resultados se materializan en otro Estado, que es una característica del trabajo a distancia, sería conveniente que los comentarios incorporen esta "aclaración". Como podemos observar, no es necesario cambiar la regla general del artículo (artículo 15.1 del MC OCDE); simplemente se requeriría un párrafo en los comentarios que aborden este aspecto, para que la interpretación y posterior aplicación puedan realizarse sin generar dudas relevantes.

Luego, encontramos la segunda regla: la tributación compartida con el otro Estado. El uso de la expresión "otro Estado" plantea serios problemas de comprensión que posteriormente se convierten en obstáculos sustanciales. Como mencionamos previamente, no es lo mismo el Estado de la situación que el Estado de pago. Aunque el artículo 15 del MC OCDE hace referencia a ambos, utiliza la expresión “otro Estado”. Esto implica que, si nos referimos al “otro Estado” para indicar que es el lugar de residencia del pagador, las consecuencias serán diferentes a si ese “otro Estado” únicamente se refiere al lugar de situación (es decir, el lugar de dirección o donde el trabajador a distancia está prestando el servicio). Abordar este problema beneficiaría tanto a los trabajadores a distancia como a los trabajadores dependientes en general. Tal vez sería interesante añadir en el artículo el calificativo “de situación” o “de pago” en lugar de simplemente “otro Estado”.

En nuestra opinión, aclarar si se refiere al Estado de situación o al Estado de pago ayudaría a mejorar la aplicación del segundo apartado. En otras palabras, si se entiende, como parece indicar en los comentarios junto con los propios apartados 1 y 2 del artículo 15 del MC OCDE, que el “otro Estado” también se refiere al de pago, surge la pregunta de cuál es el sentido de prever, en la letra b) del segundo apartado, que el pagador no esté radicado en el otro Estado. Si se presume que se refiere al Estado de pago, consideramos que el poder impositivo siempre se desplazaría hacia el otro Estado y no en favor del Estado de residencia.

Las tres condiciones del artículo 15.2 del MC OCDE están claramente relacionadas con lo señalado anteriormente, como hemos podido observar. Por lo tanto, es pertinente hacer algunos comentarios sobre cada una de ellas.

En relación con la condición a) referente a los 183 días, no consideramos que sea necesario realizar matices importantes o que el trabajo a distancia haya tenido un impacto en dicho cómputo. Debemos tener en cuenta que el objetivo de esta condición es evitar cargas administrativas excesivas tanto para las administraciones fiscales como para las partes involucradas en la relación laboral. Por lo tanto, creemos que en general la regla no debería tener matices, ya que su esencia se basa en la presencia física del trabajador a distancia en un Estado durante más o menos de 183 días, para determinar si el Estado de situación tiene o no capacidad para gravar los ingresos. Sin embargo, es importante dejar claro que lo determinante es la presencia física (y el ejercicio del empleo) y no la duración de la relación de trabajo prestado en remoto, ya que es posible que el teletrabajador no se encuentre en ese territorio mientras continúa prestando el servicio de forma remota.

En la condición b) la cuestión se vuelve más compleja por diferentes motivos, que en última instancia se pueden resumir en situaciones de arrendamiento de mano de obra internacional con el objetivo de evitar la tributación en el Estado donde se realiza la actividad. Estos casos implican la participación de tres Estados o partes en la relación: el pagador, el usuario y el trabajador a distancia. En este punto, pueden surgir claramente situaciones de abuso de los convenios fiscales y, para evitarlo, se pueden incluir cláusulas alternativas en función de la perspectiva adoptada por el Estado de situación: una visión formal o una visión sustantiva.

La visión formal, como se menciona, no considera la naturaleza real de la relación, sino que se basa únicamente en lo establecido en el contrato. Por lo tanto, se prevé la posibilidad de incluir una cláusula que evite que una relación que aparentemente es laboral sea considerada una prestación de servicios entre dos empresas o viceversa.

En el caso de la visión sustantiva, se emplean una serie de test, como la prueba de integración y la prueba de control, cuyo objetivo es determinar directamente la naturaleza de la relación sin tener en cuenta lo estipulado en el contrato. Como observamos anteriormente, un Estado que aplique esta segunda visión no puede determinarla directamente, ya que es necesario aplicar las pruebas que implican verificar elementos específicos, como quién asume la responsabilidad de los resultados del teletrabajador, quién le indica cómo debe realizar el servicio, quién cubre los costos de las herramientas y materiales utilizados en el trabajo a distancia, y quién paga la remuneración.

La identificación del empleador económico será crucial para evitar situaciones en las que se pretenda evitar la tributación en el Estado de situación, especialmente en el contexto del trabajo a distancia y las operaciones triangulares descritas anteriormente. Estas situaciones pueden ser fácilmente manipulables, por lo que en el caso de la visión sustantiva se enumeran una serie de elementos que indican si existe una relación de dependencia con respecto a una persona para determinar quién es el empleador real y no solo en términos formales. Esto puede resultar complicado, especialmente con la presencia de las tecnologías, ya que puede ser más difícil identificar ciertos aspectos de dependencia debido a la libertad que se puede otorgar al trabajador a distancia. Por lo tanto, es esencial que el contrato de trabajo especifique claramente las funciones de cada una de las partes, además de indicar quién se limita a la remuneración.

En consecuencia, consideramos que la visión formal no es una vía útil para abordar este tipo de conflictos, ya que es necesario prever una cláusula para resolver los problemas que, en el fondo, son los mismos que se prevén al adoptar una visión sustantiva. En otras palabras, se acaba examinando la naturaleza de la relación lo cual implica identificar los factores mencionados en el párrafo 8.14 de los Comentarios al artículo 15.2.b) del MC OCDE. En cuanto a las explicaciones proporcionadas en estos Comentarios, consideramos que son excesivamente largas y complejas, al menos en lo que respecta a las cuestiones de prestación de servicios digitales. En cuanto a la posibilidad de incluir un punto exclusivo para dichos servicios, creemos que sería apropiado considerar cómo se integran y controlan los servicios de trabajo a distancia para identificar al empleador real y económico de la relación.

Con el objetivo de evitar posibles malentendidos derivados de la presunción de que el Estado de situación coincide con el de pago, así como para prevenir abusos en el arrendamiento de mano de obra y facilitar la localización de la operación cuando el pagador se encuentre en un tercer Estado, sería conveniente trasladar la cláusula alternativa de la letra b) establecida en el párrafo 6 de los Comentarios al contenido del precepto. Esto tendría dos efectos: una mayor especificidad en el precepto al evitar considerar también que el pagador reside en un tercer Estado, concretando el derecho en el Estado de residencia o en el Estado de situación, y la prevención de situaciones de abuso en el arrendamiento de mano de obra.

Por último, en relación con los establecimientos permanentes, es importante tener en cuenta si un trabajador a distancia puede ser considerado como tal para su empleador. Este es un tema que requiere una mayor atención en los Comentarios, ya que actualmente no se considera que un domicilio privado pueda ser considerado como un establecimiento permanente. Sin embargo, creemos que, si se cumplen los requisitos necesarios, podría surgir una situación en la que sea necesario considerar a un trabajador a distancia como un establecimiento permanente para su empleador. Por lo tanto, es importante analizar en profundidad esta cuestión y proporcionar soluciones adecuadas para su tratamiento en el ámbito de la tributación internacional.

Consideramos que los Comentarios de la OCDE deberían tener en cuenta la realidad actual y no descartar la posibilidad de considerar a un trabajador a distancia como un establecimiento permanente para su empleador. Si se cumplen los requisitos que definen a los establecimientos permanentes, como disponibilidad, permanencia y no ser meras actividades auxiliares, la existencia de esta estructura no debería ser descartada. Sin embargo, la complejidad de esta cuestión radica en la casuística de cada situación en particular. Si un trabajador a distancia presta sus servicios desde el Estado donde se encuentra el cliente y su empleador ejerce un control, le envía instrucciones y cubre los gastos relacionados con el trabajo a distancia durante un tiempo suficiente para ser considerado fijo, podría considerarse la existencia de un establecimiento permanente. Creemos que es importante que los Comentarios aborden este tema y proporcionen una orientación clara sobre la determinación de establecimientos permanentes en el contexto del teletrabajo.

Además, es fundamental tener en cuenta que la alta movilidad suele darse en trabajos altamente cualificados, por lo que es crucial analizar las funciones que realiza el teletrabajador y el valor que aporta a la empresa. Si el trabajador a distancia desempeña tareas de importancia, como ser miembro del consejo de administración y tomar decisiones cruciales para la empresa desde el Estado donde se encuentra, podría inclinarse a favor de que se cumpla la letra c) del artículo 15.2 del MC de la OCDE, lo que implicaría considerar al trabajador a distancia como un establecimiento permanente del empleador.

En nuestra opinión, es esencial que los Comentarios incluyan una sección específica que aborde las situaciones en las que se prestan servicios dependientes en entornos digitales, como es el caso del trabajo a distancia. Sería beneficioso contar con una guía precisa que se enfoque en el tratamiento fiscal de estas situaciones, facilitando su interpretación y aplicación en los CDI. Esto sería similar la sección específica en los Comentarios para el tratamiento de opciones sobre acciones para empleados.

CAPÍTULO TERCERO. EL TRATAMIENTO FISCAL LAS ACTIVIDADES LABORALES PRESTADAS A DISTANCIA EN EL ORDENAMIENTO JURÍDICO ESPAÑOL

1. CONSIDERACIONES GENERALES

El análisis de las operaciones internacionales que involucran a un trabajador a distancia no puede limitarse únicamente al ámbito de la fiscalidad internacional. Por esta razón, el Capítulo III de esta investigación se enfoca en el Derecho interno, específicamente en cómo la legislación española vincula a un individuo, en este caso un trabajador a distancia, con el territorio español.

La perspectiva difiere dependiendo de si el teletrabajador es residente o no residente. Por lo tanto, es fundamental recurrir a los criterios establecidos en la LIRPF para determinar la residencia fiscal de un teletrabajador en España. Nos centraremos en el contenido establecido en el artículo 9 de dicha ley, donde se enumeran las circunstancias que permiten considerar a un trabajador a distancia como residente habitual en España. Estos criterios, como veremos más adelante, merecen ser analizados y cuestionados, especialmente teniendo en cuenta el aumento de la movilidad, sin que nuestra legislación se haya ajustado adecuadamente a lo establecido en el artículo 4 del MC de la OCDE, como argumentamos en el Capítulo II.

Precisamente, el incremento de la movilidad y el impulso a la internacionalización han llevado a que nuestro legislador adopte medidas específicas. Destacaremos el régimen de trabajadores desplazados, establecido como una renta exenta en el artículo 7.p) de la LIRPF, y el régimen de impatriados, contemplado en el artículo 93 de la misma ley. La importancia de este análisis radica en identificar cómo se aplica el trabajo a distancia en cada uno de estos preceptos mencionados.

Otra perspectiva relevante, como mencionamos anteriormente, se centra en los no residentes. Para lograr nuestro objetivo, recurriremos al Real Decreto Legislativo 5/2004, de 5 de marzo, por el que se aprueba el texto refundido de la Ley del Impuesto sobre la Renta de no Residentes. A través de esta normativa, se determinará el punto de conexión que conllevará una tributación limitada para el trabajador a distancia en España, así como la posibilidad de que la normativa de no residentes permita la opción de tributar como contribuyente del Impuesto sobre la Renta de las Personas Físicas si se obtienen la mayoría de los ingresos en España, con el fin de evitar la discriminación entre los no residentes y los residentes.

Por último, debido a la estructura territorial de España, es relevante analizar los puntos de conexión establecidos en el ámbito autonómico para determinar la residencia fiscal de un trabajador a distancia en una Comunidad Autónoma específica.

2. LA IMPOSICIÓN SOBRE LA RENTA DE LOS TRABAJADORES A DISTANCIA CON RESIDENCIA FISCAL EN TERRITORIO ESPAÑOL

El sistema legal español utiliza la residencia como criterio para establecer la conexión entre el elemento subjetivo del hecho imponible y el territorio. El análisis de este criterio se basa en una evaluación de circunstancias y eventos factuales. A primera vista, este criterio parece indeterminado. Sin embargo, como señala BAENA AGUILAR, cuando las circunstancias fácticas están previstas en la ley, la residencia adquiere la calidad de concepto jurídico[346]. Además, como veremos más adelante, la digitalización de la economía y el uso del trabajo a distancia debilitarán aún más los criterios de sujeción de nuestro sistema legal[347].

La norma que prevé tales circunstancias es la LIRPF. Sin embargo, la especificación de las circunstancias no se detalla hasta que se establece quién tiene la obligación personal de contribuir. Por lo tanto, en primer lugar, debemos referirnos al artículo 8 de la LIRPF el cual indica que la condición de contribuyente vendrá atribuida cuando la persona física sea residente habitual. La consecuencia será, como contempla el artículo 2 de la LIRPF, la sujeción plena: esto es, la obligación personal de contribuir por la totalidad de las rentas sin importar el lugar de su obtención ni el lugar donde se halle el pagador de las mismas. De ahí que las personas que residen de forma habitual en territorio español no se encuadren en el ámbito subjetivo de la LIRNR, pues como bien destaca GARCÍA NOVOA, el impuesto dual que acogía la obligación personal y

---

346 BAENA AGUILAR, Á., *La obligación real de contribuir en el Impuesto sobre la Renta de las Personas Físicas,* Aranzadi, Pamplona, 1994, p. 76.

347 Para más información véase el estudio de MORIES JIMÉNEZ, M. T., Fiscalidad del teletrabajo, Tirant lo Blanch, Valencia, 2023, p. 146 y ss.

real dejó de existir por la adopción de un texto exclusivo para los no residentes[348].

También debe indicarse que la condición de contribuyente y, por ende, de residente fiscal en España no se perderá cuando éste se halle en otro Estado por determinadas circunstancias. Un caso destacable es el contemplado en el artículo 7.p) de la LIRPF sobre los trabajos dependientes prestados de forma efectiva en el extranjero durante un tiempo determinado en beneficio de una empresa no residente en territorio español.

Precisado lo anterior, debemos acudir, en segundo lugar, al artículo 9 de la LIRPF. Este artículo precisa, a través de una serie de circunstancias, qué se entiende por residencia habitual[349]. En este punto debe señalarse que el artículo 9 de la LIRPF no define la residencia habitual, sino que enumera criterios para considerar su existencia. Su estudio lo veremos enseguida.

2.1. Los criterios de sujeción

El análisis de los criterios de sujeción establecidos en la LIRPF para las personas físicas consideradas como residentes fiscales en territorio español se basa en el contenido establecido en el artículo 9 de la LIRPF.

En el apartado primero del artículo 9 de la LIRPF, no se establece un orden de prelación en la aplicación de los criterios para determinar la residencia fiscal. Esta cuestión es relevante

---

348 GARCÍA NOVOA, C., "Los sujetos pasivos en el nuevo impuesto sobre la renta de las personas físicas" en *Estudios del Impuesto sobre la Renta de las Personas Físicas,* Lex Nova, Valladolid, 2000, p. 129.

349 GARCÍA CARRETERO, B., "La residencia de las personas físicas en la legislación interna», en *Residencia fiscal y otros aspectos conflictivos. La armonización de la Imposición Directa,* Aranzadi -Thomson Reuters, Navarra, 2013, pp. 29-30.

para reflexionar sobre posibles propuestas que permitan que la legislación interna española se adapte a la alta movilidad promovida por quienes prestan sus servicios en remoto. A diferencia del artículo 9 de la LIRPF, el artículo 4.2 del MC OCDE, analizado en el Capítulo Segundo, no utiliza indistintamente todos los criterios establecidos, sino que primero se debe identificar el Estado donde el sujeto tiene una vivienda permanente, y solo en caso de que exista en ambos o en ninguno, se recurre al centro de intereses vitales o a la residencia habitual, respectivamente.

El primer criterio se encuentra en el artículo 9.1.a) de la LIRPF, según el cual se considerará residente fiscal en España a aquel que permanezca más de 183 días en el país durante el año natural. A continuación, en la letra b) del mismo apartado, se encuentra el segundo criterio, que establece que el núcleo principal o la base de las actividades o intereses económicos del sujeto radique en territorio español, ya sea de forma directa o indirecta. En tercer lugar, se encuentra el criterio familiar, configurado como una presunción iuris tantum, según la cual un sujeto será considerado residente en España si reside en el país su cónyuge no separado legalmente y sus hijos menores de edad que dependan de él.

Algunos sectores de la doctrina son críticos con la forma en que nuestro ordenamiento ha previsto los criterios de vinculación entre una persona física y el territorio español[350]. Otros incluso consideran que el criterio familiar no supone un criterio de sujeción, ya que se trata de una presunción[351].

A continuación, analizaremos cada una de las tres circunstancias establecidas en el artículo 9.1 de la LIRPF teniendo en cuenta los efectos que las actividades laborales prestadas a distancia pueden tener en su aplicación.

---

350 CUBERO TRUYO, A. y TORIBIO BERNÁRDEZ, L., *Op. Cit.*, 2019, (Versión electrónica [BIB 2019/9529]).

351 LÓPEZ LÓPEZ, H., *Op. Cit.*, 2015, p. 26.

2.1.1. El criterio de la permanencia

Según la Ley del IRPF, el requisito de permanencia se encuentra en el artículo 9.1.a) de la LIRPF. Este apartado se compone de varias cuestiones que analizaremos a continuación. En particular, abordaremos el período de 183 días y su relación con el período impositivo, el concepto de ausencias esporádicas y, por último, las cuestiones relacionadas con las jurisdicciones no cooperativas y la extensión de la residencia.

La primera cuestión se centrará en analizar la expresión «*que permanezca más de 183 días, durante el año natural, en territorio español*». Como vemos, el periodo se halla encapsulado dentro del año natural. Algunos autores consideran que tendría que ser más amplia la perspectiva temporal objeto de análisis. Así, se podrían considerar los antecedentes del contribuyente[352]. Esta posición es la que mantienen los Comentarios al artículo 15 del MC OCDE al pasar de la alusión «*durante el ejercicio fiscal considerado*» a la expresión «*en cualquier período de doce meses que comience o termine en el ejercicio fiscal considerado*»[353]. Sobre esta cuestión VILCHES DE SANTOS apunta a que la inflexibilidad del período impositivo establecido en el artículo 9 de la LIRPF implica que todos serán residentes fiscales por ese concreto año natural, aunque se sitúen en otro Estado durante una parte del año na-

---

352 CUBERO TRUYO, A. y TORIBIO BERNÁRDEZ, L., *Op. Cit.*, 2019, (Versión electrónica [BIB 2019/9529]). En contra de dicha opinión BAENA AGUILAR, Á., *Op. Cit.*, 1993, p. 95 que se ciñe al año natural. Este plazo suele ser el utilizado por la mayor parte de los Estados. Por ejemplo, la India establece 182 días; Dinamarca, Finlandia y Luxemburgo, entre otros, seis meses. Véase en FALCÓN Y TELLA, R. y PULIDO GUERRA, E., *Op. Cit.*, 2018, p. 42. Sin embargo, el problema radica en la inflexibilidad de nuestra normativa al delimitarlo dentro del año natural.

353 Apartado 4 de los Comentarios al artículo 15.2 del MC OCDE.

tural[354]. Si se tuviera en cuenta en la normativa del Impuesto el periodo de 183 días establecido en una horquilla de doce meses y que, al mismo tiempo, dicho periodo ocupara diferentes períodos impositivos se alcanzaría una mayor precisión y fidelidad respecto de las circunstancias[355]. Otros, como BAENA AGUILAR, proponen que los ejercicios se acumulen, esto es, que se tengan en cuenta las visitas temporales realizadas durante una serie de periodos impositivos[356]. Esto último, a fin de cuentas, vendría a encajar con la consideración de los precedentes de la persona física tal y como se ha indicado con anterioridad.

Para una parte de la doctrina, el Tribunal Supremo en la sentencia de 28 de noviembre de 2017[357] perdió la oportunidad de haberse pronunciado respecto la extensión del periodo impositivo con el fin de distinguir si el sujeto ya era o no residente. Entendemos que es debido a la estanqueidad de los 183 días en el marco de un año natural. Sobre esta cuestión CUBERO TRUYO y TORIBIO BERNÁNDEZ señalan que: «*en tal caso se abriría la posibilidad de distinguir en función de si el sujeto era ya residente o no lo era. Es decir, con los residentes previos, creemos que la regla del cómputo de las ausencias sí puede ser de utilidad para seguir considerando residentes a los que ya lo eran, sin necesidad de entrar en un cálculo exacto de los días en los que haya estado en España en el periodo impositivo discutido, mientras no pruebe su traslado efectivo de residencia fiscal a un país alternativo (en cuyo caso, el país de la residencia anterior sí tendría que ceder en su derecho o al menos no reivindicarse por la vía de la permanencia o las ausencias sino por otros*

---

354 VILCHES DE SANTOS, D., *Op. Cit.*, 2018, p. 70. El autor recomienda tomar como ejemplo el artículo 72 de la LIRPF para definir el término de centro de intereses económicos.

355 CUBERO TRUYO, A. y TORIBIO BERNÁRDEZ, L., *Op. Cit.*, 2019, p. 126.

356 BAENA AGUILAR, Á., *Op. Cit.*, 1993, p. 97.

357 Cfr. STS 1829/2017, de fecha 28 de noviembre de 2017, núm. Recurso 815/2017, (*Tol 6.450.560*)

factores de mayor calado). Por el contrario, para aquellos individuos que, en el caso de cumplir el requisito de la permanencia, estrenarían nueva residencia en España, sí parece más lógico que haya que atender a un cumplimiento más riguroso de dicho requisito y, en consecuencia, que el cómputo de los días de presencia física en España deba superar los 183 días, excluyendo sólo aquellas ausencias que por ser de corta duración (y en cualquier caso, ahora sí, inferiores a los 183 días) merezcan la calificación de esporádicas»[358]. Esta postura podría considerarse acertada y, en cierta medida, podría representar una solución intermedia entre la posición inflexible adoptada por el artículo 9.1.a) de la LIRPF en relación con la amplitud permitida en el MC OCDE al aceptar cualquier período de doce meses dividido en varios períodos impositivos.

En la Consulta DGT V0355-22, de 24 de febrero de 2022, la consultante, una teletrabajadora que presta servicios desde España para una empresa ubicada en el Reino Unido, solicitó orientación sobre cómo declarar sus impuestos en España y en el Reino Unido. En este caso, se tuvo en cuenta que el período impositivo en el Reino Unido abarca del 6 de abril al 5 de abril del año siguiente. La DGT inició su análisis considerando lo establecido en el artículo 9 de la LIRPF para determinar si la consultante era o no residente fiscal en España. Asimismo, se tuvo en cuenta el artículo 12 de la LIRPF, que establece que el período impositivo del impuesto coincide con el año natural. Sin embargo, la DGT simplemente indicó que, dado que se trataba de períodos impositivos con marcos temporales diferentes, en caso de existir un conflicto de doble residencia, se aplicarían las reglas de desempate establecidas en el artículo 4.2 del MC OCDE.

Tras criticar la inflexibilidad del periodo impositivo respecto al vinculo de permanencia establecido en el artículo 9.1.a) de

358 CUBERO TRUYO, A. y TORIBIO BERNÁRDEZ, L., *Op. Cit.*, 2019, (Versión electrónica [BIB 2019/9529]).

la LIRPF conviene atender al *dies a quo* de este. Para el caso de aquellos que ya eran residentes fiscales en territorio español será sencillo, pues se establece cada 1 de enero de cada año. El problema lo encontramos en el caso de aquellos sujetos que no tengan aún la residencia fiscal adquirida. La doctrina ha señalado tres situaciones posibles: la primera, se identifica con una "simple estancia"[359]; la segunda, a través de estancias significativas[360] y, la tercera, para aquellos que tengan la nacionalidad extranjera y, con motivo de un permiso de residencia lleguen a España[361].

GARCÍA CARRETERO apuesta por el primer supuesto que sería expresado a través de una voluntad de permanencia. La misma se manifestaría, según la autora, a través de unos indicios de estabilidad como, por ejemplo, la tenencia de una vivienda. A su vez, afirma que la finalidad de la estancia será imprescindible, incluso más que el simple plazo de 183 días, pues, por ejemplo, se ha desplazado el sujeto a España para cuidar de un familiar enfermo[362].

El criterio de vinculación basado en la permanencia, establecido en el artículo 9.1.a) de la LIRPF, presenta deficiencias no solo en cuanto a la inflexibilidad del periodo impositivo o la consideración del inicio del cómputo de los 183 días, sino también en relación con las ausencias esporádicas. Estas ausencias

---

359 BAENA AGUILAR, Á., *Op. Cit.*, 1993, p. 102.

360 CARMONA FERNÁNDEZ, N., "La fiscalidad de los no residentes en España (I): Elementos subjetivos" en *Manual de Fiscalidad Internacional,* vol. 1, 4ª ed, Instituto de Estudios Fiscales, Madrid, 2016, p. 434.

361 El cómputo se iniciará en el momento en que se expida dicho permiso. Véanse, también, la recogida de estas tres situaciones por parte de GARCÍA CARRETERO, B., *Op. Cit.*, 2006b, p. 125. Respecto a esta expedición BAENA AGUILAR, Á., *Op. Cit.*, 1993, p. 102, la considera "excesivamente formalista" dado que la ley únicamente se limita requerir una permanencia física sin que aluda a cuestiones administrativas como es un permiso de residencia.

362 GARCÍA CARRETERO, B., *Op. Cit.*, 2013, pp. 35-36.

surgieron como complemento al criterio de permanencia en el artículo 8 del Texto Refundido del Impuesto General sobre la Renta de las Personas Físicas de 1967, ya que determinar la presencia física en territorio español resultaba verdaderamente complejo. Conforme ha evolucionado la normativa, las ausencias esporádicas se han comenzado a computar dentro del plazo de los 183 días[363].

Las ausencias esporádicas se caracterizan por ser indeterminadas lo cual beneficia a la Administración en su actuación. Además, se trata de un término que no va dirigido a los no residentes, pues es obvio que el individuo ha debido cumplir, con carácter previo, una permanencia, conforme el artículo 9.1.a) de la LIRPF u otro de los criterios establecidos en el artículo 9.1 de la LIRPF. De este modo, la improcedencia de esta expresión aparecerá cuando a través de ella se quiere identificar a una persona como residente fiscal en España, pues su finalidad no debería ser «*adelantar la condición de residente*» al ser imprescindible que, al menos, se acredite una primera presencia de 183 días en el primer año de residencia[364]. El adjetivo esporádico viene a aludir a períodos, en principio, cortos. De lo contario, como bien apunta GIL GARCÍA se calificaría de residente fiscal a un individuo que no ha permanecido en territorio español el mínimo exigido en el precepto; a no ser que acredite su residencia en otro Estado[365]. Sobre esto, el Tribunal Supremo en la sentencia de fecha 28 de noviembre de 2017 señala que la ausencia esporádica no podrá existir de forma dilatada en el tiempo y, me-

---

363 GARCÍA CARRETERO, B., *Op. Cit.*, 2013, p. 33.

364 FALCÓN Y TELLA, R., "Las "ausencias esporádicas" y el concepto de residencia fiscal", *Quincena Fiscal*, número 9, 2020, (Versión electrónica [BIB 2020/10835]). Cfr. LÓPEZ LÓPEZ, H., *Op. Cit.*, 2015, p. 27.

365 GIL GARCÍA, E., "La residencia fiscal de las personas físicas: indeterminación, ubicuidad y deslocalización", *Revista española de Derecho Financiero*, número 193, Editorial Civitas, 2022, [Versión electrónica (BIB 2022/474)].

nos, que exceda la permanencia legal de los 183 días ni absorber la totalidad del periodo impositivo; todo lo contrario, la misma debe ser ocasional y complementaria a la permanencia[366].

En la Consulta de la DGT V1389-21, de fecha 13 de mayo de 2021, la consulta plantea el caso de una persona que tiene la intención de teletrabajar desde Austria durante un período de dos años junto con su esposo e hija. La DGT señala que, si la persona pasa más de 183 días en Austria, la ausencia no puede considerarse como esporádica según la jurisprudencia del Tribunal Supremo (del año 2017), lo que implica que no se cumpliría el criterio de permanencia establecido en la normativa fiscal.

Consideremos, por ejemplo, las situaciones en las que participan deportistas profesionales. Al respecto, algunos expertos sostienen que este tipo de trabajadores están ausentes de manera esporádica del territorio español durante más de 183 días, aunque por períodos breves. En tales casos, se les sigue considerando residentes fiscales en España siempre y cuando no puedan demostrar otra residencia[367]. Nos preguntamos si esto contradice las afirmaciones del Tribunal Supremo en su sentencia del 28 de noviembre de 2017. La respuesta debe ser negativa, ya que, si estos deportistas tenían residencia previa en territorio español, o si mantienen vínculos económicos o familiares, la residencia seguirá existiendo en favor de España. Esto es válido siempre y cuando no se pueda probar su residencia en otro lugar, como hemos destacado anteriormente.

Hay que tener en cuenta que no serán objeto de cómputo aquellas estancias temporales en España que derivan de obligaciones contraídas en acuerdos de colaboración cultural o hu-

---

366 STS 1850/2017, de 28 de noviembre de 2017, núm. Recurso 812/2017. F.J. 3º, (*Tol 6.450.612)*

367 RAMÍREZ GÓMEZ, S., "Las rentas de los deportistas en la fiscalidad internacional", *Revista española de Derecho Financiero,* número 18, 2019, (Versión electrónica [BIB 2019/827]).

manitaria, a título gratuito, con las Administraciones públicas españolas[368]. Esta fue una modificación introducida por medio de la disposición adicional undécima de la Ley 55/1999, de 29 de diciembre, de Medidas fiscales, administrativas y del orden social. Para TORIBIO BERNÁRDEZ este supuesto de hecho sería útil para considerar posibles excepcionalidades como las ocasionadas con la COVID-19 y, en consecuencia, sirvan para evitar el inicio del cómputo del periodo de permanencia[369].

Respecto a qué elementos deben ser considerados cuando se analiza la figura de la ausencia esporádica, SIMÓN ACOSTA estima que el carácter esporádico no depende de la duración, sino de la intención. Sin embargo, el plazo de la ausencia será un indicio relevante a los efectos de prueba[370]. Otros autores como GARCÍA CARRETERO declaran que ambos elementos deberían coexistir[371]. El Tribunal Supremo precisó que la ley no desea dejar a voluntad del individuo la residencia habitual y de ahí que señale que «*la noción de ausencias esporádicas se confi-*

---

368 GARCÍA CARRETERO, B., *Op. Cit.*, 2006b, p. 122, indica que el hecho de no computar las ausencias derivas de una presencia física en territorio español a causa de obligaciones contraídas en el marco de acuerdos de colaboración cultural o humanitaria, a título gratito, con las Administraciones públicas españolas supone: «*una situación inversa a las de las ausencias temporales*».

369 TORIBIO BERNÁRDEZ, L., "La doble vara de medir de la Dirección General de Tributos a la hora de examinar la excepcionalidad de la pandemia y sus consecuencias en el plano tributario", *Quincena Fiscal,* número 7, 2021, (Versión electrónica [BIB 2021/1657]).

370 SIMÓN ACOSTA, E., *Op. Cit.*, 1999, p. 126. Dicho autor señala que la objetividad de la presencia física aparece subjetivada a través de la expresión "ausencias esporádicas". Véase en SIMÓN ACOSTA, E., "A vueltas con la prueba de la residencia fiscal fuera de España", *Actualidad Jurídica Aranzadi,* núm 917, 2016, p. 5.

371 GARCÍA CARRETERO, B., "Hacia la delimitación del concepto de ausencias esporádicas en la fijación de la residencia en el IRPF", Quincena Fiscal, número 10, 2018, (Versión electrónica [BIB 2018/9104]).

gura de "(...) un elemento fáctico que atienda exclusivamente al dato objetivo de la duración o a la intensidad de la residencia fuera del territorio español" (...) el propósito de retorno a España (...) no puede servir de fundamento para delimitar si una ausencia es esporádica o no»[372]. Para BAENA AGUILAR la intención de la Ley, en esta cuestión, es huir de las intenciones que tenga el individuo, por ello apuesta por la objetivación por medio de un análisis temporal de la ausencia[373]; sin embargo, el autor incluye un matiz importante: «*la Administración no va a proceder a una interpretación absurda de la Ley, exigiendo que cualquier turista que demuestre su residencia en otro país para, de lo contrario, considerarle residente en España*»[374]. Al respecto, FALCÓN Y TELLA afirma que «*no parece justificada en absoluto y en la que quizá no se ha meditado*» de ahí que el autor estime que es urgente una revisión de la institución de la residencia[375]. A su vez, GIL GARCÍA señala que: «*podría entenderse que habría que tomar en consideración la intención o voluntad de la persona de establecerse en ese otro Estado (con independencia o más allá de las funciones que realice al servicio de la UE*»[376] cuando alude a los funcionarios y cargos.

Es evidente que la intención y la duración de la presencia de una persona en España han sido objeto de debate doctrinal y jurisprudencial en relación con el cómputo del período de

---

372 STS 1850/2017, de 28 de noviembre de 2017, núm. Recurso 812/2017. F.J. 5º. (*Tol 6.450.560*).

373 BAENA AGUILAR, Á., *Op. Cit.*, 1993, p. 104. Lo que se deriva de esto, según el autor, es que: «*si el sujeto pasivo no pudiese probar dicho extremo, sería considerado residente en España, aunque sólo hubiera permanecido efectivamente unos pocos días en territorio español*».

374 BAENA AGUILAR, Á., *Op. Cit.*, 1993, p. 105.

375 FALCÓN Y TELLA, R y BADENES GASSET, R., "Las "ausencias esporádicas" y la residencia: el caso de las becas que implican una estancia en el extranjero de más 183 días" *Quincena Fiscal*, número 7, 2018, (Versión electrónica [BIB 2018, 8310]).

376 GIL GARCÍA, E., *Op. Cit*, 2022, (Versión electrónica [BIB 2022/474]).

183 días. Esta situación se vio agravada por la pandemia de COVID-19 que llevó al cierre de fronteras. La estancia de los individuos en estas circunstancias claramente no estaba planeada y no tenían la intención de permanecer en el país por más tiempo del necesario.

En la consulta V0862-21 del 12 de abril de 2021, la DGT resolvió la pregunta de un residente en Tánger que quedó atrapado en España debido al cierre de fronteras. Permaneció en España desde el 12 de marzo hasta el 19 de agosto de 2020. Se planteó la cuestión de si esta presencia también debería computarse. La DGT se basó en la legislación española, específicamente el artículo 9 de la LIRPF, ya que el artículo 4.1 del CDI remite a la legislación nacional de los Estados para desarrollar la cuestión de la residencia fiscal. La DGT indicó que estos días sí deben ser computados y que, en caso de conflicto de doble residencia, si Marruecos también considera al individuo como residente fiscal, debería resolverse según el artículo 4.2 MC OCDE. La Dirección era consciente de que los informes emitidos por el Secretariado de la OCDE incluyen una serie de observaciones no vinculantes para los gobiernos, con el fin de que tengan en cuenta la excepcionalidad de la situación causada por la pandemia, especialmente en casos en que los contribuyentes quedan atrapados en un Estado debido a las restricciones de movilidad.

Las observaciones del Secretariado de la OCDE señalaron que, en este tipo de situaciones, era poco probable que existiera una vivienda permanente, como se establece en el primer criterio del artículo 4.2 del Modelo de Convenio de la OCDE (MC OCDE). Esto se debe a que la estancia se considera temporal, aunque no descartan la posibilidad de que la estancia se prolongue y resulte en que la vivienda se considere permanente en el Estado donde la persona quedó atrapada. Sin embargo, existen otros factores contemplados en el MC OCDE, como el centro de intereses vitales o la nacionalidad, que impedirían e incluso harían aún menos probable adquirir la residencia fiscal en España. Por lo tanto, no deberían surgir implicaciones fiscales, incluso si la estancia se prolonga más de lo esperado debido a la COVID-19[377].

Una consideración importante aquí es que la legislación española es demasiado estricta al no contemplar la intencionalidad en su configuración y basarse únicamente en un criterio cuantitativo, es decir, en el número de días. No se debería esperar a que surja un conflicto y se resuelva mediante el artículo 4.2 MC OCDE solo porque la normativa española no sea lo suficientemente flexible al respecto. Además, no se contempla en la Consulta V3945-15 de la DGT del 10 de diciembre de 2015, en la que una trabajadora a distancia española presta sus servicios para una empresa con sede en el Reino Unido. La DGT señaló que, según el criterio de permanencia, las ausencias se considerarán esporádicas a menos que se demuestre lo contrario. Hasta entonces, la trabajadora a distancia se considerará residente fiscal en España. También es destacable la Consulta V2852-17 de la DGT del 3 de noviembre de 2017, en la que la consultante es una arquitecta que trabaja a distancia en el Reino Unido y visita España de forma esporádica para realizar ciertas obras. En este caso, la DGT indicó lo mismo que en el caso anterior, es decir, que se considera residente en España a menos que se demuestre lo contrario. La Dirección añade que, en caso de tratarse de una profesional indepen-

---

377 En la Consulta vincula 2434-21, de fecha 22 de septiembre de 2021 ocurre el caso opuesto: un nacional español que viaja a la República Dominicana y, queda atrapado allí con motivo de las restricciones del COVID-19. La DGT señaló que, en dicho caso, las ausencias tampoco podían calificarse de esporádicas lo cual impide la aplicación del criterio de permanencia si no cumple con el período de los 183. Así mismo, se acude al centro de intereses del artículo 9.1.b) de la LIRPF el cual considera, la DGT, que sería aplicable (teniendo en cuenta los casos de conflicto de doble residencia que serían resueltos por medio del CDI suscrito entre ambos Estados).

diente, los ingresos obtenidos por el ejercicio de su actividad tributarán exclusivamente en el Reino Unido, a menos que existan condiciones en España para considerar que tiene un establecimiento permanente.

Por su parte, en la Consulta V2621-20 de la DGT del 3 de agosto de 2020, se plantea el caso de un consultante estadounidense que realizará teletrabajo para una empresa estadounidense, pero se trasladará a España con la "intención" de permanecer más de 183 días. Parece, según la lectura de la consulta, que la "intención" no es relevante, ya que la DGT señala que será residente por el criterio de permanencia cuando supere el plazo establecido. Se limita al aspecto cuantitativo y no toma en cuenta la intención del individuo.

En nuestra opinión, consideramos que el criterio adoptado por la DGT se aleja de la realidad. Anteriormente se sostenía que, incluso si una persona pasaba más de 183 días fuera del territorio nacional sin presentar el certificado correspondiente, aún se le consideraba residente en nuestro país. Sin embargo, si la ausencia superaba el período de permanencia exigido por nuestra LIRPF, no era necesario presentar ningún tipo de certificado, a menos que se incluyeran ausencias en el cómputo de los 183 días[378]. En resumen, parece que el propio criterio pierde su significado, ya que, como argumenta BÁEZ MORENO «*si la Administración logra probar que el contribuyente pasó más de 183 días en territorio nacional el cómputo de las ausencias esporádicas es innecesario; y si no logra probarlo, el cómputo de las ausencias esporádicas resulta imposible. Esa combinación anula, en la práctica, cualquier efecto a la regla de ausencias esporádicas*[379]».

---

378 GIL GARCÍA, E., *Op. Cit*, 2022, (Versión electrónica [BIB 2022/474]).

379 BÁEZ MORENO, A., "Un sistema fiscal del siglo XIX frente a un contribuyente del siglo XXI: el irrefrenable éxodo fiscal de los youtubers al Principado de Andorra", *Revista de Contabilidad y Tributación*. CEF, 466, 2022, pp. 63-64.

Este tema debe conectarse con lo dispuesto en el artículo 8.2 de la LIRPF. Se trata un apartado que viene a amparar una "prórroga legal" o "cuarentena fiscal". Aquellas personas físicas que trasladen su residencia fiscal a una jurisdicción no cooperativa continuarán siendo residentes fiscales en España en el período impositivo en que se produzca el traslado y en los siguientes cuatro períodos impositivos. En opinión de CÁMARA BARROSO lo que contiene el apartado transcrito es una presunción *iure et de iure* de que el contribuyente está actuando o tiene intención de actuar de forma fraudulenta[380].

Por su parte, GARCÍA CARRETERO indica que tal extensión de la residencia fiscal plantea dudas de constitucionalidad y de compatibilidad con el derecho europeo. En concreto, el conflicto se resume en las dificultades en materia de prueba al ser una presunción prácticamente absoluta[381], por ser *iure et de iure*, es decir, se da por hecho que el traslado se efectúa con fines evasivos[382]. La misma autora añade que lo relevante es que el traslado haya sido real[383].

En la misma línea, MEDINA CEPERO señala que el legislador confunde la distinción entre fraude fiscal y economía de opción[384]. A parte de la prueba, que se estudiará en epígrafes posteriores, el requisito de la nacionalidad también es una

---

380 CÁMARA BARROSO, M. C., "Luces y sombras de la residencia fiscal extendida", *Documentos de Trabajo*, número 7, Instituto de Estudios Fiscales, Madrid, 2018, p. 70.

381 GARCÍA CARRETERO, B., "Nuevas precisiones en materia de residencia fiscal en el IRPF", *Quincena Fiscal*, núm. 8, 2020, (Versión electrónica [BIB 2020/10667]).

382 GARCÍA CARRETERO, B., *La fiscalidad de los trabajadores desplazados en un entorno de globalización y deslocalización*, número 1, Asociación Española de Asesores Fiscales, Madrid, 2006ª, p. 194 y LÓPEZ LÓPEZ, H., *Op. Cit.*, 2015, p. 41.

383 GARCÍA CARRETERO, B., *Op. Cit.*, 2006a, p. 206.

384 MEDINA CEPERO, J. R., "La residencia fiscal de las personas físicas", *Boletín Aranzadi Fiscal*, número 9, parte Boletín, 2002, (Versión

cuestión importante dado que no suele utilizarse en el entorno de la OCDE como criterio de sujeción (lo vemos básicamente en los artículos 9.2 y 10 de la LIRPF). Además, al igual que vimos en los apartados referidos a la residencia fiscal a los efectos del MC OCDE, la nacionalidad es un criterio de sujeción muy criticado. Tanto por su fácil manipulación como por su posible colisión contra el principio de igualdad (entre otros) [385].

Señalan algunos autores que el concepto de jurisdicción no cooperativa (anteriormente, calificada como paraíso fiscal) ya no está centrado en la ausencia o baja tributación en una jurisdicción, sino en la disposición de intercambiar información fiscal[386].

Sobre esta materia es importante la firma de CDI por los Estados pues, como ha señalado LOPEZ ESPADAFOR «*bien es cierto que la modernidad del sistema tributario de un Estado en materia de fiscalidad internacional viene marcada en gran medida por el número de convenios internacionales de carácter fiscal que firme dicho Estado (…) Existen algunos Estados con los que no ha funcionado la vía de los convenios internacionales en materia tributaria, precisamente porque no firman tal tipo de convenios; son esencialmente los paraísos fiscales, que en gran medida se puede decir que viven económicamente de eso, de estar aislados en materia fiscal, de no firmar convenios en materia tributaria, de ser opacos fiscalmente, de encubrir el fraude fiscal realizado en perjuicio de otros muchos Estados soberanos*»[387].

---

electrónica [BIB 2002/1268]). Añade que el fraude debe ser probado y no presupuesto como hace la Administración.

[385] GARCÍA CARRETERO, B., *Op. Cit.*, 2006a, p. 204.

[386] DOMÍNGUEZ MARTÍNEZ, J. M. y MOLINA MORALES, A., "La evasión fiscal internacional en los países de la OCDE: aproximación teórica y análisis empírico", *Revista de Fiscalidad Internacional y Negocios Transnacionales*, número 16, 2021, (Versión electrónica [BIB 2021/1534]).

[387] LÓPEZ ESPADAFOR, C. M., *Op. Cit.*, 2018, (Versión electrónica [BIB 2017/582]).

El Real Decreto 1080/1991, de 5 de julio[388] enumeró una lista de 48 países o territorios calificados como paraísos fiscales sujetos, según la exposición de motivos, a modificaciones originadas por circunstancias económicas y el devenir internacional. Posteriormente, en 2003, se añadió al texto anterior la circunstancias de que no se considerará paraíso fiscal aquel territorio que tenga un acuerdo de intercambio de información.

Con la entrada en vigor de la Ley 36/2006, de 29 de noviembre, de medidas para la prevención del fraude fiscal y, por medio de su Disposición Adicional Primera se establecen una serie de criterios para calificar a un territorio como jurisdicción no cooperativa y conforme a ellos, elaborar una lista de Estados. Además, a pesar de que la rúbrica de la Disposición Adicional Primera sea *Definición de jurisdicción no cooperativa*, a nuestro juicio el contenido de la misma únicamente delimita situaciones encaminadas a considerar un Estado como paraíso fiscal, pero no como tal una conceptualización.

Posteriormente, la Ley 9/2017, de 8 de noviembre, señaló que el Gobierno deberá actualizar la lista de países y territorios calificados como paraíso fiscal de conformidad con la disposición adicional primera, mencionada con anterioridad, una vez se hayan publicado las listas de jurisdicciones no cooperativas que se estaban elaborando en el seno de la OCDE y la Unión Europea[389]. Dichos organismos internacionales y europeos

---

388 El Real Decreto 1080/1991, de 5 de julio, por el que se determinan los países o territorios a que se refieren los artículos 2.°, apartado 3, número 4, de la Ley 17/1991, de 27 de mayo, de Medidas Fiscales Urgentes, y 62 de la Ley 31/1990, de 27 de diciembre, de Presupuestos Generales del Estado para 1991.

389 Disposición quincuagésima relativa a los "Paraísos Fiscales" de la Ley 9/2017, de 8 de noviembre, de Contratos del Sector Público, por la que se transponen al ordenamiento jurídico español las Directivas del Parlamento Europeo y del Consejo 2014/23/UE y 2014/24/UE, de 26 de febrero de 2014.

desde el año 2017 elaboran listas de países, pero a nivel interno español la lista se mantiene conforme a la publicada en 1991 teniendo en cuenta las modificaciones que son consecuencia de los cambios normativos producidos en 2003. Por ejemplo, a través de un acuerdo de intercambio de información se excluyó en 2011 a Andorra o, a través de la suscripción de un CDI se excluyó en el año 2013 a Hong-Kong[390].

Es interesante considerar las consecuencias que pueden surgir cuando una persona física deja de residir en un paraíso fiscal, así como en casos en los que la persona se traslada dos veces siendo el primer país no un paraíso fiscal, pero el segundo sí lo es. Según GIL GARCÍA, en el primer caso, la pérdida de la condición de paraíso fiscal debería resultar en la pérdida inmediata de esa calificación lo cual implicaría que la Administración dejaría de aplicar la extensión de la residencia fiscal. En cuanto al segundo escenario, la autora sugiere que el artículo 8.2 LIRPF no debería aplicarse, ya que se refiere a la "nueva residencia" lo cual no afectaría al segundo traslado, pero sí al primero[391].

A colación con lo anterior podemos referirnos a los efectos que la Ley 11/2021, de 9 de julio, de medidas de prevención y lucha contra el fraude fiscal la cual amplió el concepto de paraíso fiscal con la nueva calificación de "jurisdicción no cooperativa"[392] y tal amplitud podría implicar, por ejemplo, la

---

390 PAREDES GÓMEZ, R., "Los Paraísos Fiscales en el Sistema Fiscal Español", *Revista de Fiscalidad Internacional y Negocios Transnacionales*, número 16, 2021, (Versión electrónica [BIB 2021/1541]).

391 GIL GARCÍA, E., *Op. Cit*, 2022, (Versión electrónica [BIB 2022/474]).

392 En fecha 10 de febrero de 2023, España publica su lista de *jurisdicciones no cooperativas*. Un total de 24 territorios entre los que se incluyen: Gibraltar, Jersey, Islas Salomón, Islas Maldivas o Barbados. Véase en la Orden HFP/115/2023, de 9 de febrero, por la que se determinan los países y territorios, así como los regímenes fiscales perjudiciales, que tienen la consideración de jurisdicciones no cooperativas.

vuelta de Andorra a la lista de jurisdicciones no cooperativas, pues según BÁEZ MORENO la baja tributación en un territorio provocaría tal calificación[393]. El autor añade que para el caso en que se produzca un cambio de calificación de un Estado, el artículo 8.2 de la LIRPF y la extensión que contempla el precepto por cuatro períodos impositivos se aplicará sobre el período en que se produjo el cambio y durante el tiempo que reste según el precepto indicado[394].

Considerando nuevamente el tema de la presunción *iure et de iure* y nuestra opinión de que esto también implica que el legislador considera que se está llevando a cabo una conducta fraudulenta, sería recomendable, siguiendo la línea de algunos autores, incluir casos específicos en esa disposición para desvirtuar la presunción. Un ejemplo que podría encajar es cuando el desplazamiento de un trabajador está respaldado por un contrato laboral que genera una parte significativa de los ingresos del contribuyente[395].

2.1.2. El criterio del núcleo de intereses económicos

El concepto de intereses económicos o profesionales es un término indeterminado cuya concreción es compleja[396]. En palabras de BAEZ MORENO dicho criterio es uno de los «*más vaporosos de cuantos integran la normativa española de tributación internacional*»[397]. Hay que reiterar el carácter alternativo de los criterios, pues puede existir la idea de que son subsidiarios. Un claro ejemplo lo expone la Consulta V2960-21, de fecha 22 de diciembre de 2021, el

---

393 BÁEZ MORENO, A., *Op. Cit.*, 2022, p. 49.

394 *Ibídem*, p. 51.

395 CÁMARA BARROSO, M.C, *Op. Cit.*, 2018, p. 91.

396 BENÍTEZ PÉREZ, M., *Op. Cit.*, 2022, (Versión electrónica [BIB 2022/3600]).

397 BÁEZ MORENO, A., *Op. Cit.*, 2022, p. 64.

consultante tenía su vivienda permanente y su familia en Francia, pero teletrabajaba para una empresa barcelonesa. La DGT consideró que quedaba claro el criterio de permanencia en Francia, pero precisó que el artículo 9.1 de la LIRPF no es subsidiario, sino alternativo. En consecuencia, cabe identificar si es de aplicación el apartado b) del precepto, es decir, *«el núcleo principal o la base de sus actividades o intereses económicos»*.

El criterio que ahora analizaremos se introdujo por medio de la Ley 18/1991, de 6 de junio, del Impuesto sobre la Renta de las Personas Físicas. En dicho texto se señalaba lo siguiente: *«b) Que radique en España el núcleo principal o la base de sus actividades empresariales o profesionales o de sus intereses económicos»*. En la actualidad, se halla en la letra b) del primer apartado del artículo 9 de la LIRPF que indica: *«b) Que radique en España el núcleo principal o la base de sus actividades o intereses económicos, de forma directa o indirecta»*[398].

En vista a esta evolución normativa es preciso iniciar nuestro análisis con dos comentarios: el primero, es la falta de precisión del legislador[399], pues se elimina la referencia a actividades empresariales o profesionales y ello produce el desconocimiento del tipo de actividad que debe prestar el sujeto y, el segundo, la amplitud producida por la Ley 40/1998 al aludir a la expresión "de forma directa o indirecta". Respecto al segundo comentario, algunos autores consideran que se trata de

---

398 De forma indirecta viene a referirse a los posibles supuestos en que el contribuyente no se beneficie, en principio, de unos elementos que poseen un valor económico, pero que fuera de la formalidad se acabe beneficiando de ellos. Véase en BENÍTEZ PÉREZ, M., *Op. Cit.*, 2022, (Versión electrónica [BIB 2022/3600]).

399 GARCÍA CARRETERO, B., *Op. Cit.*, 2006b, p. 155, la cual considera que ello ha sido establecido por el legislador con la intención de que la Administración tenga mayor discrecionalidad.

una modificación con ánimos meramente recaudatorios para ampliar el ámbito objetivo del impuesto[400].

La cuestión que también debe determinarse es qué se considera "principal". La doctrina plantea diversos supuestos su examen: el primero, es el criterio absoluto el cual se centra en el lugar donde haya la mayor parte de "intereses económicos " -para ser genéricos- en comparación con el resto de los intereses que radiquen en otro Estados. La Consulta de la DGT V1539-04 de fecha 4 de agosto de 2004 entiende por núcleo principal aquel lugar donde se hallan un conjunto de elementos cuyo valor económico es mayor que en el resto de los países. Es por ello por lo que BENÍTEZ PÉREZ considera que pueden existir núcleos de carácter secundario[401].

El segundo de los supuestos es el criterio relativo. Se parte de una comparación no global, es decir, no respecto del conjunto de los países, sino respecto del Estado con el que se tenga el conflicto. Esta segunda opción deviene la más precisa para GARCÍA CARRETERO y por la práctica administrativa[402]. Para su aplicación será esencial un efectivo intercambio de información. En concreto, se procederá a realizar una comparabilidad de situaciones que nacen de un conflicto entre dos Estados siendo así suficiente que haya un mayor valor económico en un Estado respecto al otro. Sin embargo, algunos autores son reacios a esta opinión, pues debido a la movilidad actual es posible que los intereses económicos estén repartidos por varios países

---

400 *Ibídem.*, p. 148. Señala que la modificación respecto de la prevista en el texto de 1991 no era necesaria dado que la expresión "núcleo principal o la base de sus intereses económicos" ya era amplia.

401 BENÍTEZ PÉREZ, M., *Op. Cit.*, 2022, (Versión electrónica [BIB 2022/3600]).

402 GARCÍA CARRETERO, B., *Op. Cit.*, 2006b, p. 151.

lo que determinaría la necesidad de ampliar la comparabilidad y no, únicamente, respecto al que se tenga el conflicto[403].

Como hemos mencionado anteriormente, la práctica administrativa se limita a comparar la situación con el Estado en el que se plantea el conflicto. Un ejemplo relevante es la Consulta de la DGT V0053-17, de 13 de enero de 2017, en la que se abordó el caso de una persona residente fiscal en Andorra, pero con nacionalidad española. La consultante poseía varios activos en España, aunque no generaban ingresos y no tenía cuentas bancarias abiertas. Sin embargo, en 2016 obtuvo un ingreso en España que representó más del 50% de sus ingresos totales en ese período. La DGT consideró que el núcleo principal de sus intereses económicos se encontraba en España debido a la presencia en territorio español de la mitad del valor de su patrimonio. También es relevante mencionar la Consulta de la DGT V1643-14, de 27 de junio de 2014, en la que se enumeraron varios elementos para identificar dicho lugar "principal". Se expuso que sería el lugar donde el contribuyente tiene la mayor parte de su patrimonio, incluyendo participaciones sociales, activos líquidos o bienes inmuebles. Además, la misma consulta añade que también se consideraría dónde radica la mayor parte de sus ingresos.

Una vez establecido el significado de "principal", surge el siguiente dilema de determinar si existe una preferencia de unos intereses sobre otros, lo cual se asemeja a lo analizado con respecto a la regla del "centro de intereses vitales" establecida en el artículo 4.2.a) del MC OCDE. Según algunos autores, sería coherente atender a las rentas, es decir, a los intereses económicos, ya que la parte patrimonial estaría sujeta al Impuesto sobre el Patrimonio. Además, algunos autores incluso

---

403 LÓPEZ, A., "La exención para los trabajadores desplazados del artículo 7.p LIRPF tras la Ley 35/2006 de 28 de noviembre", *Quincena Fiscal*, número 12, 2008, (Versión electrónica [BIB 2008/907]).

han planteado una jerarquización dentro de la tipología de rentas, donde las rentas de carácter profesional o empresarial no serían más importantes que las derivadas de rendimientos del trabajo, del capital o de las ganancias patrimoniales. Además, los términos "intereses" y "actividades" deben ser entendidos de manera cualitativamente similar.

En línea al debate entre rentas o patrimonio GIL GARCÍA reflexiona sobre si verdaderamente el núcleo de intereses económicos establecido en el artículo 9.1b) de la LIRPF exige de la concurrencia de patrimonio y obtención de rentas o si, más bien requiere de una primacía entre ambos. Para la autora, «*la obtención de la mayor parte de las rentas de una persona sería un elemento determinante en la apreciación de este criterio, pues la titularidad de bienes localizados en España por sí sola no había implicado la consideración de la consultante como residente fiscal en los ejercicios anteriores*»[404]. En el mismo sentido, ORÓN MORATAL aduce que el volumen de las rentas obtenido en España tendría que ser determinante para considerar al contribuyente como residente fiscal[405].

Desde un punto de vista temporal, la vinculación económica con el territorio español también acoge un debate. Para su explicación es preciso apuntar a dos visiones: la primera, es la visión estática, la cual considera que el momento oportuno será a fecha 31 de diciembre sin tener en cuenta aquellas circunstancias que hayan acaecido durante el periodo impositivo y, la segunda, es la visión dinámica que identifica un periodo mucho más amplio que el año natural[406]. Como podemos observar, el segundo de los criterios del artículo 9.1 de la LIRPF no alcanza la misma "precisión" temporal que aparece en el criterio de

---

404 GIL GARCÍA, E., *Op. Cit*, 2022, (Versión electrónica [BIB 2022/474]).

405 Ibídem. [Versión electrónica (BIB 2022/474)], p. 10.

406 GARCÍA CARRETERO, B., *Op. Cit.*, 2006b, p. 153, se posiciona a favor de la visión dinámica.

la permanencia. La Audiencia Nacional en la sentencia dictada en fecha 20 de noviembre de 2019 consideró la situación de un jugador de fútbol con un contrato con el FC Barcelona que se desplazó a Argentina. El futbolista tenía suscrito el contrato desde el 18 de noviembre de 2010 y se extinguió el 4 de agosto 2011. El 31 de mayo del 2011 (antes de finalizar el contrato), en el marco de una cesión de jugadores, acude a jugar la Copa de América en Argentina. No regresó tras el torneo.

El jugador alegó que estuvo fuera del territorio español más de 183 días y, en vista a lo establecido en el artículo 9.1.a) de la LIRPF, no debía ser considerado como residente fiscal en España. La Audiencia Nacional argumentó que era cierto que ya no tenía intereses económicos en el país, pues su contrato iba a quedar extinguido pero dicho acto no se produjo hasta el 4 de agosto de 2011 (seguía percibiendo su nómina). De este modo, y hasta dicha fecha, el recurrente mantuvo intereses con el territorio español y, por ende, sería considerado como residente fiscal por ese tiempo a los efectos de la LIRPF[407].

Efectivamente, el tema del lugar donde se manifiestan estos intereses es muy amplio y abarca varios aspectos. Se considera el lugar de gestión y administración de los bienes, el lugar donde se evidencia la capacidad económica en términos de ingresos y gastos, donde se lleva a cabo la actividad empresarial o profesional, y donde se concentra la mayor parte de las inversiones[408]. En el Libro Blanco para la reforma tributaria del año 2022 se mencionó que los intereses económicos se interpretan como el lugar donde se obtiene la mayor parte de las inversiones, donde se encuentra la sede de los negocios, donde se gestiona y administra el patrimonio, o donde se generan la mayor parte de las rentas. Por su parte, GARCÍA CARRETERO

---

407 SAN 5151/2019, de fecha 20 de noviembre de 2019, núm. Recurso 175/2017, F.J. 4º, (*Tol 7.818.325*).

408 LÓPEZ LÓPEZ, H., *Op. Cit.*, 2015, p. 35.

se decanta por aquella opinión que considera que el centro de los intereses económicos se encuentra en el lugar: «*dónde se ejerce una actividad empresarial o profesional o el lugar donde se gestiona el patrimonio (con total independencia de la localización de los bienes o las rentas), lo que en definitiva conduce, al igual que la permanencia, a la existencia de una integración con el sistema económico y social del Estado mayor que con otros estados*»[409].

Lo que sí que viene a exigirse por parte de algunos autores es que todos estos intereses (su gestión) no impliquen una ausencia total del sujeto en el territorio español, pues es importante que haya una mínima vinculación personal con España. Sin embargo, otro sector de la doctrina estima todo lo contrario, suficiente con que haya un núcleo de intereses sin vinculación personal[410]. Sobre esto último, GARCÍA CARRETERO ha considerado que localizar los intereses económicos sin que exista una mínima vinculación entre individuo y el territorio derivaría en una "desnaturalización" del criterio de residencia[411] al ser una deriva hacía la territorialidad.

2.1.3. El criterio familiar

El apartado b) *in fine* del artículo 9.1 de la LIRPF contiene una segunda circunstancia que vendría a posicionarse como el tercer criterio para determinar la residencia.

Efectivamente, se establece una presunción de carácter *iuris tantum*, es decir, que puede ser desvirtuada, de que el contribuyente tendrá residencia habitual en España si se cumple la

---

409 GARCÍA CARRETERO, B., *Op. Cit.*, 2006a, p. 38.

410 QUERALT MARTÍN, J., "El Impuesto sobre la Renta de las Personas Físicas", en *Curso de Derecho Tributario. Parte Especial. Sistema Tributario,* Marcial Pons, Madrid, 1992, p. 66.

411 GARCÍA CARRETERO, B., *Op. Cit.*, 2006b, pp. 159-160.

condición de que el cónyuge no esté legalmente separado y los hijos menores de edad dependan del contribuyente y residan en territorio español. La referencia a la familia como criterio de sujeción se introdujo por primera vez en el artículo 6.3 de la Ley 44/1978.

La unidad familiar se tradujo en una obligación de tributación conjunta, sin embargo, como bien apunta LÓPEZ BERENGUER el término de unidad familiar dejó de ostentar importancia al modificarse el criterio con la aparición de la Ley 18/1991[412]. La modificación llevada a cabo en 1991 no sólo ofreció la posibilidad de optar por una tributación individual, sino que introdujo una presunción de carácter *iuris tantum*. Esto último, no fue apreciado en su Proyecto de ley.

Antes de analizar el fondo del vínculo familiar, es importante destacar la posibilidad de tributar de forma individual y no solo a través de la unidad familiar, como se venía haciendo desde 1978. Este cambio se produjo como resultado de la sentencia del Tribunal Constitucional del 20 de febrero de 1989[413].

La sentencia del TC examinó si existía una violación del derecho a la igualdad de los contribuyentes casados debido a la aplicación de un régimen tributario especial basado en la acumulación de sus ingresos sin justificación alguna. La tributación conjunta implicaba, en general, la aplicación de un tipo impositivo más alto debido a la progresividad del IRPF. Desde una perspectiva constitucional, esto implicaba una violación del artículo 14 CE, que consagra la igualdad, y del artículo 31 CE, que establece los principios que deben regir en un sistema tributario justo.

---

412 LÓPEZ BERENGUER, J., *El nuevo IRPF y el nuevo Impuesto sobre los «no residentes,* Dykinson, Madrid, 1999, p. 127.

413 STC 45/1989, de 20 de febrero de 1989. Cuestión de inconstitucionalidad número 1837-1988, (*Tol 80.256*)

El Tribunal señaló que la tributación conjunta en sí misma no era inconstitucional. Sin embargo, exigir la tributación conjunta de forma arbitraria violaría la igualdad, especialmente si no existía un fundamento que respaldara el tratamiento fiscal diferenciado en comparación con aquellos que tributan de forma individual. Según el Tribunal, una posible justificación para la tributación conjunta podría ser si *"la convivencia fuera la razón de la diferenciación, si la convivencia también conllevara un aumento en alguna medida cuantificable de la capacidad económica de cada uno de los cónyuges y de cada uno de los hijos, y si, por último, el mayor importe de la cuota a pagar estuviera relacionado con este aumento de la capacidad económica"*. Además, el Tribunal sostuvo que *"en ningún caso se puede aceptar que la tributación conjunta de los miembros de la unidad familiar esté justificada por el hecho de la convivencia y la reducción de gastos que de ella se deriva"*. Así, no se puede transformar un impuesto que es individual en un impuesto grupal lo cual representa un peligro para la capacidad económica individual de los miembros de la familia, a menos que se acompañe de técnicas que tengan en cuenta las circunstancias de cada familia. En este sentido, la sentencia demandó un cambio en la norma argumentando que el legislador debería permitir la opción de tributar de forma individual para los miembros de una unidad familiar, como lo establecía la ley de 1978, ya sea como una opción libre e incondicionada junto con la tributación conjunta o como una fórmula utilizada solo en casos determinados. Esta decisión corresponde exclusivamente al legislador. Como resultado, el fallo declaró inconstitucional y nulo el artículo 7.3 de la Ley 44/1978.

En cumplimiento de lo anterior, y como se mencionó, la Ley 18/1991 resolvió el conflicto permitiendo ambas formas de tributación. Sin embargo, persistieron antiguas dudas y surgieron nuevas críticas sobre el vínculo familiar establecido actualmente en el artículo 9.1.b) in fine de la LIRPF.

El primero de los problemas atañe a la composición de la familia a la cual apunta el precepto. Se indica que existirá una presunción de que el contribuyente es residente fiscal en territorio español cuando en el mismo resida su cónyuge no separado legalmente[414] junto con los hijos menores de edad que dependan de él[415], pero qué implica el verbo depender. La doctrina, al respecto, se halla dividida. Unos consideran que hace referencia a cuestiones económicas[416]; otros, en cambio, a cuestiones civiles como sería la patria potestad[417]. A nuestro modo de ver, la dependencia económica forma parte de un deber incluido en el término de la patria potestad[418] con lo que ambas consideraciones se unificarían. También es destacable el razonamiento de GONZÁLEZ MÉNDEZ que considera que el término dependencia debe vincularse a la cohabitación (aproximación física), es decir, una vida en común[419].

Dentro del primer problema atinen a la composición de la familia surge otra duda. La misma está relacionada con la conjunción "y", pues conviene conocer si la intención del le-

---

414 Véase artículos 68 y 69 del Código Civil. El hecho, por tanto, de que no estén separados legalmente tiene coherencia con el contenido de los artículos mencionados, pues dos personas separadas legalmente, presumiblemente, no conviven. GARCÍA CARRETERO, B., *Op. Cit.*, 2006, p. 167, estima que las parejas de hecho, siempre y cuando, se hallen inscritas en el pertinente registro debería considerarse igualmente aplicable.

415 *Ídem.*, p. 169.

416 CALVO ORTEGA, R., *Op. Cit*, 1999, p. 27.

417 ALMUDÍ CID, J. M. y SERRANO ANTÓN, F., "La residencia fiscal de las personas físicas en los convenios de doble imposición internacional y en la normativa interna española", Revista de Contabilidad y Tributación (CEF), número 221-222, 2001, p. 95.

418 Cfr. GARCÍA CARRETERO, B., *Op. Cit.*, 2006b, p. 168, que opina de forma similar.

419 GONZÁLEZ MÉNDEZ, A., "Artículo 12. Residencia habitual", en *Comentarios a la Ley del Impuesto sobre el Impuesto sobre la Renta de las Personas Físicas y a la Ley del Impuesto sobre el Patrimonio: homenaje a Luis Mateo Rodríguez*, Thomson Reuters-Aranzadi, Navarra, 1995, p. 206.

gislador es tratar de forma acumulativa la residencia en España del cónyuge no separado legalmente junto con la dependencia de los hijos menores. En palabras de DOMÍNGUEZ PUNTAS si existen ambos (cónyuge e hijos) deben aparecer de forma acumulativa; en caso de que no existan de forma simultánea también sería aplicable la presunción. El autor añade que, de lo contrario, no podría aplicarse a viudos, solteros o matrimonios sin hijos lo cual sería un sinsentido, pues todos los casos anteriores también se incluyen en el concepto de familia[420]. También conviene tener en cuenta que el hecho que uno de los cónyuges sea considerado como residente fiscal en España y, al mismo tiempo, tenga al otro junto a los hijos menores en el extranjero no implicará que éstos últimos sean considerados, por extensión, residentes fiscales en territorio español[421].

El segundo de los problemas es la crítica a la presunción establecida en el vínculo familiar, pues la misma se consolidad como *iuris tantum*. La norma no señala cómo podría destruirse la presunción. Además, deberán ser residentes fiscales conforme a los criterios del artículo 9.1 de la LIRPF, pues si no son residentes no puede invocarse este criterio, lo cual es razonable. GARCIA CARRETERO señala que aparecen, en este punto, dos problemas: el primero, cómo se constituye la presunción y, la segunda, cómo se puede destruir en el campo de la prueba[422]. Algunos autores apuntan que este criterio fue pensado por el legislador como una norma de prevención del fraude fis-

---

420 DOMÍNGUEZ PUNTAS, A., "La noción de residencia y sus implicaciones en las normas tributarias, de control de cambios y de inversiones de capitales (II parte)", *Gaceta Fiscal,* número 174, 1999, p. 52.

421 Véase, al respecto, ALMUDÍ CID, J. M. y SERRANO ANTÓN, F., *Op. Cit.*, 2001, p. 95.

422 GARCÍA CARRETERO, B., *Op. Cit.*, 2006b, p. 166, considera que deberían incluirse dentro de la presunción los hijos mayores de edad.

cal[423]. Para GUTIÉRREZ BENGOCHEA resulte sorprendente que en «*la presunción se tenga en cuenta a los hijos mayores de edad incapacitados judicialmente sujetos a la patria potestad prorrogada o rehabilitada ya que éstos forman parte del concepto fiscal de unidad familiar precisamente por la dependencia que muestran hacia sus progenitores*»[424].

Por último, y no por ello menos importante, a pesar de que los criterios del artículo 9 de la LIRPF sean alternativos (como en Francia, por ejemplo)[425], la circunstancia familiar juego un papel secundario, pues se atiende más a la permanencia y a los intereses económicos. A diferencia del artículo 4.2, letra a) del MC OCDE que incluye las relaciones familiares en el concepto de centro de intereses vitales[426].

2.2. La cuestión probatoria

Las cuestiones de residencia fiscal, como señala FALCÓN Y TELLA, se traducen en un problema de prueba[427]. Debido a la importancia de la prueba en esta materia, en estos epígrafes analizaremos las controversias principales respecto de cada uno de los criterios que se establecen en el artículo 9.1 de la LIRPF.

---

423 GUTIÉRREZ BENGOECHEA, M., "Tributación de los trabajadores expatriados", en *Cuestiones actuales de planificación fiscal internacional.* Barcelona: Atelier, Barcelona, 2019, p. 96.

424 GUTIÉRREZ BENGOECHEA, M., *Op. Cit,* 2019, p. 96.

425 MESSAGE, N., "France", en *Residence of Individuals under Tax treaties and EC Law,* Books IBFD, 2010, (Versión electrónica).

426 CUBERO TRUYO, A. y TORIBIO BERNÁRDEZ, L., *Op. Cit.,* 2019, (Versión electrónica [BIB 2019/9529]).

427 FALCÓN Y TELLA, R., "Los puntos de conexión en los tributos cedidos: especial referencia a la "residencia" de las personas físicas", *Quincena Fiscal,* número 3, 1997, (Versión electrónica [BIB 1997/1090]).

El artículo 105 de la LGT establece que en los procedimientos de aplicación de tributos quien haga valer su derecho deberá probar los hechos constitutivos del mismo[428] lo cual, tampoco debe traducirse en una situación de pasividad por parte del sujeto. De esta forma, procede destacar que la Audiencia Nacional sostuvo que «*en orden a la acreditación del lugar de residencia real y efectivo, conviene recordar que la carga de la prueba incumbe, en primer lugar, a la Administración Tributaria, quien ha de demostrar y combatir la residencia formal que resulta de sendos certificados de residencia fiscal en Marruecos y en Estados Unidos aportados por el recurrente. Por su parte, el recurrente no está exento de aportar los elementos probatorios que estén a su alcance para acreditar su pretensión, y que más fácilmente puede demostrar él y no la Administración*»[429].

Por su parte, la Sentencia del Tribunal Supremo de fecha 28 de enero de 2008 indicó que «*la Administración ha de probar la existencia del hecho imponible y de los elementos que sirvan para cuantificarlo y en particular los hechos que le beneficien como los constitutivos de exenciones y beneficios fiscales (…)*[430]». De ahí que, si se considera por parte de la Administración tributaria que un sujeto debe tributar por el IRPF al seguir vinculado con el territorio español tendrá que demostrar cada uno de los elementos que pueden llegar a componer las circunstancias descritas en el artículo 9.1 de la LIRPF. Sobre ello, MULEIRO PARADA estima que «*la Administración tributaria parece que debería justificar los hechos constitutivos de la residencia y no tendría que hacer tributar a una persona por el simple hecho de que no pueda probar su residen-*

---

428 STS 4517/2011, de fecha 16 de junio de 2011, núm. Recurso 4029/2008, F.J. 3º, (*Tol 2.173.954*)

429 SAN 5096/2021, de fecha 10 de noviembre de 2021, núm. Recurso 3/2018, F.J 5º, (*Tol 8.695.224*). También véase SAN 6239/2002, de fecha 11 de noviembre de 2002, núm. Recurso 998/1999, F.J 4º, (*Tol 5.262.395*).

430 STS 612/2008, de fecha 23 de enero de 2008, núm. Recurso 95/2003, F. J. 4º, (*Tol 1.288.752*)

cia en otro país». En la misma línea, el Tribunal Supremo en la Sentencia de fecha 13 de octubre de 2011 expuso que la Administración debía probar los hechos sobre los que descansa una liquidación (con el fin de evitar una *probatio diabolica*) sin que la carga pueda ser desplazada[431].

En relación con la acreditación de la permanencia durante más de 183 días en territorio español, la Administración tributaria tendrá que probar la presencia de la persona que alega no ser residente. Un supuesto sobre el periodo impositivo y las cuestiones temporales aparece en la Resolución del TEAC de 11 de junio de 2020 en la que se juzgó a un sujeto que pasó en el año 2017, 328 días en Japón y 37 en España, pero no aportó el certificado fiscal emitido por las autoridades fiscales japonesas puesto que se requerían doce meses de permanencia y el sujeto estuvo únicamente once meses. El TEAC para su resolución utilizó los criterios principales establecidos por la jurisprudencia marcada en 2017[432]. El Tribunal económico indicó que la ausencia en territorio español se vincula a un compromiso contractual, en el supuesto el mismo duró de 1 de febrero de 2017 a 31 de diciembre de 2018. Se estimó que resultaría «*totalmente improcedente*» calificar de ausencia esporádica la permanencia en Japón por 328 días. No obstante, el TEAC se planteó si el sujeto aún debe acreditar su residencia fiscal en otro lugar, a pesar de las ausencias superiores a 183 días o si esto sólo opera en caso de paraísos fiscales. El TEAC, parafraseando al Tribunal Supremo, sostuvo que «*sobreviene la irrelevancia sobre el modo de acreditar una residencia en otro país incompatible con la española pues la única forma de afirmar la permanencia en España durante más de 183 días y consiguientemente, la residencia en nuestro*

---

431 STS de fecha 13 de octubre de 2011, núm. Recurso 2283/2008, (*Tol 2.277.251*)

432 Nos referimos a la STS 1968/2017, de 14 de diciembre de 2017, núm. Recurso 810/2017, (*Tol 6.464.440*).

país sería entender que los 62 días de permanencia en España han de contemplarse con los 302 de ausencias esporádicas, lo cual con arreglo al criterio del TS resulta inaceptable»433. De modo que, por las rentas que perciba de España, se presentará el oportuno modelo 210 del IRNR. Con lo que no podía ser considerado como residente fiscal en dicho periodo.

Algunos autores consideran que el contribuyente no tendría la obligación de probar determinados aspectos si le son beneficiosos, pero si se atiende al deber de colaboración dispuesto en el artículo 93 de la LGT éste debe mantener una comunicación diligente con las autoridades fiscales a fin de formar el expediente administrativo[434]. Ello podría confrontarse con la presunción de carácter *iuris tantum* que acogen las ausencias esporádicas, pues se presume que el contribuyente sigue siendo residente fiscal en España; mientras no pruebe que la tiene en otro país[435]. Sin perjuicio de ello, la Administración debe realizar su tarea comprobadora, pues no puede afirmar sin previas acreditaciones que el contribuyente residente en territorio español a pesar de que, éste no puede probarla de forma contundente[436].

En materia de traslados a paraísos fiscales, se configura la presunción *iure et de iure.* Es preciso remitirnos al artículo 108.1 de la LGT que señala que «*las presunciones establecidas por las normas tributarias pueden destruirse mediante prueba en contrario,*

---

433 F.D. 5°.

434 GARCÍA CARRETERO, B., *Op. Cit.*, 2006b, p. 132.

435 Con la Ley 18/1991 reguladora del Impuesto sobre la Renta de las Personas Físicas, se produjo una inversión de la carga de la prueba contra el sujeto pasivo, pues con anterioridad correspondía a la Administración. A partir de entonces, las ausencias esporádicas fueron consideradas dentro del cómputo de forma automática.

436 GARCÍA CARRETERO, B., *Op. Cit.*, 2006b, p. 133.

excepto en los casos en que una norma con rango de ley expresamente lo prohíba». En dichos casos, no habría una prueba en contrario.

El Tribunal Constitucional ha sostenido que la Administración tiene la facultad de proteger el deber de contribuir de acuerdo con la capacidad económica, y para lograrlo puede aplicar diversas medidas con el fin de garantizar el cumplimiento de las obligaciones tributarias. Sin embargo, es importante destacar que, si bien el objetivo es constitucional, esto no implica que los medios utilizados también lo sean. Es fundamental respetar los artículos 24 y 25 CE, así como los principios establecidos en el artículo 31.1 de la misma[437].

Las limitaciones establecidas en la normativa para abordar conductas consideradas fraudulentas pueden afectar el derecho a la tutela judicial efectiva consagrado en el artículo 24.2 CE. Esto se debe a que la falta de pruebas en los procedimientos administrativos tributarios puede trasladarse a los procesos judiciales, lo que podría socavar el ejercicio pleno de este derecho[438].

Sobre la aportación o no del certificado fiscal, DOURADO señala que como regla general los Estados aceptan los certificados fiscales aportados por las autoridades competentes de un Estado contratante y, añade que, en caso de que haya alguna duda sobre tal documentación, acudir al mecanismo de intercambio de información es adecuado[439]. El problema no es que haya la opción o no de acudir al mecanismo de intercambio de información, sino que se ha tendido a dar por válida una sola

---

437 STC 194/2000, de 19 de julio del 2000, F.J. 5º. Recurso de inconstitucionalidad número 1404-1989, (*Tol 81.355*).

438 GARCÍA CARRETERO, B., *Op. Cit.*, 2006b, p. 199. Además, la autora añade que existe una discriminación en el artículo 8.2 respecto de aquellos que trasladan su residencia a un paraíso fiscal, pero no con finalidades evasivas respecto de los que sí lo hacen.

439 DOURADO, A. P., "Portugal: Artistes' and Sportsmen's Income", *Tax Treaty Case Law around the Globe 2017*, Linde, 2018, (Versión electrónica).

prueba para acreditar la residencia fiscal cuando, si prestamos atención al artículo 24 de la Constitución ostentamos, como ciudadanos, el derecho a utilizar los medios de prueba necesarios para la defensa.

En resoluciones de la DGT como la Consulta V1164-10 de 19 de mayo de 2010 se ha venido a otorgar al certificado fiscal la facultad de crear una realidad paralela que nada tiene que ver con la realidad fáctica, pues en el supuesto señalado el consultante se trasladó a Chile por motivos laborales junto con su familia y la DGT señaló que, en tanto en cuanto, no obtenga un certificado fiscal emitido por las autoridades fiscales chilenas tributará conforme el artículo 2 de la LIRPF, es decir, por su renta mundial a pesar de que no tenga una vinculación con el territorio español. Según LÓPEZ LÓPEZ una posible justificación de esta respuesta es que la Administración quiera asegurarse de que el sujeto cumple con sus obligaciones tributarias en Chile, pero el autor concluye que esta exigencia no es coherente con el plazo superior a 183 días de permanencia y que, en cierta forma, lo vacía de su contenido[440].

Con relación a la acreditación de la residencia fiscal, se ha observado que se tiende a requerir la condición fiscal de los documentos en lugar de la condición administrativa. Esto ha generado ciertos conflictos, ya que algunos países no proporcionan, por ejemplo, el certificado fiscal de residencia. Un caso ilustrativo se encuentra en la Consulta V3355-14, de 22 de diciembre de 2014, donde el consultante se trasladó a Washington para trabajar en un Organismo Internacional durante tres años, a partir de mayo de 2012. Transfirió sus activos a Estados Unidos y comunicó el cambio de domicilio fiscal a la Agencia Tributaria. Su esposa e hijos también hicieron lo mismo. En España solo dejaron su antigua residencia y otra propiedad vacacional.

---

[440] LÓPEZ LÓPEZ, H., *Op. Cit.*, 2015, p. 30.

El órgano directivo indicó que para calcular el período de 183 días de estancia en España se deben incluir las ausencias esporádicas, a menos que el consultante acredite su residencia fiscal en Estados Unidos. La DGT consideró que el certificado de residencia fiscal emitido por las autoridades competentes estadounidenses es el medio adecuado para acreditarlo. Sin embargo, en este caso particular, dichas autoridades no emitieron el certificado debido a la condición del consultante como empleado de un Organismo Internacional. Afortunadamente, la DGT consideró apropiado valorar otros documentos *«que indiquen la fecha de salida del territorio español, la fecha de inicio de la prestación de trabajo en el extranjero, así como la existencia de datos objetivos en dicha relación laboral que hagan prever que, como resultado de la prestación de trabajo en otro país, la estancia en dicho país será superior a 183 días durante el año natural en que se produce el desplazamiento o, en su defecto, en el siguiente»*.

Por su parte, en la Consulta V3107-13 de 18 de octubre de 2013, un consultante de nacionalidad inglesa y residente en España consultó sobre cómo acreditar su residencia fiscal. En respuesta a esto, la DGT señaló que: *«en el supuesto en que dicho certificado de residencia no se pueda obtener, es el propio contribuyente el que tiene que, mediante la aportación de las pruebas o indicios que considere oportunos (certificado de empadronamiento, justificantes de colegios de los hijos, posibles pagos de alquileres, recibos de consumos de luz, teléfono, etc.…) (…) de conformidad con el principio ampliamente reconocido por los tribunales españoles de "valoración conjunta de la prueba"»*. Sin embargo, autores como ALONSO GONZÁLEZ estiman que el certificado fiscal debería tomar partida en primer lugar y, sólo en defecto de éste, ampliar la variedad probatoria, pues el medio idóneo es el certificado fiscal[441]. Por su parte, CHICO DE LA CÁMARA apunta que sería buena idea

---

441 ALONSO GONZÁLEZ, L. M., "El certificado de residencia fiscal como prueba privilegiada ante la Administración Tributaria", *Con-*

establecer una enumeración tasada de pruebas para poder acreditar la residencia como mecanismo para atenuar la presente problemática[442].

Después de considerar todo lo mencionado anteriormente, parece haber consenso en la doctrina en rechazar el empleo exclusivo del certificado fiscal como prueba de residencia[443]. En nuestra opinión, hacer lo contrario implicaría limitar la libertad de prueba que existe en el ámbito tributario, tal como se establece en los artículos 105 y 108 de la Ley General Tributaria. Además, podría infringir el derecho a la tutela judicial efectiva. Como señala MALVÁREZ PASCUAL será mejor un exceso de prueba que lo contrario[444]. A fin de cuentas, lo más importante es que las limitaciones que suelen acontecer en materia probatoria no afecten en exceso a los contribuyentes y que ello, no suponga una "comodidad administrativa" en vista a la inflexibilidad que hemos observado[445]. GARCÍA CARRETERO considera que las justificaciones de la Administración en limitar la variedad probatoria en la materia son por una seguridad jurídica, motivaciones recaudatorias y comodidad[446]. Además, de la lectura del artículo 9.1.a) de la LIRPF tanto sólo se indica

---

sell obert: recull informatiu del Consell General de Col·legis de Graduats Socials de Catalunya, número 360, 2022, p. 25.

442 CHICO DE LA CAMARA, P., *Op. Cit.*, 2013, p. 129. En la misma línea, DE LA PEÑA AMORÓS, M. M., *Op. Cit.*, 2021, (Versión electrónica [BIB 2021/4925]).

443 GARCÍA CARRETERO, B., *Op. Cit.*, 2006b, p. 137.

444 MALVÁREZ PASCUAL, L., "La adecuación a la Constitución de las normas orientadas a evitar el fraude fiscal. Especial referencia a las presunciones absolutas", *Gaceta Fiscal*, número 200, 2001, p. 25, citado por GARCÍA CARRETERO, B., *Op. Cit.*, 2006b, p. 138.

445 FALCÓN Y TELLA, R., "Cuestiones normativas y cuestiones de prueba en el Derecho Tributario", *Crónica Tributaria*, número 61, 1992, p. 30.

446 GARCÍA CARRETERO, B., *Op. Cit.*, 2006b, pp. 137-138.

que el sujeto «*acredite su residencia fiscal en otro país*» sin requerir un medio de prueba concreto.

En cuanto al núcleo de intereses económicos el Tribunal Supremo en Sentencia de fecha 22 de febrero de 2012 destacó que analizar de forma individual las circunstancias que podrían tener cabida en este segundo criterio del artículo 9.1 de la LIRPF no implican, de por sí, que el sujeto sea considerado como residente fiscal en territorio español. Para afirmarlo es preciso un análisis conjunto[447].

En cuanto al criterio familiar, para la acreditación de que existe una vida en común entre los miembros de la familia que menciona el artículo 9.1.b) de la LIRPF y el sujeto el Tribunal Superior de Justicia de Cataluña en la sentencia de fecha 13 de septiembre de 2013 señaló que se tendrían en cuenta circunstancias como el certificado de empadronamiento al ser un documento público y fehaciente a todos los efectos administrativos y, remarca el tribunal, que dichos datos «*constituyen prueba plena de la residencia y clasificación vecinal (...) No obstante, también ha considerado que el empadronamiento significa una presunción en cuento a los datos de residencia y por tanto de convivencia, que admite prueba en contrario que podrá realizarse por cualquiera de los medios admitidos en Derecho448*».

Centrándonos en la presunción *iuris tantum* que se establece en este último criterio es preciso señalar que el obligado tributario deberá probar que lo alegado (presumido) por la Administración no es conforme a la realidad a través de la acreditación de residencia en otro Estado; a no ser que, suceda lo contrario, es decir, que la Administración considere que no es

---

447 STS 955/2015, de fecha 22 de febrero de 2012, núm. Recurso 477/2007, F.J 6.º, (*Tol 2.459.214*).

448 STSJ Cataluña 9365/2013, de fecha 13 de septiembre de 2013, núm. Recurso 1177/2010, F.J 4º, (*Tol 4.018.272*).

residente fiscal en España lo cual desplazará la carga probatoria sobre ella[449]. En el caso de que se presuma la residencia del cónyuge no separado legalmente e hijos menores que dependan del sujeto deberá probar que no se cumplen los criterios anteriores, es decir, la permanencia por más de 183 días y el núcleo principal o la base de sus actividades o intereses económicos. Es por ello, que LÓPEZ LÓPEZ señala que realmente la vinculación familiar no es un criterio para determinar la residencia fiscal, pues el legislador identifica un hecho en base a la presunción de que se cumplen uno de los dos criterios anteriores[450]. Sobre la exigencia de las dos condiciones anteriores, BAENA AGUILAR concibe más adecuada la opción establecida en EE. UU que consideraría suficiente que exista un núcleo de intereses en otro país y, así se pruebe; aunque haya permanecido más de 183 días en territorio nacional[451].

2.3. Propuestas de reforma para adaptar los criterios a la alta movilidad de los trabajadores a distancia

La evaluación previa de los criterios utilizados para determinar la residencia fiscal en España, según lo establecido en el artículo 9.1 LIRPF plantea dudas sobre su idoneidad en un contexto en el que la movilidad es cada vez mayor y resulta más difícil establecer una conexión territorial.

Las propuestas que se presentarán guardan similitudes con las mencionadas en el apartado sobre la residencia fiscal a nivel internacional, por lo que no pretendemos ser exhaustivos, ya que nos remitiremos a las reflexiones expuestas en el epígrafe 3.2.7 del Capítulo II, que propone la inclusión de una disposi-

---

449 LÓPEZ LÓPEZ, H., *Op. Cit.*, 2015, p. 38

450 *Ibídem.*, p. 39.

451 BAENA AGUILAR, Á., *Op. Cit.*, 1993, p. 111.

ción especial para abordar la alta movilidad de los trabajadores a distancia en el marco del artículo 4.2 del MC OCDE.

En particular, queremos presentar las siguientes propuestas de modificación:

El artículo 9.1 de la LIRPF presenta una debilidad inicial relacionada con el período impositivo. Como ya hemos mencionado, el período impositivo del IRPF corresponde al año natural y el impuesto se devenga el 31 de diciembre de cada año en virtud del artículo 12 de la LIRPF. El requisito de permanencia de 183 días establecido en el primer criterio del artículo 9.1.a) de la LIRPF también se basa en el año natural lo cual puede generar conflictos internacionales. Esto es, la falta de flexibilidad que caracteriza esta parte de nuestra normativa la cual no se adapta a un entorno globalizado en el que la movilidad internacional de ciertos trabajadores, como los que realizan trabajo a distancia, es cada vez más común.

Mientras que el MC OCDE se ha adaptado a esta situación, España aún no lo ha hecho. De hecho, la postura de nuestro país se refleja en las observaciones realizadas al artículo 4 del MC OCDE donde se señala que no se puede aplicar lo establecido en el párrafo 10 de los Comentarios al artículo mencionado en relación con los cambios de residencia debido a que nuestro período impositivo se basa en el año civil, o sea, el año natural. En concreto, el indicado párrafo 10 del MC OCDE explica que si una persona ha residido en dos Estados diferentes y se puede justificar que ambos tienen la potestad tributaria: el tiempo de presencia se dividirá en función de los días correspondientes a cada Estado. Esto posibilitaría un fraccionamiento del plazo de permanencia.

En nuestra opinión, la tradición temporal que sigue España en relación con el periodo impositivo no es adecuada para el contexto globalizado actual. Sin embargo, consideramos que sería difícil realizar una modificación legislativa en este sentido debido a las posibles consecuencias que ello podría tener. La

LIRPF ha tratado de paliar este óbice con respecto a otros ordenamientos internacionales. Por ejemplo, en los artículos 79.d) y 99.8.1º y 2º LIRPF se tienen en cuenta las retenciones que se practicaron en el IRNR en la liquidación de IRPF en caso de cambio de residencia y también, en caso contrario. Además, en el artículo 99.8.2º LIRPF se establece la posibilidad de comunicar a la Administración que se adquirirá la residencia fiscal española para que se puedan modificar las retenciones a partir de la fecha de entrada en nuestro país, sin tener que esperar a que transcurran los 183 días dentro del año natural.

Para autores como GARCÍA CARRETERO esta posibilidad debería aplicarse también al resto de los criterios del artículo 9.1 de la LIRPF y no únicamente a la permanencia[452]. La normativa española adopta una postura reactiva en lugar de proactiva ante este problema, ya que las retenciones pagadas a cuenta por el IRNR o el IRPF se consideran solo después de que se haya producido un conflicto. La norma debería ofrecer suficiente seguridad y proteger este aspecto contra posibles conflictos y dobles imposiciones, teniendo en cuenta que España es uno de los pocos países que mantienen esta inflexibilidad en el período impositivo. Además, en un contexto en el que la movilidad, como la de los trabajadores a distancia, está aumentando con la ayuda de la tecnología. Con lo que es aún más importante abordar este problema con actuaciones preventivas y anticipadas.

Este aspecto es importante ya que la distribución de la potestad tributaria sobre las rentas del trabajo puede generar problemas colaterales. No es lugar para exponer esta cuestión, pero el artículo 15.2.a) del MC OCDE establece un plazo de 183 días para que el Estado donde se presta el servicio no tenga derecho a gravar las rentas del trabajador. Es importante des-

---

452 GARCÍA CARRETERO, B., *Op. Cit.*, 2006b, p. 145.

tacar que este plazo se analiza dentro de un período flexible de doce meses que puede contener años fiscales diferentes, y no se limita al año fiscal como en versiones anteriores. En este sentido, resulta relevante analizar si la normativa española está preparada para abordar esta cuestión y si ofrece la seguridad suficiente para evitar conflictos y dobles imposiciones en el marco de la movilidad laboral internacional.

A nuestro modo de ver, la segunda cuestión para tener en cuenta el criterio de la permanencia es la falta de una definición clara de lo que se considera una "permanencia efectiva" según la LIRPF. Solo tras los pronunciamientos del Tribunal Supremo sobre las ausencias esporádicas se ha encontrado un criterio que refleje la efectividad de la presencia física del contribuyente. Sobre ello, BAENA AGUILAR afirma que *«la Ley no exige que dicha permanencia sea efectiva, sino que se module con lo previsto para las ausencias»*[453]. Es importante destacar que, según lo expuesto en los apartados relacionados con la prueba se puede observar que si el contribuyente no puede proporcionar una prueba suficiente y válida se le considerará residente en España, aunque ya no resida en el territorio español. Sin embargo, consideramos que esta opción no será sostenible, ya que también se tendrán en cuenta los intereses económicos y patrimoniales lo cual también es responsabilidad de la Administración. En cualquier caso, creemos que sería conveniente agregar el término "efectiva" para reflejar los fallos emitidos por el Tribunal Supremo en 2017.

En tercer lugar, queremos expresar ciertas críticas sobre el criterio establecido en el artículo 9.1.b) de la LIRPF. En primer lugar, muchos expertos en la materia apoyan que este criterio debería ajustarse a lo establecido en el artículo 4.2.a) del MC OCDE, incluyendo también los intereses familiares, de forma que no quede configurado como una presunción *iuris tantum*.

---

453 BAENA AGUILAR, Á., *Op. Cit.*, 1993, p. 104.

MARTÍN-ABRIL Y CALVO considera apropiado establecer en la normativa española el concepto de intereses vitales en la línea de los CDI y que sustituya el concepto de núcleo principal o base de las actividades o intereses económicos, así como la presunción familiar[454]. En el Libro Blanco de 2022 se propone que el criterio de los intereses económicos se integre con el familiar para que haya una mayor coherencia en los CDI y, en especial, un mayor avance en lo que respecta al teletrabajo[455].

Para CUBERO TRUYO y TORIBIO BERNÁRDEZ se deberían modificar los criterios y tomar como punto central el criterio de los intereses vitales al ser una circunstancias lo suficientemente amplia capaz de incluir una serie de reglas complementarias que admitan prueba en contrario situando el criterio familiar en un sentido próximo al expuesto en el MC OCDE[456]. En el asunto *Ryborg* el TJCE (actual TJUE) estableció que los vínculos profesionales y personales, junto con su duración, deben evaluarse de manera acumulativa[457]. En este sentido, nosotros consideramos que los vínculos familiares

---

454 MARTÍN-ABRIL Y CALVO, D., *Op. Cit.*, 2022, p. 644.

455 AA. VV., *Libro Blanco ...*, *Op. Cit.*, 2022, pp. 592-593.

456 CUBERO TRUYO, A. y TORIBIO BERNÁRDEZ, L., *Op. Cit.*, 2019, (Versión electrónica [BIB 2019/9529]).

457 STJCE de fecha 23 de abril de 1991, asunto *Ryborg*, C-297/89, párrafo 19 de la sentencia. En dicho caso, el señor Ryborg, ciudadano danés, en el año 1973 emigra a Alemania donde había encontrado un trabajo y un alojamiento. Sin embargo, a lo largo de los años pernoctaba de forma regular en Dinamarca, en casa de una amiga. Con la finalidad de identificar la "residencia normal" a los efectos de la Directiva 83/182/CEE del Consejo, de 28 de marzo de 1983, relativa a las franquicias aplicables en el interior de la Comunidad en materia de importación temporal de determinados medios de transporte, el TJCE acude al artículo 7 de la Directiva mencionada que establece las reglas para determinar la residencia y así, decidir si el señor Ryborg reside en el Estado donde trabaja y tiene el alojamiento o bien, en el Estado donde pernocta de forma regular.

también son un indicio relevante a la hora de evaluar la posible residencia fiscal de un trabajador que realiza trabajo a distancia, ya que este tipo de trabajo puede provocar una dispersión geográfica de los vínculos laborales y personales.[458].

En último lugar, es importante señalar la posible tendencia a considerar suficiente la existencia de intereses económicos o patrimoniales en España para vincular a un sujeto a nuestro territorio. Creemos que es necesario tener una visión objetiva y matizada, prestando atención tanto a las circunstancias fácticas como a las intenciones del sujeto. Por ejemplo, si el valor de las acciones o participaciones en sociedades en España supera cualquier otro valor en otros territorios, ¿sería suficiente para vincular al sujeto a España si nunca ha estado físicamente en este país? La respuesta es compleja, ya que exigir una cierta subjetividad podría hacer que este segundo criterio establecido en el artículo 9.1.b) de la LIRPF sea inaplicable.

2.4. Los regímenes especiales en la determinación de la residencia del trabajador a distancia

La creciente globalización ha permitido a los individuos la posibilidad y la necesidad de desplazarse a otros Estados con el fin de prestar sus servicios. Las crisis económicas invitaron a los diferentes países a encontrar alternativas para mejorar su posición internacional a nivel de competitividad[459]. Una medida factible para ello, fueron los trabajadores y profesionales altamente cualificados.

---

458 Véase también B., *Op. Cit.*, 2006b, p. 176.

459 Como Australia, Suiza, Italia, Grecia, Malta y, España la cual como enseguida veremos regula diversos regímenes especiales. Para más información véase MUTIS, S. I., *Op. Cit.*, 2018 (Versión electrónica) y GARCÍA MARTÍNEZ, A., "La creación de un clima fiscal favorable en algunos países europeos como incentivo para la atracción de pensionistas extranjeros a sus territorios", *Nueva Fiscalidad*, número 2, 2022, pp. 97-123.

España, en su normativa del IRPF prevé dos regímenes que se adecuan a la finalidad expuesta en el párrafo anterior. El primero de ellos, se establece en el artículo 93 de la LIRPF sobre trabajadores, profesionales, emprendedores e inversores desplazados a territorio español (trabajadores impatriados). El segundo, se dispone en el artículo 7.p) de la LIRPF dirigido a los trabajadores que son desplazados al extranjero (trabajadores expatriados).

Con el teletrabajo, ambos regímenes han sido objeto de debate. La Ley 28/2022, de 21 de diciembre, de fomento del ecosistema de las empresas emergentes (en adelante, Ley 28/2022) introdujo el teletrabajo en la configuración del artículo 93 de la LIRPF con efectos desde el 1 de enero de 2023. Respecto al régimen del artículo 7.p) de la LIRPF, la DGT ha tenido ocasión de pronunciarse sobre si era aplicable el teletrabajo y, nuestra tarea será exponer su posición con el fin de reflexionar al respecto.

2.4.1. El régimen de trabajadores impatriados en el artículo 93 de la LIRPF

El régimen fiscal especial para trabajadores desplazados (o impatriados) se contempla en el artículo 93 de la LIRPF y se desarrolla en los artículos 113 a 120 del Reglamento del IRPF. Desde su introducción en 2004 ha sido modificado en varias ocasiones, pero nos centraremos en la última de ellas donde el teletrabajo ha tenido gran importancia.

Con carácter previo es preciso señalar que los impatriados son trabajadores o profesionales que se desplazan a España en el marco de un contrato laboral y, a cambio, se les concede una reducción en su carga fiscal si establecen su residencia fiscal en territorio español. De esta manera, son considerados contribuyentes del IRPF, pero con la peculiaridad de tributar según el IRNR durante el período impositivo en el que realizan el cambio de residencia y los cinco periodos siguientes.

El análisis del régimen de impatriados puede realizarse a través de dos visiones: la primera, entendiéndolo como un beneficio fiscal para atraer talento internacional gracias a una presión fiscal más reducida (como en los tipos proporcionales establecidos) y, la segunda, como una herramienta para afrontar situaciones de cambios de residencia. En palabras de CUBERO TRUYO y TORIBIO BERNÁRDEZ esta segunda visión no sería del todo extraña si se atiende a que los sujetos que optan por él deciden tributar de forma limitada, pues no acaban de ostentar el suficiente arraigo con el territorio español. De este modo, apuntan los autores, la residencia no sería adquirida *«de golpe y hasta sus últimas consecuencias, sino que es razonable que haya regímenes intermedios o transitorios»*[460].

Basándonos en lo expuesto, vamos a analizar detalladamente el régimen establecido en el artículo 93 de la LIRPF para identificar los cambios que han surgido con la aparición del teletrabajo.

La Ley 28/2022, aprobada el 21 de diciembre, con el objetivo de impulsar el desarrollo de las empresas emergentes, también conocida como la Ley Startups, ha introducido, como hemos indicado, modificaciones en el artículo 93 LIRPF. Según MARTÍN-ABRIL Y CALVO, esta reforma amplía las características de dicho régimen y se espera que genere un aumento en las actividades económicas, lo cual a su vez se traducirá en más inversión y talento a favor de España[461].

En la exposición de motivos de la Ley 28/2022, se resalta que el teletrabajo ha introducido una forma de vida alternativa a la tradicional de acudir físicamente al lugar de trabajo. El

---

460 CUBERO TRUYO, A. y TORIBIO BERNÁRDEZ, L., *Op. Cit.*, 2019, (Versión electrónica [BIB 2019/9529]).

461 MARTÍN-ABRIL Y CALVO, D., *Op. Cit.*, 2022, p. 656. También véase GARCÍA DE PABLOS, F., "El Proyecto de Ley de fomento del ecosistema de las empresas emergentes (Startups)", *Quincena Fiscal,* número 10, 2022, (Versión electrónica [BIB 2022/1492]).

texto destaca que los teletrabajadores son personas que tienen empleos que les permiten trabajar de forma remota y cambiar de residencia con frecuencia, lo que les permite combinar trabajos altamente cualificados con el turismo inmersivo en el país donde residen. Con el objetivo de aprovechar esta situación y fomentar el talento, la Ley 28/2022 tiene como finalidad mejorar el contenido del artículo 93 de la LIRPF, y logra esto a través de su disposición final tercera, punto quinto, que será objeto de nuestro análisis.

Hay que tener en cuenta que el régimen que comentamos ostenta un carácter opcional que va dirigido tal y como establece el 93.1 de la LIRPF a «*las personas físicas que adquieren su residencia fiscal en España como consecuencia de su desplazamiento a territorio español*». Tales beneficiarios, podrán optar por tributar por IRNR durante el período en que se produce el desplazamiento y los cinco siguientes, es decir, casi durante seis periodos impositivos. Claramente, los sujetos que se adhieren a este régimen, como bien ha señalado SANZ CLAVIJO se les requiere una habilidad profesional[462] que otorga al ámbito subjetivo de este régimen el carácter de "cualificado".

Respecto al período impositivo es importante recalcar que va dirigido al criterio de la permanencia establecido en el artículo 9.1.a) de la LIRPF y no, al resto de criterios contemplados en el artículo 9.1 de la LIRPF. Para comprenderlo basta atender a lo que establece el artículo 115 del RIRPF que dispone que «*a estos efectos, se considerará como período impositivo en el que se adquiere la residencia el primer año natural en el que, una vez producido el desplazamiento, la permanencia en su territorio sea superior a 183 días*». La DGT en la Consulta V3235-13 de fecha 4 de noviembre de 2013 lo declaró de la misma forma cuando la

---

462 SANZ CLAVIJO, A., "El régimen tributario especial en el IRPF de los trabajadores desplazados a España", *Documentos de Trabajo,* número 12, 2013, pp. 1-56.

consultante deseaba conocer si podía optar por el régimen de impatriados si, ha vivido en Suiza desde 2005 y, por motivos laborales, regresa a España en agosto de 2014. La DGT apunta a que «*se considerará que la consultante adquiere su residencia fiscal en España en el período impositivo 2015 si, una vez producido el desplazamiento, su permanencia en territorio español a lo largo de dicho año es superior a 183 días*».

El artículo 93 de la LIRPF establece tres condiciones para su aplicación, las cuales han sido modificadas por la Ley 28/2022. Sin embargo, es en la segunda condición donde se hace referencia específica al teletrabajo, dentro de sus cuatro circunstancias.

Precisado lo anterior, procederemos a enumerar las tres condiciones:

La primera condición requiere que el contribuyente no haya sido residente en España durante los cinco períodos impositivos anteriores al año en el que se produce su desplazamiento a territorio español. Esta condición fue modificada por la Ley 28/2022, ya que anteriormente se exigía un período de diez años. El plazo anterior generó críticas debido a su larga duración, especialmente para aquellos con alta movilidad internacional[463]. La modificación equipara la legislación española con otros regímenes especiales similares, como el portugués de los "no habituales", que también establece la prohibición de residencia durante los cinco años anteriores al desplazamiento.

La segunda condición requiere que el desplazamiento a territorio español se produzca en el primer año de aplicación del régimen o en el año anterior, como consecuencia de una de las cuatro circunstancias previstas. La primera de estas circunstan-

---

463 CHICO DE LA CÁMARA, P., "Los regímenes tributarios especiales que concede nuestro sistema tributario a los deportistas para favorecer la generación de renta en nuestro país", *Revista Jurídica del Deporte*, número 17, 2006, p. 164.

cias se refiere al teletrabajo, mientras que las otras tres se refieren a cuestiones diversas y no relacionadas con el teletrabajo.

Por último, la tercera condición establece que el contribuyente no debe obtener rentas que se consideren obtenidas a través de un establecimiento permanente, excepto en el supuesto previsto en la letra b) 3.º y 4.º de este apartado[464]. En palabras de NESTOR CARMONA esta tercera condición tiene su sentido, pues estamos aplicando un régimen fiscal para aquellos que actúan sin establecimiento permanente y ello determina que queden excluidas aquellas rentas obtenidas a través de un establecimiento, salvo por las excepciones indicadas[465].

Después de mencionar las tres condiciones para que un contribuyente desplazado a territorio español pueda optar por tributar por el IRNR es importante destacar las cuatro circunstancias de la segunda condición, enfocándonos especialmente en la primera de ellas.

En primer lugar, el motivo del desplazamiento a territorio español puede justificarse como consecuencia de un contrato de trabajo. Es importante tener en cuenta que las relaciones laborales especiales de los deportistas no se incluyen en esta situación, ya que se aplican normas especiales para ellos[466].

La primera circunstancia requiere para su cumplimiento que la relación laboral, ordinaria o especial, se inicie con un empleador en España. El desplazamiento podrá venir determinado por orden del empleador o, y aquí es donde se halla la novedad del teletrabajo, que no haya orden de desplazamiento para prestar la actividad, pues la misma se realizará a distan-

464 Véase la Consulta V1673-16, de fecha 19 de abril de 2016.

465 CARMONA FERNÁNDEZ, N., *Op. Cit.*, 2016, p. 688.

466 Esta es la prevista en el Real Decreto 1006/1985, de 26 de junio, por el que se regula la relación laboral especial de los deportistas profesionales. Véase la Consulta V1673-16, de fecha 19 de abril de 2016.

cia para una empresa radicada fuera del territorio nacional[467]. Sin embargo, para que ello sea posible, la norma requiere que el teletrabajador cuente con un visado de teletrabajo de carácter internacional de conformidad con lo previsto en la Ley 14/2013, de 27 de septiembre, de apoyo a los emprendedores y su internacionalización.

En relación con la exigencia de visado, la exposición de motivos de la Ley 28/2022 señala que, para regular la residencia de este tipo de trabajadores que tienden a la itinerancia y que desean teletrabajar desde España para una empresa no ubicada en dicho territorio, se incluye una nueva categoría de visado con una validez máxima de un año. Sin embargo, existe la posibilidad de continuar en nuestro país a través de la solicitud de una autorización por un período máximo de tres años que será renovable por un plazo de otros dos. De este modo, se añade un nuevo supuesto a la Ley 14/2013 con la intención de agilizar y facilitar la entrada de trabajadores cuyo perfil es interesante para España. Para ello, la disposición final quinta de la Ley 28/2022 introduce capítulo V *bis* en la sección 2.ª del título V en la Ley 14/2013 con el objetivo de regular la figura de los *teletrabajadores de carácter internacional*[468].

No obstante, es fundamental que exista una conexión causal entre el desplazamiento al territorio español y el inicio de la mencionada relación laboral[469]. Existen ciertos indicios que podrían romper la relación indicada como bien expone la Consulta de la DGT V2777-16 de fecha 21 de junio de 2016 la

---

[467] El teletrabajador deberá acreditar que la empresa para la que trabaja no radica en España.

[468] De conformidad con el artículo 72.2 bis de la Ley 22/2022 para poder solicitar el visado será preciso acreditar una previa habilitación profesional de hasta tres años o bien, probar que son graduados o postgraduados por universidades de reconocido prestigio.

[469] Consulta V1423-18, de fecha 29 de mayo de 2018.

cual señaló que «*el transcurso de un período de tiempo prolongado entre ambos momentos (desplazamiento e inicio de la relación laboral) puede ser un indicio, entre otros factores a considerar, de que no existe dicha relación de causalidad*».

Una vez analizada la primera circunstancia de la segunda condición, procederemos a exponer sucintamente el resto de las circunstancias. La segunda permite que el régimen de impatriados se aplique si es desplazamiento es consecuencia de la adquisición de la condición de administrador de una entidad[470]. La tercera circunstancia es que el desplazamiento consecuencia de la realización en España de una actividad económica calificada como actividad emprendedora[471]. Por último, en la cuarta condición se indica que sea consecuencia de la realización en España de una actividad económica por parte de un profesional altamente cualificado que preste servicios a empresas emergentes.

En el caso de cumplir las condiciones enumeradas, el sujeto tributaría por obligación real en el Impuesto sobre el Patrimonio si se opta por tributar por el IRNR.

En cuanto al contenido del régimen, el apartado segundo establece un conjunto de reglas a seguir para poder obtener la deuda tributaria con la particularidad de que se aplican reglas especiales. En concreto, se produce un sometimiento, en parte[472], al IRNR, lo cual representaría una pura territorialidad a diferencia de lo que produce la sujeción por la renta mundial. La cuota íntegra sería el resultado de aplicar un tipo proporcional en función de si la base liquidable era superior o infe-

---

470 Véase la Consulta de la DGT V1390-17 de fecha 5 de junio de 2017.

471 Dicha circunstancia debe completarse con lo dispuesto en el artículo 70 de la Ley 14/2013, de 27 de septiembre, tal y como señala el propio artículo 93 de la LIRPF.

472 Al no resultar de aplicación los artículos 5, 6, 8, 9, 10, 11 y 14 de la Ley del IRNR.

rior a 600.000 euros. Para el primer caso, se aplica un 24 por ciento y, para el segundo, un 47 por ciento.

Es observable que los tipos son claramente más beneficiosos que si se aplicase el tipo progresivo establecido en las escalas a las que se refieren los artículos 63 y 66 de la LIRPF. Este fue uno de los aspectos más relevantes del régimen de impatriados, los beneficiados son, como regla general, altos directivos o trabajadores calificados con rentas altas que tributarían hasta el 47 por ciento (si excediesen los 300.000 euros) si no fuera por este régimen. El 47 por ciento, en aplicación de las ventajas que produce este régimen, únicamente se aplicará si la base liquidable supera los 600.000 euros tal y como dispone el artículo 93.2.e), ordinal primero de la LIRPF. En caso de no llegar a tal cantidad, se aplicará un tipo proporcional indicado del 24 por ciento.

Además, no solo se tributaría a un tipo proporcional, sino que quienes opten por él limitaran su tributación (siendo, recordemos, contribuyentes por el IRPF) a las rentas obtenidas en España y, no de forma mundial. Otro beneficio será la tributación por el Impuesto sobre el Patrimonio por obligación real, es decir, únicamente respecto de aquellos bienes que se hallen sitos en territorio español.

En cambio, también encontramos elementos negativos, pues no podrá aplicarse el mínimo personal y familiar ni algunas reducciones en las rentas del trabajo como en concepto de aportaciones a planes de pensiones entre otros. Además, tendrán que tributar por cada devengo de renta que se somete a gravamen sin posibilidad de compensación al aplicarse las reglas del IRNR. En resumen, la base liquidable, en general, será por un importe bruto al no poderse aplicar ciertos beneficios como, los gastos por seguridad social, por ejemplo. Existe también la crítica de que la DGT no deje aplicar las exenciones del IRNR por entender que sólo se aplican a contribuyentes no residentes, pero ciertos autores no consideran esta opción como válida y señala que el artículo 7 de la LIRPF se aplica tanto a contribuyentes residentes como a los que no lo son; cuando la propia ley sí lo permite[473].

A parte de todo ello, hay que destacar que se produce una ampliación del ámbito subjetivo del régimen a favor del cónyuge del contribuyente por este régimen e hijos menores de 25 años (o cualquiera que sea su edad si es discapacitado) o, en el caso de inexistencia de vínculo matrimonial, el progenitor debe cumplir una serie de condiciones.

Desde el punto de vista constitucional este régimen resulta criticable por varios motivos, pero el más reseñable se resume en el principio de igualdad tributaria. Un claro ejemplo lo encontramos con la aplicación de los tipos proporcionales; en lugar de los progresivos aplicados a un contribuyente ordinario del IRPF. A partir de una base liquidable mayor de 600.000 euros será de aplicación un tipo proporcional del 47 por ciento cuando por las reglas generales este porcentaje puede contemplarse a partir de los 300.000 euros conforme el artículo 63 de la LIRPF.

Las asimetrías que, a nuestro juicio, justifican una vulneración del principio continúan cuando nos centramos en el tipo de sujeción tributaria de los impatriados que viene a ser, en resumidas cuentas, limitada. Sin embargo, a efectos convencionales y bajo la LIRPF son considerados residentes fiscales que, como regla, tributan de forma plena. De esta forma, el legislador ha encontrado, a través de la Ley 28/2022, una justificación para introducir una desigualdad tributaria las cuales en base a la jurisprudencia del TC deberían justificarse de forma objetiva y razonable[474]. Pero para considerar que existe una

---

473 DE PABLO VARONA, C., "El régimen fiscal para deportistas desplazados ("impatriados") y la renta de los no residentes", *Revista de Derecho de Deporte y Entretenimiento,* número 23, 2008, (Versión electrónica [BIB 2008/1985]).

474 STC 20/2022, de 9 de febrero, F. J. 2º.

desigualdad nos debemos encontrar ante situaciones homologables. A nuestro considerar si un sujeto que se beneficia de una tributación reducida a través del artículo 93 de la LIRPF es considerado como residencia fiscal en España, a pesar de que se halle en una situación transitoria (duración del régimen) y, además a los efectos de lo establecido en el artículo 4.1 del MC OCDE se consideran también amparado por la red convencional, pues lo que se exige es una sujeción plena y no una obligación de pago, tales personas vendrían a tener la misma condición que cualquier contribuyente por el IRPF.

En consecuencia, nos encontramos antes dos situaciones jurídicas iguales. Como hemos adelantado, el legislador a través de la Ley 28/2022, en concreto, en la exposición de motivos, estima que al encontrarnos ante una sociedad cada vez más digitalizada, globalizada y altamente cualificada los teletrabajadores son las personas que, con más probabilidades, cumplirán los fines que el actual mercado exige. A fin de cuentas, este tipo de configuraciones legales se basan en lo que señaló GRIZIOTTI al referirse a ese deseo de promover "una industria nueva" basada motivos económicos y sociales[475]. Ahora bien, ampliar el ámbito subjetivo a favor de los teletrabajadores para agravar la desigualdad tributaria que ya venía existiendo en el artículo 93 LIRPF no casa, como hemos alegado, con la jurisprudencia del TC; menos aún, si las consecuencias jurídicas de tales medidas no son proporcionales a la finalidad perseguida[476].

---

475 GRIOZIOTTI, B., *Principio de Política, Derecho y Ciencia de la Hacienda.* Traducción de JIMÉNEZ CISNEROS, M., Instituto Editorial Reus, Madrid, 1958, p. 179.

476 STC 60/2015, de 18 de marzo, F. J. 4º.

2.4.2. El régimen de los trabajadores desplazados al extranjero en el artículo 7. p) de la LIRPF

El régimen de desplazados, establecido en el artículo 7.p) de la LIRPF, se inicia con la exigencia de que el servicio se preste de forma efectiva en el extranjero. Esto podría o no tener coherencia con lo dispuesto en el ordinal primero donde se apunta a que los trabajos deben realizarse «*para una empresa o entidad no residente en España o un establecimiento permanente radicado en el extranjero*»[477]. Si la lectura de ambas partes se realizara por separado, como si de dos supuestos diferentes se tratasen podríamos contemplar la posibilidad de trabajar en remoto desde España a favor de una empresa sita en el Estado de la actividad. Sin embargo, esta tesis no puede acogerse al suponer la exigencia de efectividad de la prestación en el extranjero un requisito que acoge el resto de las condiciones establecidas en el artículo 7.p) de la LIRPF.

De lo expuesto anteriormente, podemos identificar varias condiciones que deben cumplirse simultáneamente. En primer lugar, el trabajador debe realizar un desplazamiento al extranjero, y en dicho lugar debe desempeñar el servicio requerido. Sin embargo, antes de considerar estos elementos, es importante tener en cuenta el plazo de tiempo exigido por la normativa para prestar dichos servicios, en relación con los criterios de sujeción establecidos en el artículo 9 LIRPF.

Tanto la LIRPF como el artículo 6 del Reglamento del IRPF, que desarrolla el artículo 7.p) de la LIRPF, no establecen una duración o permanencia específica para los desplazamientos. Al leer estos documentos, las únicas referencias temporales que se pueden identificar se refieren a los días en los que el trabajador efectivamente presta los servicios, y esto se utiliza para calcular la cantidad sujeta a exención. Además, la cuantía

---

477 GUTIÉRREZ BENGOECHEA, M., *Op. Cit.*, 2019, p. 101.

exenta se calculará en base al año natural, como se establece en el artículo 6.2 del Reglamento, que señala que: «*la exención tendrá un límite máximo de 60.100 euros anuales (...) Para el cálculo del importe (...) se aplicará un criterio de reparto proporcional teniendo en cuenta el número total de días del año*».

La doctrina arguye que lo coherente es que la presencia del trabajador en el centro de trabajo de la empresa extranjera sea temporal. Es evidente que el período no debe ser permanente, ya que de lo contrario la norma estaría incentivando a los trabajadores a abandonar el territorio español. Sin embargo, no se puede descartar la posibilidad de que la presencia se extienda más allá de los 183 días en el Estado de destino. En esos casos, el contribuyente deberá demostrar su residencia en el otro Estado utilizando los demás criterios establecidos en el artículo 9 de la LIRPF, es decir, el centro de intereses económicos y los lazos familiares[478]. Esto significa que la residencia fiscal en España no se perderá simplemente por pasar más de 183 días en otro Estado, ya que se pueden considerar otros vínculos según lo dispuesto en el artículo 9.1 de la LIRPF. Además, es importante destacar que la Administración no debería argumentar que los 183 días son simples ausencias esporádicas, ya que eso contradiría la metodología establecida por el Tribunal Supremo en relación con el vínculo de permanencia.

El debate anterior se ha centrado principalmente en el tiempo que el trabajador desplazado debe permanecer en el Estado de la actividad. Esta circunstancia nos lleva a la exigencia necesaria de que el trabajador realice un desplazamiento hacia el Estado de destino, ya que como se indica al inicio del precepto, es obligatorio que el servicio se preste efectivamente en el extranjero. De ahí que la primera condición del régimen

---

478 VAQUERA GARCÍA, A., "Beneficios fiscales de los rendimientos obtenidos por los trabajadores desplazados", *Crónica Tributaria,* número 179, 2021, p. 141.

sea que el servicio se preste para una empresa o entidad no residente en España, o un establecimiento permanente ubicado en el extranjero. Para analizar el primer requisito, es necesario considerar dos aspectos: el significado de la preposición "para" y si el beneficiario de los servicios es exclusivamente una empresa o si pueden ser varios.

En relación con la primera nota, el primer requisito del régimen dispone que: «*dichos trabajos se realicen para una empresa o entidad no residente en España o un establecimiento permanente radicado en el extranjero en las condiciones que reglamentariamente se establezcan*». La doctrina y la jurisprudencia consideran que tal preposición se refiere al concepto de "valor". El trabajador que se desplaza aportará un valor a la empresa destinataria, pues será quien se beneficie de tales servicios. Como acertadamente aclara LÓPEZ LÓPEZ: «*este requisito no implica que el trabajador desplazado deba mantener una relación laboral con la entidad destinataria de los trabajos. Lo fundamental es la realización de trabajos que redunden en un valor añadido para la empresa destinataria, con independencia de si se realizan en el marco de una relación laboral entre el trabajador desplazado y la empresa destinataria o en el marco de una prestación de servicios entre la empresa destinataria y la empresa del trabajador desplazado479*». A ello se le suma la opinión de SELMA PEÑALVA que estima necesaria «*no solo el desplazamiento físico del trabajador, sino que los trabajos se efectúen fuera del territorio español ubicándose el centro de trabajo, al menos de forma temporal, fuera de España, ya que no resultará de aplicación la exención a los casos en lo que el trabajo se preste desde España a una empresa o entidad no residente*»[480].

Por su parte, la doctrina administrativa y la jurisprudencia también ayudan a clarificar esta primera nota. Así, la Consulta vinculante V1931-06 de 27 septiembre, establece que: «*teniendo*

479 LÓPEZ LÓPEZ, H., *Op. Cit.*, 2015, p. 118.

480 SELMA PEÑALVA, V., *Op. Cit.*, 2018, pp. 149-150.

en cuenta lo establecido en el citado precepto se plantean las siguientes cuestiones: a) En qué medida puede entenderse que los trabajos se realizan para una empresa o entidad no residente en España o un establecimiento permanente radicado en el extranjero. Para entender que el trabajo se haya prestado de manera efectiva en el extranjero, se requiere tanto un desplazamiento del trabajador fuera del territorio español, como que el centro de trabajo se ubique, al menos de forma temporal, fuera de España. De esta forma no resultará de aplicación la exención a todos aquellos supuestos en los que, aunque el destinatario de los trabajos sea una empresa o entidad no residente, el trabajo se preste desde España». Esta posición vendría a desechar la posibilidad de incluir el trabajo a distancia como servicio beneficiado por el régimen objeto de análisis.

De esta manera, el hecho de que los trabajos se realicen para una empresa no implica que el trabajador desplazado deba tener una relación laboral con esa empresa destinataria de los trabajos. Lo fundamental es que los trabajos realizados generen un valor añadido para la empresa destinataria. No se aplicará la exención en los casos en los que la empresa desplace al trabajador para realizar trabajos en beneficio de la propia empresa, a menos que se pueda entender que los trabajos se realizan en favor de un establecimiento permanente de esa empresa.

El tema de la relación que se debe o no tener con la empresa destinataria, como hemos observado, ha sido considerado por la doctrina como un punto decisivo[481]. La cuestión surge cuando los servicios son prestados a una empresa destinataria que no tiene ninguna relación con la entidad que desplaza al trabajador. En estos casos, se firma un segundo contrato entre ambas partes y no hay problema. Sin embargo, surge una problemática cuando existe una relación debido a que se trata de un grupo de empresas.

---

481 VAQUERA GARCÍA, A., *Op. Cit.*, 2021, p. 145.

En la Consulta de la DGT V27/2005, de fecha 28 de enero de 2005, se analizó si existía un servicio intragrupo y se debía determinar quién recibió el servicio de forma individualizada. Si se puede identificar a una empresa del grupo como beneficiaria individual, la exención sería procedente. Sin embargo, si el valor recae en el conjunto del grupo, no se aplicaría la exención. Para determinar si hay un valor para un miembro específico del grupo empresarial, se debe comprobar si, en circunstancias comparables, una empresa independiente habría estado dispuesta a pagar por el servicio o si lo habría realizado internamente. Si no se paga, no se considera como un servicio prestado, pero si se paga, se considera un servicio intragrupo de acuerdo con el artículo 16.5 de la LIS[482].

En cuanto a la segunda nota del primer requisito, es decir, en relación a si debe existir un único beneficiario o varios el Tribunal Supremo indicó en la sentencia de fecha 28 de marzo de 2019[483] que el artículo 7.p) de la LIRPF no reclama que el valor añadido sea en beneficio exclusivo de la empresa radica en el extranjero: «*concretamente, no prohíbe que existan múltiples beneficiarios o/y que entre ellos se encuentre el empleador del perceptor de los rendimientos del trabajo (...) este incentivo fiscal no está pensado en beneficio de las empresas o entidades sino de los trabajadores*». Y es que, de la lectura del precepto no se atisba quién debe ser el pagador de los servicios siendo irrelevante tal punto pues,

---

482 En dicha Consulta vinculante la DGT establece que: «*un indicio de que existe un valor añadido prestado a la entidad no residente, podría ser que los costes de los desplazamientos derivados de la prestación de servicios efectuada por los trabajadores sea asumido por la entidad no residente, pero en todo caso debe tenerse en cuenta que la repercusión del coste salarial no es por sí mismo un factor que implique necesariamente la consideración de que el servicio se ha prestado para una empresa o entidad no residente, ya que es práctica habitual la refacturación de este tipo de costes*».

483 STS 1056/2019, de fecha 28 de marzo de 2019, núm. Recurso 3774/2017, F.J. 2º, (*Tol 7.153.611*).

como manifiestan ÁLVAREZ BEREITO y CALDERÓN CARRERO «*lo verdaderamente relevante es que el trabajador perciba una remuneración por los trabajos efectivamente prestados en el extranjero en el seno de una organización empresarial localizada fuera del territorio español. Toda remuneración conectada funcionalmente con tal prestación puede quedar enmarcada en el ámbito objetivo de aplicación de la exención tributaria del art. 7.p) LIRPF*[484]». Por su parte, en la Consulta V0027-05 de 28 enero de 2005 se señaló que los servicios debían prestarse en beneficio de la empresa extranjera. Como señalan algunos autores, la DGT ha puesto más el foco en que sea la empresa radicada fuera del territorio español quien disfrute de los frutos del trabajo prestado y no tanto en qué empresa pagaba la retribución o soportaba los costes del trabajador desplazado[485].

A su vez, es preciso declarar que el artículo 7.p) de la LIRPF ampara tanto los supuestos en que el trabajador residente en España se desplaza al extranjero con un nuevo contrato de trabajo que determine que su centro de trabajo se ubique fuera de España, como en los casos en que, manteniendo su relación laboral en España, el centro de trabajo se proceda a ubicar temporalmente en el extranjero[486]. Destaca, de nuevo, SELMA PEÑALVA que lo importante para poder aplicar el 7. p) de la LIRPF será probar que los servicios se han realizado de forma

---

[484] ÁLVAREZ BEREITO, P. y CALDERÓN CARRERO, J. M., *La tributación en el IRPF de los trabajadores expatriados e impatriados*, Netbiblo, S.L, 2010, La Coruña, p. 127.

[485] LÓPEZ, A., "La exención para los trabajadores desplazados del artículo 7.p LIRPF tras la Ley 35/2006 de 28 de noviembre", *Quincena Fiscal*, número 12, 2008, (Versión electrónica [BIB 2008/907]).

[486] JIMÉNEZ-VALLADOLID DE L´HOTELLERIE-FALLOIS, D. J. y VEGA BORREGO, F. A., "Algunos aspectos fiscales del desplazamiento internacional de trabajadores", *Revista Jurídica de la Universidad Autónoma de Madrid*, número 28, 2013, p. 180.

efectiva y que dicha prestación ha supuesto un interés económico para la entidad que se encuentra en el extranjero[487].

El segundo requisito para la exención del artículo 7.p) de la LIRPF es que en el Estado de destino se aplique un impuesto de naturaleza idéntica o similar al IRPF español, y que dicho Estado no sea considerado un paraíso fiscal. En cuanto al primer aspecto, basta con que España tenga un CDI con el Estado de destino que incluya una cláusula de intercambio de información. En caso de que no exista un CDI, la DGT establece que se deberá comprobar la existencia de un impuesto de naturaleza idéntica o similar[488].

La similitud entre los impuestos se determina analizando las características principales del tributo. El IRPF es un impuesto directo y personal que tiene en cuenta las circunstancias personales y familiares del contribuyente. Grava la renta de los contribuyentes de acuerdo con los principios establecidos en el artículo 31 CE. Aunque la identidad entre los impuestos no siempre será total, se establece que puedan ser de naturaleza similar, es decir, que tengan una estructura y finalidad similares. Si existe un CDI entre los Estados involucrados, será fácil determinar si se cumple el requisito de equivalencia entre ambos sistemas. Sin embargo, en caso de que no exista dicho convenio, será necesario examinar la normativa interna del otro Estado para determinar si se cumple la condición de similitud.

Así mismo, es importante destacar que esta exigencia no implica necesariamente que el trabajador desplazado tenga que tributar efectivamente en el Estado de destino. En la Consulta de la DGT V1961-19 de 25 de julio de 2019 se indicó que esta condición no requiere que haya un impuesto real. Según la interpretación de la DGT, en consonancia con el artículo 7.p).2°

---

487 SELMA PEÑALVA, V., *Op. Cit.*, 2018, pp. 151-152.

488 Consulta vinculante V1574, de 30 de junio de 2009.

de la LIRPF, la existencia del impuesto análogo se dará cuando haya un CDI entre ambos Estados que contenga una cláusula de intercambio de información. En el caso analizado por la DGT, el trabajador comenzó a prestar servicios en Angola, un país que no tiene un CDI con España, por lo que se deberá verificar si el país de destino tiene un impuesto que presente características análogas al español, lo que se podrá acreditar mediante cualquier medio de prueba admitido en Derecho. Lo que supone es una presunción *iure et de iure* (en caso de existir CDI) de que existe un impuesto análogo en el otro Estado, con la correspondiente concesión de la exención sin que sea preciso una previa imposición en el Estado de destino[489]. Esto, podría generar un peligro de doble no imposición a consideración de la doctrina[490].

En cuanto a la cantidad exenta, el artículo 7.p) LIRPF incluye la medida de mayor relevancia para favorecer la competitividad internacional de las empresas españolas. Se establece una exención de 60.100 euros que en caso de superarse será sometidas a imposición. La forma de calcular el importe diario exento se establece en el artículo 6.2 del Reglamento del IRPF. En el Reglamento se dispone que para proceder al cálculo es imprescindible conocer el número de días que el trabajador ha estado físicamente prestando el servicio en el Estado de destino. Para ello, se realizará un reparto proporcional teniendo en cuenta el número de días del año entre los que se incluirán los días hábiles como inhábiles, pues nada se prevé en la LIRPF ni en el Reglamento sobre si únicamente se tienen en cuenta los días en que se trabaja. En contra de ello, encontramos la Consulta V2090-14, de fecha 31 de julio de 2014 que dispone que a la hora de cuantificar la parte de los rendimientos del trabajo

---

489 JIMÉNEZ-VALLADOLID DE L´HOTELLERIE-FALLOIS, D. J. y VEGA BORREGO, F. A., *Op. Cit.*, 2013, p. 181.

490 LÓPEZ LÓPEZ, H., *Op. Cit.*, 2015, p. 129.

en el extranjero se tendrán en cuenta los días que «*efectivamente el trabajador ha estado desplazado al extranjero para efectuar la prestación de servicios transnacional, de tal forma que serán los rendimientos devenga dos durante esos días los que estarán exentos, pudiendo calcularse aplicando un criterio de reparto proporcional. Para el cálculo del importe de los rendimientos devengados cada día por los trabajos realizados en el extranjero, al margen de las retribuciones específicas correspondientes a los citados trabajos, se aplicará un criterio de reparto proporcional teniendo en cuenta el número total de días del año*».

Un problema que se plantea en relación con el reparto proporcional es cuando la relación laboral comienza a mitad del año fiscal. Dado que el reparto se realiza considerando la remuneración anual del trabajador, el cálculo proporcional no será preciso, sino que será menor. Algunos autores sugieren que se debería considerar todo el año natural como referencia para el reparto, en lugar de tomar como referencia el momento en que se inicia la relación contractual. Esto aseguraría un reparto más justo y equitativo de la cuantía exenta[491].

Por último, es importante resaltar que, si se cumplen los requisitos de la exención, no debería aplicarse ninguna retención sobre los rendimientos obtenidos. Sin embargo, en caso de que se realicen retenciones, el contribuyente deberá demostrar que cumple con los requisitos necesarios para beneficiarse de la exención correspondiente. En otras palabras, si se retiene parte de los ingresos, el contribuyente deberá proporcionar la documentación y la evidencia necesaria para respaldar su elegibilidad para la exención y solicitar el reembolso de las retenciones indebidas.

Tras señalar todo lo anterior, es preciso indicar algunas consideraciones realizadas por la DGT respecto a este régimen en conexión en supuesto de trabajo a distancia, pues a pesar de ha-

---

491 LÓPEZ LÓPEZ, H., *Op. Cit.*, 2015, p. 133.

ber adelantado la imposibilidad de aplicar el 7.p) de la LIRPF a dicha modalidad no estará de más una mención más sosegada. En la Consulta vinculante V1162-22 de fecha 22 de mayo de 2022 se planteó el caso de una teletrabajadora que se desplazó, de forma esporádica, a Reino Unido para prestar sus servicios por cuenta ajena, pero, como regla general, teletrabajaba desde su domicilio en España. La DGT, al desarrollarse parte de los servicios en el extranjero razonó sobre la posible procedencia en la aplicación de la exención establecida en el artículo 7.p) de la LIRPF conforme a los requisitos previamente analizados[492]. De este modo, la DGT analizó las condiciones para su aplicación y, en lo que aquí nos interesa, si el contribuyente se desplaza físicamente por un tiempo determinado fuera del territorio español ya sería suficiente para poder plantearse la concesión de la exención o, mejor dicho, ya se cumpliría la primera condición. Observamos que, la prestación bimodal de dicha operación (trabajo a distancia y trabajo presencial) no impide la aplicación por la parte de los rendimientos percibidos por la presencia física en Reino Unido, pues únicamente se inaplicable respecto de lo prestado desde España.

En la Consulta vinculante V2490-20, de 27 de julio de 2020, se menciona que el trabajo prestado en el extranjero debe realizarse en un centro de trabajo. Sin embargo, según nuestra interpretación, este centro de trabajo se refiere específicamente al de la empresa ubicada en el extranjero, y la DGT indica que dicho centro de trabajo debe estar ubicado fuera de España, al menos de forma temporal, reiterando que los servicios deben ser para esa empresa. A partir de esta lectura, surge la pregunta de si el centro de trabajo del trabajador podría ser su nueva vivienda en el Estado donde se encuentra la fuente de los servicios, ya que no se especifica expresamente que deba

---

492 Véase también la Consulta vinculante V2960-21, de fecha 22 de diciembre de 2021.

prestarse dentro de la empresa. Sin embargo, es importante tener en cuenta que esta situación podría implicar el establecimiento permanente de la empresa española con el tiempo. No obstante, esta hipótesis podría mantenerse si consideramos al trabajador como residente fiscal por la vía de la vinculación económica y familiar, en lugar de basarnos únicamente en el criterio de permanencia.

Es evidente que si no existe un desplazamiento físico debido a que el empleado teletrabaja desde España, la exención no podrá aplicarse. En estos casos, al no cumplirse el requisito de desplazamiento al extranjero, los rendimientos obtenidos no estarán amparados por la exención prevista en la normativa correspondiente[493].

3. LA IMPOSICIÓN SOBRE LA RENTA DE LOS TRABAJADORES A DISTANCIA DEPENDIENTES QUE NO RESIDEN EN ESPAÑA

La sujeción limitada es una forma de gravamen contemplada en nuestro ordenamiento jurídico. La LIRNR establece los puntos de conexión necesarios para que un no residente sea objeto de imposición por parte de España[494].

En el contexto del trabajo a distancia, esto puede ser relevante en dos situaciones concretas. En primer lugar, cuando una persona no residente teletrabaja para una empresa española. En segundo lugar, cuando el teletrabajador obtiene la

---

493 En este sentido véanse las Consultas V2616-14, V0694-21 y la V1040-21.

494 Para un estudio pormenorizado del Impuesto sobre la Renta de los no Residentes véase CASTILLO SOLSONA, M.ª M., *La imposición sobre la renta de no residentes en la legislación española. Fundamento, evolución histórica y modelo vigente,* Edicions de la Universitat de Lleida, Lleida, 2001.

mayor parte de sus ingresos por el trabajo realizado en nuestro territorio. En estos casos, es importante tener en cuenta el respeto a la libertad de circulación de personas (artículo 45 TFUE) y la prohibición de discriminación directa por razón de la nacionalidad (caso *Schumacker*, sentencia del TJUE, de fecha 14 de febrero de 1995, C-279/93). Por lo tanto, es necesario analizar el artículo 46 de la LIRNR, que establece la opción para los contribuyentes residentes en otros Estados miembros de la Unión Europea.

El amparo jurídico de las dos situaciones planteadas en el apartado anterior se encuentra en el Real Decreto Legislativo 5/2004, de 5 de marzo, por el que se aprueba el texto refundido de la Ley del Impuesto sobre la Renta de no Residentes. Sin embargo, es preciso apuntar que la previsión del IRNR en un texto legal exclusivo e independiente no se alcanzó hasta la aprobación de la Ley 41/1998, de 9 de diciembre, del Impuesto sobre la Renta de no Residentes y Normas Tributarias. Hasta la fecha, el IRNR junto con el IRPF habían convergido en una misma ley. Precisamente, la exposición de motivos de la Ley 41/1998, justificándose en la creciente internacionalización de las relaciones económicas y la integración europea de España, consideró pertinente acabar con la dualidad, pues su objetivo era aportar mayor coordinación y seguridad jurídica. Una parte de la doctrina consideró positivo el cambio.

Así, LÓPEZ BERENGUER estimó que: «*esta decisión del legislador nos parece correcta, pues la citada "obligación real de contribuir" constituía un mismo tributo, aunque encuadrado en dos impuestos diferentes, dado que al desconocerse la naturaleza de la persona, física o jurídica, que obtenía los rendimientos en España tenía idéntica regulación en la normativa de ambos Impuestos, con la consecuencia de que cuando se producía un cambio en uno de ellos era preciso modificar también la normativa del otros*». También pueden encontrarse críticas. Es el caso de GARCÍA NOVOA el cual señala que «*el llevar la antigua "obligación real" a una diferente y, en teoría, a un impuesto distinto, no parece muy afortunada (...) si partimos del dato de que el tributo se manifiesta en la tipificación de un hecho que pone de relieve la existencia la existencia de capacidad económica, la capacidad gravada es la misma en ambos tributos (IRPF e Impuesto sobre la Renta de los no Residente), siendo diferente la extensión subjetiva (el IRNR grava también a personas jurídicas)»495.* Independientemente de considerar mejor o peor la independencia que tuvo el IRNR respecto de regulación del IRPF la realidad demuestra, como bien destaca BERCHÉ MORENO que «*la interpretación de esta norma debería efectuarse en concordancia con las diferentes leyes que graven la obtención de renta, sin necesidad de que el legislador lo prevea expresamente, puesto que por encima de las diferencias que puedan existir estas normas tendrán siempre un tronco común y único»496.*

Con la implementación de la Ley 46/2002, de 18 de diciembre, se lleva a cabo una reforma parcial del Impuesto sobre la Renta de las Personas Físicas y se realizan modificaciones en las Leyes de los Impuestos sobre Sociedades y sobre la Renta de no Residentes. Esta ley, tal como se menciona en su exposición de motivos, buscó mejorar la estructura técnica del impuesto. La justificación se basa en la necesidad de que las empresas españolas sean más internacionales en términos de inversión y movilidad de trabajadores, además de atraer inversión extranjera, teniendo siempre presente el fortalecimiento del control para prevenir el fraude fiscal.

En la actualidad, como se ha señalado, es de aplicación la LIRNR cuyo artículo único aprueba el texto Refundido de la Ley del Impuesto sobre la Renta de no Residentes. En este contexto, nos enfocaremos en analizar los criterios de conexión

---

495 GARCÍA NOVOA, C., *Op. Cit.*, 2000, p. 130.

496 BERCHÉ MORENO, E., "Caracteres generales del impuesto. Especial referencia a su naturaleza, objeto y ámbito de aplicación" en *Los Impuestos sobre la Renta de las Personas Físicas y sobre la Renta de los No Residentes. Estudio de sus leyes reguladoras y reglamentos generales,* Lex Nova, Valladolid, 2008, p. 628.

aplicables a los servicios prestados por trabajadores remotos. Específicamente, nos centraremos en cuestiones relacionadas con los rendimientos del trabajo y, posteriormente, examinaremos el régimen de opción establecido en el artículo 46 de la LIRNR. El objetivo de este régimen es evitar la discriminación fiscal entre residentes y no residentes en casos en los que estos últimos obtienen al menos el 75 por ciento de sus ingresos totales imponibles en España, entre otras condiciones que se detallarán a continuación.

3.1. Los puntos de conexión en los rendimientos del trabajo

El IRNR es un impuesto directo que tiene como objetivo gravar las rentas obtenidas en España por personas físicas y entidades no residentes en el país, según establece el artículo 1 de la LIRNR.

Es importante destacar que la aplicación de la LIRNR se lleva a cabo en coordinación con la LIRPF, lo cual es fundamental para el análisis que se realiza aquí. Para determinar quién se considera residente, es necesario tener en cuenta el artículo 6 de la LIRNR, el cual remite al artículo 9 de la LIRPF. De esta manera, los no residentes, así como aquellos que cumplan ciertas circunstancias, estarán sujetos al régimen del IRNR. Es decir, se interpretan en sentido contrario los criterios de sujeción establecidos en el artículo 9.1 de la LIRPF.

El artículo 12.1 de la LIRNR dispone que el hecho imponible lo constituirá *«la obtención de rentas, dinerarias o en especie, en territorio español por los contribuyentes por este impuesto* (...) *además, existe una presunción de retribución de carácter iuris tantum en caso de que haya una prestación o cesión de «bienes, derechos y servicios susceptibles de generar rentas sujetas a este impuesto»*.

Para entender que una renta se ha *obtenido en territorio español,* se debe atender a lo que prescribe el artículo 13 de la LIRNR. En concreto, y en lo que aquí nos interesa, únicamente se atenderán a aquellas que tengan la naturaleza de rendimiento del trabajo, pues nuestra investigación (salvo alguna otra referencia) alude a las actividades laborales prestadas a distancia.

Junto a ello, hay que hacer una necesaria alusión a que el artículo 13.3 de la LIRNR dispone que la calificación de cada una de las rentas que establece el precepto será considerada a los efectos de lo establecido en la LIRPF. Ahora bien, a pesar de que los puntos de conexión establecidos en el artículo 13 y, para nuestro caso, los mencionados en la letra c), quedarán condicionados por lo que establezca el CDI si existiera. Al respecto, SÁNCHEZ-HERRERO señala que «*la materialización final de tributación final por IRNR, sobre todo en el caso de los contribuyentes no establecidos en España, dependerá de lo que dispongan al efecto los Convenios para evitar la doble imposición firmados por España, que como se sabe, son, en caso de discrepancia (…), de aplicación preferente al contenido del Texto Refundido*»497.

El artículo 13.1.c). de la LIRNR enumera tres situaciones para considerar que en territorio español se han obtenido rendimientos del trabajo. Nos centraremos básicamente en la primera, es decir, aquellas que «*deriven, directa o indirectamente, de una actividad personal desarrollada en territorio español*». Este hecho imponible implica una sujeción de acuerdo con el lugar de realización del servicio.

Con el fin de desgranar la renta anterior, mencionaremos la doctrina administrativa, así como la doctrina especialista. En la Consulta de la DGT V0686-15, de fecha 3 de abril de 2015, un consultante alemán informó que prestaría servicios desde Zaragoza para una empresa residente en Alemania. La DGT

---

497 SÁNCHEZ-HERRERO, Á., "La sujeción al Impuesto" en *Los Impuestos sobre la Renta de las Personas Físicas y sobre la Renta de los No Residentes. Estudio de sus leyes reguladoras y reglamentos generales,* Lex Nova, Valladolid, 2008, p. 644.

señaló que en caso de mantener el teletrabajador su residencia fiscal alemana habría que atender a lo dispuesto en el artículo 13.1.c), siempre y cuando no pudiese aplicarse el CDI, pero en el caso de que realizase el trabajo exclusivamente en Alemania y realizase visitas esporádicas a territorio español, ya no se tributaria conforme al IRNR, pues la renta no sería considerada de fuente española.

Efectivamente, en casos de trabajo a distancia, el lugar donde se lleva a cabo la actividad laboral es independiente del lugar donde se generan los resultados de ese trabajo, es decir, el lugar de explotación. Así, en la consulta de la DGT V01924-21 del 8 de febrero de 2021, se trató el caso de un teletrabajador que prestaba sus servicios para una empresa inglesa que solo requería su presencia en su territorio durante 91 días al año. La DGT señaló que, en relación con los frutos generados por el teletrabajo del consultante, si el trabajo se realizaba en España, el lugar donde se percibían los frutos era independiente.

Otra cuestión que debe ponerse de relieve es que la LIRNR no exige que las rentas del trabajo sean prestadas de forma "íntegra" en el territorio español. Únicamente se limita a señalar que se "desarrollen", de forma directa o indirecta, en dicho territorio. Esto podría suponer un peligro recaudatorio, pues se daría el caso de teletrabajadores que obtienen rentas producidas en España, pero al no haberse efectuado en el territorio español podrían quedar sin gravar[498]. Algunos autores, como GONZÁLEZ POVEDA consideraron que si existe una parte de la actividad (en nuestro caso, por teletrabajo) desarrollada

---

498 Sobre la ausencia de desplazamiento véase la Consulta V1285-14, de 13 de mayo 2014, pero sí en cambio en la Consulta V1552-19, de fecha 25 de junio de 2019 en que el consultante ejerció el empleo en territorio español y, al cumplirse el artículo 15.2 del CDI entre Reino Unido y España, éste último tiene derecho a poder gravar a través del IRNR con arreglo al artículo 13 de la LIRNR.

en España; aunque no íntegramente, el rendimiento quedará sujeto en su totalidad[499]. Para BAENA AGUILAR debería atenderse al criterio de pago cuando existan dudas sobre la localización en el supuesto de que el servicio prestado sirva para la actividad empresarial del empleador-pagador, es decir, sea utilizada en España[500].

No obstante, creemos que además de la falta de precisión en la normativa de no residentes, se debe tener en cuenta que, a diferencia de lo establecido a nivel convencional o en el artículo 9 de la LIRPF, con las diferencias pertinentes, no se requiere ningún tipo de período de permanencia. Esto refuerza el problema identificado anteriormente.

3.2. El régimen de opción para contribuyentes residentes en otros Estados miembros de la Unión Europea

El artículo 46 de la LIRNR establece que aquel que sea contribuyente[501] por el IRNR (artículo 5 de la LIRNR) podrá optar por tributar en calidad de contribuyente por el IRPF siempre

---

499 GONZÁLEZ POVEDA, V., "La obligación real en la normativa del IRPF (Un análisis económico de los puntos de conexión", *Crónica Tributaria,* número 65, 1993, p. 53.

500 BAENA AGUILAR, Á., *Op. Cit.*, 1993, p. 179.

501 Los miembros de la unidad familiar del contribuyente también podrán optar al régimen siempre teniendo en cuenta las reglas de modalidad de tributación conjunta y, cumplan con las tres condiciones establecida en el artículo 21.3 del Real Decreto 1776/2004, de 30 de julio, por el que se aprueba el Reglamento del Impuesto sobre la Renta de no Residentes (en lo sucesivo, RIRNR). Véase la Consulta V0042-20, de fecha 14 de enero de 2020 en la que no fue de aplicación el régimen opcional dado que la mujer e hijos del contribuyente no eran residentes ni en la Unión Europea ni en el Espacio Económico Europeo.

y cuando acredite que su domicilio o su residencia habitual[502] radique en un Estado miembro de la Unión Europea y del Espacio Económico Europeo. Debe quedar claro que optar tributar en calidad de contribuyente por el IRPF no implica perder la condición de contribuyente por el IRNR (artículo 46.6 de la LIRNR). El desarrollo reglamentario del régimen se encuentra en el artículo 21 a 24 del RIRNR.

Tal regulación tiene su origen en la Recomendación 94/79 de la Comisión de fecha 21 de diciembre de 1993 relativa al régimen tributario de determinadas rentas obtenidas por no residentes en un Estado miembro distinto de aquel en el que residen[503]. En la misma se precisa que: «*considerando que el principio de la igualdad de trato que se deriva del artículo 48, así como del artículo 52 del Tratado, exige que no se prive a las personas que obtengan dichas rentas de las ventajas y deducciones fiscales de las que gozan los residentes, cuando la parte preponderante de sus rentas se obtenga en el país en donde desarrollan su actividad*». La parte preponderante se estimó en un 75 por ciento de la renta total imponible. Al respecto el TJUE tuvo un papel relevante, en concreto a través de los casos *Schumacker* y *Wielockx* sobre no discriminación donde se puso de manifiesto que entre residentes y no residente existiría una situación comparable y, por ende, podría existir una discriminación en contra de los no residentes en el supuesto de que no se tenga en cuenta su situación personal y familiar

---

502 Conforme el apartado 7 del artículo 46 de la LIRNR la residencia no podrá radicar en un territorio calificado reglamentariamente como paraíso fiscal. A su vez, en el apartado 9 del precepto se señala que el régimen sí será aplicable a los residentes del Espacio Económico Europeo siempre y cuando, haya un intercambio de información tributaria.

503 En un inició se incluyó en la Ley 41/1998 en su artículo 33 y, en la actualidad se halla en el indicado artículo 46 de la LIRNR.

cuando ha obtenido la mayor parte de sus ingresos, incluyendo los ingresos familiares, en el Estado del empleo[504].

La opción de tributación se aplicará en dos situaciones específicas. En primer lugar, si durante el ejercicio fiscal se obtiene al menos el 75 por ciento de la totalidad de las rentas derivadas de rendimientos del trabajo y actividades económicas, y se ha tributado de manera efectiva a través del IRNR. En segundo lugar, si la renta obtenida en España durante el ejercicio representa menos del 90 por ciento del mínimo personal y familiar que se le habría aplicado como residente fiscal en España, teniendo en cuenta las circunstancias personales y familiares, y, además, las rentas han tributado de manera efectiva a través del IRNR y la renta obtenida fuera de España es inferior al mínimo.

La renta sujeta a gravamen comprende la totalidad de los ingresos obtenidos en España, los cuales se computan en su importe neto[505]. Además, las rentas se clasifican de acuerdo con la normativa del IRNR y se computan en su importe neto, aplicándose las reducciones previstas en el artículo 20 y el artículo 32.2 de la LIRPF.

---

504 Apartado 38 del caso *Schumacker*. Al respecto, cabe apuntar a la matización realizada por MARTÍN JIMÉNEZ, A. y CALDERÓN CARRERO, J. M., "La jurisprudencia del Tribunal de Justicia de la Unión Europea relativa a las libertades fundamentales y derechos de los contribuyentes en el marco de los impuestos directos" en *Manual de Fiscalidad Internacional*, volumen 1, 4ª ed., Instituto de Estudios Fiscales, Madrid, 2016, pp. 211-212 quienes consideraron que la sentencia indicada ha ido perdiendo relevancia a consecuencia de una posterior jurisprudencia del TJUE. Un ejemplo lo encontramos, en el caso *Comisión/Estonia*, C-39/10 (*Tol* 2.156.877) en que «*el contribuyente no residente no obtenía la mayoría de su renta en Estonia (estado de la fuente) y, sin embargo, el TJUE decidió aplicar la excepción de no comparabilidad puesta que la renta que se obtenía en el Estado de la residencia estaba exenta en este país*».

505 Les serán aplicables las reducciones establecidas en los artículos 20 y 32.2 de la LIRPF.

El tipo de gravamen, que se basará en la escala del ahorro de la LIRPF, será el tipo medio determinado según las reglas de la LIRPF para el conjunto de los ingresos obtenidos durante el ejercicio. En este caso, no importará el lugar donde se hayan generado dichos ingresos ni la residencia del pagador. Se tendrán en cuenta las circunstancias personales y familiares del contribuyente. Todo esto se aplica dentro del período impositivo que se liquida.

4. LA DETERMINACIÓN DE LA RESIDENCIA HABITUAL EN EL ÁMBITO AUTONÓMICO

La residencia fiscal desde el punto de vista autonómico en España requiere un análisis previo de la organización territorial y la autonomía financiera de las Comunidades Autónomas (en adelante, CCAA). Para este propósito, se utiliza el bloque constitucional, que incluye la Constitución, la LOFCA y los Estatutos de Autonomía. A través de estas normas, podemos identificar la estructura legal básica de nuestro ordenamiento jurídico y establecer los puntos de conexión que relacionan al trabajador a distancia con una Comunidad Autónoma (en adelante, CA).

La capacidad para implantar un sistema de ingresos y gastos públicos por las diferentes CCAA parte del modelo territorial implantado por la Constitución Española. La Carta Magna introdujo un conjunto de límites, así como, de principios sobre los que se vertebraría el modelo de financiación autonómico. El artículo 133 del texto constitucional supone la primera mención en la materia objeto de análisis.

El ejercicio autonómico en materia de financiación aparece condicionado a lo que establezca la Constitución y las leyes. De ahí que se hable de un poder financiero originario, que correspondería al Estado y otro, derivado, que recaería sobre las

CCAA[506]. Una vez, se faculta a las CCAA al establecimiento de su propio sistema financiero podrá establecer y exigir tributos, así como, de beneficios fiscales siempre en el margen de la ley establecida al efecto.

Para una mayor precisión de lo último señalado, es preciso acudir al artículo 157.1.b) de la CE que establece un listado de tributos propios de los que disponen las CCAA como titulares de un poder financiero compartido con el resto de los niveles que componen nuestra organización territorial.

El contenido asumido por el poder originario en materia de financiación se desplaza al nivel autonómico (poder derivado) a través de ley orgánica[507]. La delegación o colaboración con dicho nivel se prevén, en este orden, en la Ley Orgánica 8/1980, de 22 de septiembre, de financiación de las Comunidades Autónomas (en adelante, la LOFCA) que ha sido adaptada por el actual modelo de financiación expuesto en la Ley 22/2009, de 18 de diciembre, por la que se regula el sistema de financiación de las Comunidades Autónomas de régimen común y Ciudades con Estatuto de Autonomía y se modifican determinadas normas tributarias (en lo sucesivo, Ley 22/2009)[508].

---

506 ROVIRA FERRER, I., "Estado actual y perspectivas de futuro de la potestad autonómica para crear impuestos propios", *Revista d'Estudis Autonòmics i Federals,* número 24, 2016, p. 196.

507 Artículo 157.3 de la Constitución. Sobre el poder originario y derivado en materia financiera véase GÓMEZ CABRERA, C., "El poder tributario autonómico desde una perspectiva constitucional", en *El debate sobre el sistema de financiación autonómica,* Secretaría General del Parlamento de Andalucía, Granada, 2003, p. 676.

508 Desde su entrada en vigor no se ha modificado el sistema de financiación autonómica, lo cual supone ir en contra de los postulados establecidos por el Consejo de Política Fiscal y Financiera respecto a la necesidad de alcanzar acuerdo.

Cuando nos referimos a la cesión es necesario distinguir entre aquellas que son de carácter restringido y, otras, de carácter amplio. Las primeras, ceden el producto (la recaudación) a las CCAA y el Estado mantiene sus competencias normativas. Las segundas, otorgan a las CCAA la capacidad de gestionar, liquidar, inspeccionar y recaudar (es decir, de la aplicación de tributos). También aparece una tercera tipología intermedia en la que el Estado cede competencias de gestión tributaria a las CCAA, pero la soberanía tributaria pertenece al Estado[509].

Tanto la LOFCA como la Ley 22/2009 toman como puntos de referencia para los impuestos personales el lugar de residencia del sujeto pasivo, y para el caso de los impuestos reales el lugar donde acaezca la operación. Al fin y al cabo, el alcance y las condiciones específica de la cesión sea restringida, amplia o intermedia precisan de un lugar en el que se manifieste la cesión.

Los resultados en materia de cesión financiera vendrán determinados en función del tipo de tributo que se considere, pues no será lo mismo realizar una reflexión sobre el Impuesto sobre Sucesiones y Donaciones que sobre el IRPF. El primero, es uno de los impuestos más conflictivos dado que las CCAA ostentan una autonomía total sobre el mismo lo cual genera desigualdades entre las diferentes CCAA. El segundo, a pesar de contener diferencias en la cuota a pagar, no se halla en el mismo punto que el impuesto anteriormente mencionado, pues su cesión es más limitada.

Sin embargo, la mayor parte de los tributos de nuestro sistema impositivo se halla cedido de forma intermedia o amplía, con lo cual, las CCAA podrán manejar una importante autonomía tanto en gasto como en ingreso lo cual tendrá como

---

509 BRAVO CAÑADAS, V. M., "Impuestos Cedidos a las Comunidades Autónomas", *Revista de estudios económicos y empresariales,* número 1, 1982, p. 37.

consecuencia diferencias entre los territorios de las diferentes CCAA determinados principalmente por la residencia habitual de las personas físicas.

El término de residencia habitual en materia autonómica viene siendo en los últimos años un tema de gran actualidad por las diferencias que conlleva en la tributación de los contribuyentes[510]. Desde instancias políticas se ha utilizado este término para atraer a nuevos residentes y favorecer la competitividad de su territorio. En algunas ocasiones, se ha calificado, incluso, de *dumping fiscal* o de paraísos fiscales autonómicos lo cual no deja de ser preocupante si tenemos en cuenta el aumento de la circulación de personas tras el impacto de las nuevas tecnologías y de la influencia de factores colaterales de gran relevancia mundial como fue la COVID-19. Al respecto, las reformas en materia autonómica llevadas a cabo en 1997, 2001 y 2009 no solucionaron los problemas de falta de corresponsabilidad fiscal, sino que permitieron, en muchos casos, a las CCAA moldear su nivel de presión fiscal[511].

De una forma u otra, diversas Comunidades Autónomas han aprovechado su autonomía financiera para atraer a grupos específicos de la población, tales como grandes patrimonios, sectores tecnológicos, teletrabajadores, entre otros. En esta investigación no abordaremos la posible competencia desleal entre CCAA, pero aprovecharemos la situación para relacionarla con la facilidad que muchos trabajadores a distancia han tenido para prestar servicios a distancia desde otra comunidad, manteniendo su residencia habitual en otra CCAA por diver-

---

510 MARTÍN DÉGANO, I., "Los criterios para determinar la residencia fiscal autonómica y su prueba: el caso de Ceuta", *Quincena Fiscal*, número 4, 2018, (Versión electrónica [BIB 2018/5970]).

511 RUIZ ALMENDRAN, V., "Poder tributario autonómico y Derecho de la Unión Europea: consecuencias de un federalismo fiscal inacabado", *Revista Española de Derecho Europeo*, número 64, 2017, (Versión electrónica).

sas razones. No se presume que esta tipología de trabajadores haya planificado su situación fiscal para tributar menos en una CCAA con menor presión fiscal, pero lo que se quiere destacar es la posición de los tribunales y los órganos administrativos en cuanto a la residencia habitual autonómica, los cambios de residencia y el impacto que el trabajado a distancia ha tenido en este sentido en el marco de la legislación actual.

Junto a lo anterior, nuestra intención es limitarnos a analizar la mencionada residencia habitual (y, fiscal) en el marco del IRPF, pues nuestra investigación, en especial, el capítulo segundo, se enfocó sobre los rendimientos del trabajo y no, a otro tipo de rentas, como bien podrían ser a nivel de persona jurídica en el Impuesto sobre Sociedades.

Aclarado este extremo, es preciso apuntar la Ley 3/1996, de 27 de diciembre, de modificación parcial de la Ley Orgánica 8/1980, de 22 de septiembre, de financiación de las Comunidades Autónomas y la Ley 14/1996, de 30 de diciembre, de cesión de tributos del Estado a las Comunidades Autónomas y de medidas fiscales complementarias que introdujeron por primera vez la cesión de competencias normativas a las CCAA del IRPF. De ahí que surgiera la cuota íntegra autonómica sobre una base liquidable autonómica por medio de la reducción de las escalas estatales: el margen lo ocuparían las CCAA.

Esta reforma coincidió con el establecimiento de un IRPF dual. La diversificación entre rentas del ahorro y rentas generales tuvo su justificación en el protagonismo que empezaba a tener la libertad de circulación de capitales junto con la competencia fiscal internacional. De este modo se propuso una tributación más laxa respecto a rentas de carácter más móvil (para evitar su traslado a otras jurisdicciones), y unos tipos progresivos para las rentas generales[512].

La aplicación de las normas autonómicas respecto a sus tributos cedidos parte de la Ley 22/2009 la cual fija una serie de puntos de conexión para cada uno de los tributos. Para el IRPF el artículo 30.2 de la Ley 22/2009 señala que el rendimiento cedido será sobre aquella Comunidad Autónoma donde el contribuyente tenga su residencia habitual.

Como hemos observado, el punto de conexión para aplicar (sea para la cesión de la recaudación como de las competencias normativas) el IRPF es la residencia habitual. Se trata de un término que aparece en el artículo 28 de la Ley 22/2009 así como en el artículo 72 de la LIRPF que son prácticamente idénticos. En la LOFCA, no hay un precepto que establezca los criterios para identificar la residencia habitual, pues delega dicha función a la ley de cesión (Ley 22/2009).

En relación con la determinación de la residencia habitual en las CCAA, es importante aclarar algunos términos que pueden generar confusión si no están debidamente delimitados. Estos términos incluyen la residencia habitual, la vivienda habitual y el domicilio fiscal. Asimismo, al mencionar los diferentes criterios de sujeción contemplados en el artículo 4.1 del MC OCDE, también se plantea la necesidad de establecer claridad al respecto.

El Tribunal Supremo, en una sentencia fechada el 7 de febrero de 2006, señala que en ocasiones el legislador utiliza indistintamente los términos residencia y domicilio como punto de conexión para la aplicación de las leyes de cesión de tributos en el ámbito autonómico. Sin embargo, la LGT distingue claramente entre residencia y domicilio en diferentes precep-

---

512 MARTOS GARCÍA, J. J., "Financiación autonómica e IRPF: corresponsabilidad tributaria *versus* competencia fiscal y desigualdad interregional", *Crónica Tributaria,* número 136, 2010, p. 144.

tos. El artículo 11 de la LGT se refiere a la residencia, mientras que el artículo 48 se refiere al domicilio fiscal.

La mencionada sentencia destaca que el domicilio fiscal no puede considerarse como un criterio que se superponga con la residencia habitual, ya que esto iría en contra de la intención del legislador de utilizar la residencia habitual como criterio para establecer la residencia en territorio español (también a nivel autonómico) sin necesidad de recurrir al domicilio fiscal. En su lugar, el legislador ha optado por utilizar el criterio de residencia habitual basado en la permanencia por más de 183 días durante el año natural. La sentencia subraya la importancia de distinguir entre el domicilio fiscal y la residencia habitual a efectos fiscales.

En otra ocasión, en fecha 9 de febrero de 2009, el Tribunal Supremo indica que la residencia o domicilio habitual (utiliza ambos con el adjetivo *habitual)* es totalmente ajeno a la inscripción registral que no vendría a identificar el domicilio efectivo (residencia habitual), pues supone una declaración formal (domicilio fiscal)[513]. Lo interesante de la sentencia es que los recurrentes declaran que domicilio fiscal y residencia habitual están relacionados y que, el uno sin el otro supone que sea incompleta la interpretación. Ello es consecuencia de que, el propio artículo 48.2.a) de la LGT indica que el domicilio fiscal del obligado tributario será el lugar donde tenga su residencia habitual. Al respecto, NUÑEZ GRAÑÓN apunta a que existe un reenvío del término domicilio al concepto de residencia habitual, pero ello no debe entenderse como una identidad dado que la residencia supone el ámbito territorial de aplicación de

---

513 STS 597/2006, de fecha 9 de febrero de 2006, núm. Recurso 137/2001, F.J. 2º, (*Tol 839.571*). La referencia a la "habitualidad" que acompaña al término "domicilio" debe entenderse como "residencia habitual". El conflicto con el término "domicilio" aparece cuando se refiere a "domicilio fiscal" el cual es un punto puramente formalista como venimos afirmando.

la norma tributaria y, el domicilio la localización del sujeto pasivo[514] para sus relaciones con los órganos administrativos (no respecto de una jurisdicción – Estado o Comunidad Autónoma-). Para RAMOS PRIETO ambos conceptos tampoco deben confundirse; es cierto que se produce una conexión entre los mismos, pero es por el motivo de que el domicilio «*es el lugar donde se materializa – de cara al cumplimiento de las obligaciones tributarias- la idea de permanencia o vinculación efectiva inherente a la residencia habitual*»[515].

Por último, queremos referirnos a la vivienda habitual. Se trata de un término que el artículo 72 de la LIRPF y el 28 de la Ley 22/2009 utilizan para presumir (en su modalidad *iuris tantum*) la permanencia del sujeto pasivo durante el mayor número de días del período impositivo. Su definición se remite a la LIRPF que, como ha resaltado el Tribunal Supremo en la sentencia de fecha 12 de diciembre de 2022[516], ha estado vinculado a la noción establecida para la deducción por inversión en vivienda habitual[517], pues de este modo se aplica de forma unitaria el concepto.

Tras lo manifestado, el concepto de vivienda habitual es el siguiente[518]:

> *«(...) se considerará vivienda habitual aquella en la que el contribuyente resida durante un plazo continuado de tres años. No obstante, se entenderá que la vivienda tuvo aquel carácter*

---

514 NÚÑEZ GRAÑÓN, M., *Op. Cit.*, 1998, p. 148.

515 RAMOS PRIETO, J., *La cesión de impuestos del Estado a las Comunidades Autónomas. Concepto, régimen jurídico y articulación constitucional*, Editorial Comares, Sevilla, 2001, p. 711.

516 STS 4569/2022, de fecha 12 de diciembre de 2019, núm. Recurso 7219/2020, F.J. 3°, (*Tol 9.337.046*).

517 Deducción suprimida tras la Ley 16/2012, de 27 de diciembre, por la que se adoptan diversas medidas tributarias dirigidas a la consolidación de las finanzas públicas y al impulso de la actividad económica con efectos a partir de 1 de enero de 2013.

518 Disposición adicional vigesimotercera de la LIRPF.

> *cuando, a pesar de no haber transcurrido dicho plazo, concurran circunstancias que necesariamente exijan el cambio de vivienda, tales como celebración de matrimonio, separación matrimonial, traslado laboral, obtención de primer empleo o de empleo más ventajoso u otras análogas519.*
>
> *Cuando la vivienda hubiera sido habitada de manera efectiva y permanente por el contribuyente en el plazo de doce meses, contados a partir de la fecha de adquisición o terminación de las obras, el plazo de tres años previsto en el párrafo anterior se computará desde esta última fecha.»*

De esta forma, la vivienda habitual forma parte de la definición de "permanencia" a nivel autonómico. Se configura a través de una perspectiva temporal, es decir, se requiere una utilización efectiva y con carácter de permanencia por parte del contribuyente y no estará dicho carácter afectado por las ausencias temporales[520]. A su vez, cabe resalta que los tribunales no han acogido la prueba del certificado de empadronamiento para acreditar la habitualidad en términos parecidos a lo que ocurría cuando se analizaba el concepto de vivienda habitual y lo posiciona como un simple indicio[521].

---

519 La DGT, en la Consulta V1634-22, de fecha 8 de julio de 2022, señala que el término "necesariamente" comporta una obligatoriedad del cambio de domicilio lo cual excepcionará el plazo el plazo de tres años.

520 Consulta vinculante V1634-22, de fecha 8 de julio de 2022.

521 Para más información véase GIL MACIÀ, L., "Deducción por inversión en vivienda habitual: jurisprudencia sobre las pruebas que acreditan la ocupación efectiva y permanente", *Revista de Derecho Financiero,* número 166, 2015, (Versión electrónica [BIB 2015/1939]). En cambio, un certificado de la facturación del suministro de energía eléctrica sí que prueba la "habitualidad" como destaca la STSJ de Castilla y León (Sede Burgos) 4789/2011, de fecha 14 de octubre de 2011, núm. Recurso 248/2010, F.J. 8º, (*Tol 2.260.840*).

4.1. Los criterios para determinar la residencia habitual

Para determinar la residencia habitual a nivel autonómico es importante mencionar que los criterios se encuentran establecidos en el artículo 72 de la LIRPF y en el artículo 28 de la Ley 22/2009. Ambos artículos tienen una estructura prácticamente idéntica. Antes de aplicar los criterios establecidos es necesario que el sujeto sea considerado residente fiscal en España (obligación personal de contribuir), lo cual es coherente, ya que, si no lo fuera, tampoco podría establecer su residencia habitual en una Comunidad Autónoma.

De la lectura de los preceptos indicados se identifican dos criterios de carácter subsidiario que, para autores como BOKOBO MOICHE suponen las dos formas de articular la residencia habitual, pues desde una visión cualitativa, la residencia habitual se identifica con el centro de intereses del sujeto pasivo y, desde una visión cuantitativa, la residencia habitual se entiende como un plazo de carácter no transitorio[522].

Tras estos criterios de aplicación subsidiaria ambos preceptos aluden a una presunción de carácter *iuris tantum* en línea a lo que establece el último párrafo del artículo 9.1 de la LIRPF para determinar la residencia fiscal en el territorio español. A ello, se le suma una presunción antifraude y una cláusula de cierre que dispone que:

> *«3.º Cuando no pueda determinarse la residencia conforme a los criterios establecidos en los ordinales 1.º y 2.º anteriores, se considerarán residentes en el lugar de su última residencia declarada a efectos del Impuesto sobre la Renta de las Personas Físicas».*

---

522 BOKOBO MOICHE, S., *Los puntos de conexión en los tributos autonómicos*, Lex Nova, Valladolid, 1998, p. 74.

En primer lugar, se alude al criterio de permanencia indicando que la residencia habitual se fijará en la Comunidad Autónoma donde el sujeto pasivo permanezca el mayor número de días. En materia de IRPF el cómputo se hará tomando como referencia el periodo impositivo al cual se le computan las ausencias esporádicas.

A simple vista podría afirmarse que el criterio de permanencia de estos preceptos, a diferencia de lo dispuesto en el artículo 9.1 de la LIRF, no exige (en principio) una permanencia de más de 183 días.

En palabras de BOKOBO MOICHE la ausencia de número de días para referirse a la permanencia autonómica resulta, en esencia, lógico, pues para ser residente en territorio español ya se exige estar más de 183 días (primer filtro), pero puede ocurrir que este período no acontezca en alguna Comunidad Autónoma por ello, el legislador se limita a señalar "el mayor número de días"[523]. Otros, estiman que la ausencia de alusión al plazo de 183 días en el criterio de permanencia viene motivada por las facilidades que tienen los sujetos de circular entre CCAA lo cual conllevaría una tarea muy compleja en cuanto a fijar la residencia habitual a través de dicho plazo. De ahí que se aplicase la fórmula del mayor número de días[524] ya que, tal y como expuso ORÓN MORATAL los sujetos pasivos tendrán comunicada su residencia en una Comunidad Autónoma, aunque sus rendimientos se producirán en otra la cual, no podrá participar de las rentas obtenidas por el sujeto[525]. Esto suele

---

523 BOKOBO MOICHE, S., *Op. Cit.*, 1998, p. 84.

524 DE LA PEÑA AMORÓS, M. M., *Op. Cit.*, 2008, pp. 116-117.

525 ORÓN MORATAL, G., "La residencia habitual como punto de conexión en los impuestos directos: problema actual y causa de próximas reformas legislativas» en *Presente y futuro de la imposición directa en España,* Lex Nova, Valladolid, 1997, p. 88.

suceder, especialmente, en actividades que permiten ese desplazamiento como en los casos de trabajo a distancia.

En el ámbito de las comunidades autónomas, existe una mayor posibilidad de circulación de trabajadores, lo que plantea un reto adicional en cuanto a la fijación de la residencia. Por lo tanto, el legislador ha optado por establecer una presunción basada en la vivienda habitual, tal como se ha definido previamente. No obstante, algunos autores no consideran esta solución como la más adecuada.[526]. Pero, para otros, supone un mayor acercamiento a la realidad física y permite una facilidad en materia probatoria[527]. De esta forma, la ley viene a exigir que se fije como primer criterio el lugar donde se halla sita la vivienda habitual a través de una circunstancia fáctica de la permanencia.

El segundo criterio utilizado para determinar la residencia se basa en el principal centro de intereses del contribuyente. Este criterio se aplica cuando no es posible determinar la residencia habitual según el primer criterio mencionado. Según la normativa, se considera que el lugar de residencia es aquel donde se encuentra la mayor parte de la base imponible del IRPF. Además, se establece un lugar de residencia específico en función del tipo de renta obtenida, con el fin de reflejar con mayor precisión el origen de los ingresos. En el caso de los rendimientos del trabajo, que es lo que recibiría un trabajador a distancia, la residencia se establecerá en el lugar donde se encuentre el centro de trabajo, siempre y cuando dicho centro exista[528].

Señala DE LA PEÑA AMORÓS que este criterio autonómico no debe confundirse con el criterio establecido en el artícu-

---

526 LAGO MONTERO, J. M., *El Poder Tributario de las Comunidades Autónomas,* Aranzadi, Navarra, 2000, p. 178.

527 DE LA PEÑA AMORÓS, M. M., *Op. Cit.*, 2008, p. 125.

528 Véase el artículo 28.1.2° de la Ley 22/2009 (lo mismo en el artículo 72.1.2° de la LIRPF).

lo 4.2 del MC OCDE pues: «*mientras la citada normativa (artículo 72 de la LIRPF) alude a centro de intereses, definiendo el mismo como el lugar en el que se obtenga la mayor parte de la base imponible del IRPF, el Convenio añade que se trata de intereses "vitales", este complemento conlleva que no se está aludiendo únicamente a criterios objetivos, como se hace en el caso de las Comunidades Autónomas sino que supone atender también a criterios más subjetivos, y así se entiende que el centro de intereses vitales se tiene en el Estado en el que el administrado mantenga relaciones personales y económicas más estrechas*»*529*.

Tampoco debe confundirse el centro de intereses autonómico con el establecido en el artículo 9 de la LIRPF, pues se aproxima más a una sujeción por obligación real al establecer de forma expresa el lugar de obtención de la mayoría de la renta lo cual, puede resultar algo ajeno para impuestos como el IRPF que se rige por una obligación personal de contribuir[530]. Para LAGO MONTERO a pesar de estas críticas, el criterio es apropiado, pues se posiciona de forma secundaria al criterio de permanencia y, su intención es localizar un lugar estable y real entre la persona y un territorio al fallar el principal[531]. De modo que, aquellas rentas no incluidas se han considerado una medida acertada por parte de gran parte de la doctrina al ser de difícil localización[532].

---

529 DE LA PEÑA AMORÓS, M. M., *Op. Cit.*, 2021, (Versión electrónica [BIB 2021/4925]). En la misma línea, ANÍBARRO PÉREZ, S., "Contribuyentes del impuesto, residencia en una Comunidad Autónoma y trabajadores desplazados" en *Los Impuestos sobre la Renta de las Personas Físicas y sobre la Renta de los No Residentes. Estudio de sus leyes reguladoras y reglamentos generales,* Lex Nova, Valladolid, 2008, p. 161.

530 FALCÓN Y TELLA, R., *Op. Cit.*, 1997, (Versión electrónica [BIB 1997/1090]).

531 LAGO MONTERO, J. M., *Op. Cit.*, 2000, p. 179.

532 GUERVÓS MAÍLLO, M.ª Á., "Artículo 28. Residencia habitual de las personas físicas", en *El sistema de financiación de las Comunidades*

En el artículo 28.1.3º de la Ley 22/2009 y en el artículo 72.1.3º se dispone una "cláusula de cierre" para aquellos casos en que los criterios de permanencia y del principal centro de intereses no surtan efectos. De este modo, el legislador identifica la Comunidad Autónoma en que tuvo, el sujeto pasivo, su última residencia declarada a los efectos del IRPF.

La denominación que se utiliza en relación con este párrafo, según la doctrina, se deriva de las intenciones del legislador al establecerlo. Se confía en que, al optar por la última residencia habitual, se pueda asignar al contribuyente a una Comunidad Autónoma específica[533]. Según parte de la doctrina, la cláusula de cierre proporciona a la Administración tributaria la facultad de determinar la residencia habitual al aceptar la residencia declarada por el contribuyente en casos en los que no existen suficientes elementos para señalar el lugar en el que el contribuyente reside o tiene su principal centro de intereses[534].

La cuestión familiar se establece como una presunción de carácter *iuris tantum* (artículo 72.5 de la LIRPF y 28.6 de la Ley 22/2009). Los preceptos indican que una vez se supere el "primer filtro"[535] establecido en el artículo 9.1 de la LIRPF, es decir, ser residente en territorio español, se presumirá que la misma se sitúa en la Comunidad Autónoma donde residan habitualmente el cónyuge no separado legalmente y los hijos

---

Autónomas. Comentario a la Ley 22/2009, de 28 de diciembre, tras la Sentencia del Estatuto catalán, Dykinson, Madrid, 2010, p. 184.

533 DE LA PEÑA AMORÓS, M. M., *Op. Cit.*, 2008, p. 130. Indica la autora que: «*existen supuestos en los que dicha cláusula de cierre no será suficiente, tales como, aquellos en los que los sujetos declaren por primera vez, o cuya última residencia declarada sea en el extranjero*».

534 Para más información BOKOBO MOICHE, S., *Op. Cit.*, 1998, p. 86.

535 DE LA PEÑA AMORÓS, M. M., *Op. Cit.*, 2008, p. 132, añade que este criterio no tiene por qué dar problemas si previamente ya se ha determinado la residencia en España.

menores de edad que dependan de ellos, para el caso de que no hayan podido ser aplicados los criterios de permanencia y el principal centro de intereses. Para BOKOBO MOICHE la aplicación de este criterio exige que se cumplan dos requisitos de forma simultánea: que los hijos sean menores y que convivan junto al cónyuge no separado no sólo desde un punto de vista económico, sino también físico[536]. De esta forma lo declaró el Tribunal Superior de Justicia de Madrid, en la sentencia de fecha 21 de septiembre de 2017, al señalar que el contenido del artículo 72.5 de la LIRPF es coherente con el artículo 69 del Código civil que declara que «*se presume, salvo prueba en contrario, que los cónyuges viven juntos*» [537].

Retomando el tema del plazo de los 183 días, el artículo 28.5 de la Ley 22/2009 y el artículo 72.4 de la LIRPF indican que aquellas personas que sean residentes en España, pero que no permanezcan más de 183 días en dicho territorio, se consideraran como residentes habituales en la Comunidad Autónoma en la que se halle el núcleo o base de sus actividades o de sus intereses económicos.

Uno de los problemas que se destacan entorno a este apartado es la mala técnica legislativa. En línea a lo que exponen RODRÍGUEZ-BEREIJO LEÓN y ZABÍA DE LA MATA se utilizan los 183 días cuando, en principio, se había eliminado -en el criterio de la permanencia- dicha mención[538]. Es por ello, por lo que BOKOBO MOICHE apunta a que en los apartados seña-

---

536 BOKOBO MOICHE, S., *Op. Cit.*, 1998, p. 89.

537 STSJ de Madrid 9315/2017, de fecha 21 de septiembre de 2017, núm. Recurso 88/2016, F.J. 6º, (*Tol 6.385.241*).

538 RODRÍGUEZ-BEREIJO LEÓN, M. y ZABÍA DE LA MATA, E., "Los puntos de conexión en el nuevo modelo de financiación autonómica", *Crónica Tributaria,* número 82-83, 1997, p. 246.

lados consideran que no habrá una permanencia en territorio español si no se supera el período de los 183 días[539].

Conviene subrayar la STSJ de Sevilla de fecha 15 de marzo de 2015 (FJ 3) que proviene de una denegación de una deducción recogida en el artículo 68.4 de la LIRPF por rentas obtenidas en Ceuta y Melilla y que la AEAT denegó al estimar que los funcionarios no eran residentes habituales en la Ciudad Autónoma de Ceuta a pesar de que tales funcionarios residieron en multitud de ocasiones en dicho territorio para prestar sus servicios. El TSJ de Sevilla indicó en el FJ señalado que el mero hecho de residir 196 días no impide considerar como residente no habitual en dicho lugar y, como argumentan algunos autores aplicar la doctrina del elemento objetivo del TS respecto de las ausencias esporádicas sería de gran ayuda para el caso, pues tales funcionarios están residentes en Ceuta por el mero hecho de que trabajan allí de modo que, no hay un elemento intencional o volitivo de por medio[540].

En el supuesto indicado, respecto de la deducción del artículo 68.4 de la LIRPF muchos funcionarios se beneficiaban de ella y la Administración consideró que los domicilios fiscales señalados en las autoliquidaciones debían desvirtuarse al no permanecer los días que la normativa requiere en Ceuta. Y lo mencionado sobre el TSJ es que algunos de los afectados -los funcionarios, en dicho caso- recurrieron, primero, ante el Tribunal económico-administrativo local de Ceuta y, luego, ante el TSJ de Sevilla. Según algunos autores, en dicho caso, no se da el "engaño u ocultación" tan sólo un problema de interpretación del criterio de la permanencia para fijar la residencia en el artículo 72 de la LIRPF. A los efectos de la LIRPF se requiere

539 BOKOBO MOICHE, S., *Op. Cit.*, 1998, p. 86.

540 GARCÍA CARRETERO, B., *Op. Cit,* 2018,(Versión electrónica [BIB 2018/9104]). Sobre esta cuestión véase MARTÍN DÉGANO, I., *Op. Cit,* 2018, (Versión electrónica [BIB 2018/5970]).

una residencia de forma continuada, habitual o permanente en Ceuta y ello no se cumplía para la AEAT, pues se puede trabajar en Ceuta, pero pernoctar en la península[541].

4.2. Los efectos del trabajo a distancia en la movilidad geográfica y la residencia habitual autonómica

El trabajo a distancia ha permitido a muchas personas trasladar su lugar de residencia habitual por diversas razones. Sin embargo, para evitar actuaciones fraudulentas, el legislador ha establecido una cláusula específica en relación con los cambios de residencia habitual a otras comunidades autónomas. En este apartado abordaremos exclusivamente este tema debido a su relevancia en el ámbito del trabajo a distancia. En efecto, el hecho de prestar el servicio en remoto puede plantear situaciones de cambios de residencia habitual fraudulentas, ya sea por motivos laborales, sociales, culturales, sanitarios o de otra índole.

En sentencia de fecha 21 de enero de 1986 el Tribunal Constitucional determinó que *«la libertad de elección de residencia que atribuye a los españoles el artículo 19 de la CE comporta la obligación de correlativa de los poderes públicos de no adoptar medidas que restrinjan u obstaculicen ese derecho fundamental, pero ello no significa que las consecuencias jurídicas de la fijación de residencia hayan de ser, a todos los efectos, las mismas en todo el territorio nacional o, al menos, en un mismo municipio. La libertad de elección de la residencia implica, como es obvio, la de opción entre los beneficios y perjuicios, derechos, obligaciones y cargas que, materialmente o por decisión de los poderes públicos competentes, corresponden a los residentes en un determinado lugar o inmueble por el mero hecho de la residencia (…) El hecho de que los residentes en una determinada zona del territorio nacional hayan de*

---

541 MARTÍN DÉGANO, I., *Op. Cit,* 2018, (Versión electrónica [BIB 2018/5970]).

soportar obligaciones y cargas mayores que las de otros, lo que normalmente se corresponde con la atribución de mayores beneficios o de una situación de hecho más ventajosa, no limita o restringe su derecho a la libre elección de residencia, aun cuando no consideren legalmente exigibles las obligaciones que por razón de la residencia se les imponen»[542].

Ahora bien, la sentencia que hemos mencionado anteriormente debe ser interpretada en conexión con la obligación de demostrar la autenticidad del cambio de residencia y la posibilidad de control por parte de la administración tributaria. Es decir, dicha sentencia no puede ser utilizada como excusa para llevar a cabo cambios de residencia habituales fraudulentos con fines fiscales, ya que la administración tributaria tiene la capacidad de verificar la veracidad del cambio y, si detecta fraude, puede tomar las medidas necesarias. En este sentido, el artículo 72.3 de la LIRPF establece que, en el caso de cambio de residencia a otra Comunidad Autónoma, el contribuyente deberá acreditar que dicha residencia ha sido efectiva y que se ha producido un cambio efectivo de domicilio. Además, el artículo 28.4 de la Ley 22/2009 establece que la administración tributaria podrá comprobar la efectividad del cambio de residencia y su duración a efectos fiscales atendiendo a las circunstancias previstas en apartado cuarto del precepto indicado.

Para HERMOSÍN ÁLVAREZ estas circunstancias pretenden perseguir aquellos traslados temporales a otras Comunidades Autónomas tributando, en consecuencia, en la comunidad de destino, pero conforme a la normativa de la Comunidad Autónoma de origen[543]. Por su parte, para NÚÑEZ GRAÑÓN

---

542 STC 8/1986, de 21 de enero de 1986. Recurso de amparo número 175-1985, (*Tol 110.109*)

543 HERMOSÍN ÁLVAREZ, M., "Restricciones a los cambios de residencia habitual de las personas físicas para lograr una "menor tributación efectiva"", *Quincena Fiscal*, número 21, 2016, (Versión electrónica [BIB 2016/85650]).

«*estas medidas tienen unos efectos muy limitados, pues se salvan permaneciendo un mínimo de tres años, sin embargo, extender la cautela a un período de tiempo más amplio podría resultar contrario al derecho de libre circulación y residencia reconocido en la Constitución española*»*544*. Además, para que se aplique el apartado en cuestión es preciso que las tres circunstancias aparezcan al mismo tiempo de modo que, como bien afirman algunos autores, el sujeto pasivo tan solo tendría que desplazarse a otra CCAA para tributar menos y retornar a la Comunidad Autónoma de origen antes del transcurso de los tres años[545] (plazo en que la vivienda deviene habitual).

Se produce, en este último caso, una presunción *iure et de iure* de que no se ha producido un cambio de residencia fiscal a favor de otra Comunidad Autónoma. Según la DGT, en la Consulta V2494-13, de 25 de julio de 2013, la presunción no aparece si la permanencia es superior a los tres años. Se trata de una presunción que contiene deficiencias como, por ejemplo, que la normativa no señala nada sobre qué se considera una disminución de la tributación efectiva o hasta qué punto podrían disminuir dicha tributación. La norma, también viene a limitar la libertad de movimiento (artículo 19 de la CE), así como, los principios constitucionales. Además, el traslado no tiene por qué ser por causas fraudulentas, pues no puede culparse al contribuyente que se desplaza y que, si fuera el caso, tribute de forma inferior si tenemos en cuenta que España al ser un Estado descentralizado cada CCAA tiene sus propias capacidades normativas[546].

Determinados conceptos del artículo no se encuentran definidos como es el caso de la "tributación efectiva". Para DE

---

544 NÚÑEZ GRAÑÓN, M., *Op. Cit.*, 1998, p. 158.

545 BOKOBO MOICHE, S., *Op. Cit.*, 1998, p. 92.

546 HERMOSÍN ÁLVAREZ, M., *Op. Cit.*, 2016, (Versión electrónica [BIB 2016/85650]).

LA PEÑA AMORÓS alude a la cantidad que el contribuyente paga[547]. Esta autora se plantea algo muy interesante: si las tres circunstancias previstas suponen una presunción o una ficción jurídica. En sus palabras: «*la diferencia entre una y otra categoría se basa en que, mientras "la presunción es la consecuencia que la ley o el juez deduce de un hecho conocido para llegar a un hecho desconocido, pero que puede confrontarse con lo verdadero", en la ficción el legislador parte de lo falso que se sustituye por su propia verdad*» de este modo, concluye que se está ante una ficción jurídica al modificarse la realidad, pues el legislador estima que no se ha producido un cambio de Comunidad Autónoma, a pesar de que sí se haya llevado a cabo por el sujeto pasivo que será sometido a la ley de la Comunidad de origen[548].

Por último, es indispensable hacer especial énfasis en relación con los medios de prueba que se regulan en nuestro ordenamiento jurídico-tributario. En este sentido, conviene a traer a colación los criterios señalados por la DGT. En concreto, las Consultas DGT vinculantes V2434-13, de 19 de julio de 2013 y la V1780-14, de 8 de julio de 2014 indican que la concreción de la residencia habitual en una Comunidad Autónoma es una cuestión de hecho que deberá ser probada, en virtud de los artículos 105 y 106 de la LGT, a través de cualquier medio de prueba válido en Derecho.

De la misma forma que se hizo a escala internacional y estatal, en dicho epígrafe razonaremos sobre la prueba a nivel autonómico. Para ello identificaremos determinadas situaciones conflictivas sobre las que la doctrina administrativa y la doctrina se han pronunciado.

Una primera cuestión se refiere al período de los 183 días. Hemos señalado que, a diferencia de lo que ocurre en el artí-

---

547 DE LA PEÑA AMORÓS, M. M., *Op. Cit.*, 2008, p. 134.

548 *Ibídem.*, pp. 135-136.

culo 9.1 de la LIRPF en los preceptos para determinar la residencia habitual en una Comunidad Autónoma se limitó el legislador a considerar el mayor número de días para que la balanza tiene a favor de una única Comunidad Autónoma. Es decir, se limita a una simple comparativa entre dos territorios.

Es cierto que, a pesar de que la comparabilidad parezca una tarea sencilla, la prueba en este campo no lo es del todo. La doctrina ha apuntado que los tribunales han hecho uso de pruebas testificales y presunciones para conocer el territorio al que se vincula el sujeto pasivo. Así lo ha afirmado MARTÍN DÉGANO quien, además, apunta que «*en el mundo actual en el que rige el principio de libre circulación de personas sin controles fronterizos se hace extremadamente compleja la prueba indubitada de la permanencia en un país u otro o, en nuestro caso, en una comunidad u otra*»[549]. En el mismo sentido, RUIZ GONZÁLEZ[550] estima que la demostración de la estancia en un determinado lugar es imposible si lo que se pretende es una prueba terminante de ahí que la jurisprudencia haya tenido que acudir a la prueba testifical y las presunciones.

Para ello, los indicios son útiles para demostrar la permanencia en un determinado lugar. El consumo de energía en la vivienda (o la falta de consumo) pueden ser pruebas concluyentes. Además, la vida social y diaria también puede ser un indicio importante, aunque es difícil de probar ya que es complicado conservar comprobantes de todas las actividades. Una alternativa podría ser obtener extractos bancarios para demostrar la ubicación y frecuencia de los gastos. En este punto es relevante la mención que el artículo 16 de la Ley 7/1985, de

---

549 MARTÍN DÉGANO, I., *Op. Cit.*, 2008, (Versión electrónica [BIB 2018/5970]).

550 *Vid.* RUIZ GONZÁLEZ, L. J., "La determinación de la residencia habitual de las personas físicas en la gestión de los tributos cedidos", *Actum fiscal*, número 48, 2011.

2 de abril, Reguladora del Régimen Local, que considera el Padrón municipal como prueba de la residencia en el municipio del domicilio habitual, aunque el Tribunal Superior de Justicia de Castila-La Mancha, en sentencia de fecha 1 de marzo de 2015, indicó que «*en modo alguno se puede anudar la residencia habitual al contenido del Padrón Municipal, sino que por el contrario es preciso determinar el domicilio habitual con arreglo a la normativa del IRPF al objeto de determinar los periodos de residencia en cada Comunidad Autónoma551*». La Consulta vinculante V2494-13, de fecha 25 de julio 2013, la consultante empadronada en Santiago de Compostela se traslada a Madrid y se empadrona en noviembre de 2012 y solicita saber dónde presenta su Declaración de la Renta del periodo impositivo de 2012. La DGT apunta a que, en materia de prueba de la residencia habitual en una Comunidad Autónoma, el empadronamiento no supone un elemento suficiente de acreditación ni de residente ni de vivienda habitual y, tampoco lo es el hecho de trasladar el domicilio fiscal a un lugar determinado[552].

Sobre las ausencias esporádicas VEGA BORREGO considera que la norma no es clara y que las ausencias están enfocadas a las salidas al extranjero. Se plantea, el autor lo siguiente ¿a qué Comunidad de las que haya permanecido algún día durante el período impositivo el contribuyente se atribuye los días de ausencia temporal que han tenido lugar en el extranjero? La norma no establece ningún tipo de preferencia, pero lo coherente sería computarlas a favor de aquella Comunidad Autónoma donde haya pasado más tiempo el sujeto pasivo[553]. Sobre

---

551 STSJ Castilla-La Mancha 1803/2015, de fecha 1 de marzo de 2015, núm. Recurso 270/2013, F.J.3°, (*Tol 5.198.372)*.

552 Consulta vinculante V0407-13, de 12 de febrero de 2013.

553 VEGA BORREGO, F. A., "Residencia autonómica: criterios para determinar la Comunidad Autónoma donde reside el contribuyente", en *El Impuesto sobre la Renta de las Personas Físicas*, Aranzadi, Cizur Menor, 2009, (Versión electrónica [BIB 2009, 7430]).

esta cuestión MARTÍN DELGADO opina que no sería «*correcta esta interpretación pues las "ausencias temporales" en el extranjero son las que ya han computado en primer lugar para determinar la residencia en España*[554]». Sin embargo, a nuestro entender, no se debería finalizar el proceso de identificación aquí, pues para eso el artículo 72 de la LIRPF establece de forma subsidiaria los criterios de sujeción.

De esta forma, si no es posible aplicar el criterio de permanencia por los problemas que suponen las ausencias temporales, el principal centro de intereses podrá ser otra oportunidad para solventar este tema.

En materia de cambios de residencia, los preceptos objeto de análisis señalan que debe haber una intención de tributar menor. La acreditación de esta finalidad puede resultar compleja, pues puede que se tribute menos, pero quizá ese no era el objetivo del sujeto pasivo. Sobre este tema RAMOS PRIETO pone de manifiesto que se trata de una cuestión «*ardua*» de probar, pero que corresponderá a la Administración tributaria dicha carga probatoria con el fin de desentrañar si el verdadero «*objeto principal*» del sujeto pasivo es tributar menos en otra Comunidad Autónoma[555].

Para *cubrirse* el legislador ha limitado en las tres circunstancias ya transcritas su foco atención. Las circunstancias, de aplicación acumulativa, son de carácter presuntivo lo cual invierte la carga de la prueba contra el contribuyente. El contribuyente, limitado[556] por ese carácter, únicamente podrá probar que

---

554 MARTÍN DELGADO, I., *Op. Cit.*, 2018, (Versión electrónica [BIB 2018/5970]).

555 RAMOS PRIETO, J., *Op. Cit.*, 2001, pp. 734-735.

556 RODRÍGUEZ-BEREIJO LEÓN, M. y ZABÍA DE LA MATA, E., *Op. Cit.*, 1997, p. 246.

su «*objeto principal*» no era fraudulento por medio de la acreditación de una residencia superior a los tres años.

En definitiva, cuando se aborda el tema del fraude y las presunciones establecidas por el legislador en materia financiera, es importante tener en cuenta que los contribuyentes pueden optar por diferentes opciones económicas debido a las diferencias existentes entre las Comunidades Autónomas en lo que respecta al pago de impuestos, según las competencias que les hayan sido asignadas.

Reflexiones Finales

En los últimos años, las actividades laborales prestadas a distancia, como el teletrabajo, han experimento un notable aumento en popularidad. Aunque el trabajo prestado en remoto no sea una modalidad de trabajo nueva, se ha convertido en una herramienta esencial, especialmente después de que la OMS recomendara su uso tras declarar la pandemia el 11 de marzo de 2020. Durante los momentos más críticos de la crisis sanitaria, de marzo a junio de 2020, se observó un aumento significativo en la adopción del teletrabajo, según datos recopilados por el EUROFOUND, la OCDE y INE. A medida que la situación mejoró a partir de julio de 2020, el número de trabajadores que dependían del trabajo a distancia en nuestro país disminuyó. Sin embargo, un porcentaje de trabajadores (el 6,1%), con la aprobación de sus empleadores, optó por un enfoque híbrido que combina el trabajo presencial con el trabajo a distancia. Este modelo híbrido permite prestar servicios en el lugar de trabajo habitual durante ciertos días, y utilizar el resto de los días en un lugar acordado por ambas partes. En la actualidad, el teletrabajo sigue siendo prevalente en muchos sectores laborales, lo que justifica la necesidad de establecer claridad en el ámbito jurídico.

El trabajo a distancia ha demostrado ser un remedio eficaz para superar las dificultades excepcionales causadas por la pandemia. A su vez, es una modalidad que implica múltiples beneficios. Por un lado, permite conciliar la vida laboral y personal, lo cual es muy ventajoso. Por otro lado, puede ayudar a superar obstáculos como el aumento de precios de la energía debido a conflictos como la guerra de Ucrania, y puede contribuir a abordar el desafío demográfico, especialmente en países con problemas de despoblación como España. Al mismo tiempo, el mercado laboral está experimentando una transformación digital continua, lo que brinda grandes oportunidades, y cada vez más sectores permiten el teletrabajo. Sin embargo, también existen desafíos que deben abordarse. Por ejemplo, en materia de protección de datos, privacidad e intimidad del trabajador a distancia, ya que el uso de medios digitales por parte del empleador para ejercer el control puede traspasar los límites entre la supervisión laboral y el respeto a la vida privada del teletrabajador. Además, no siempre es posible garantizar una verdadera conciliación entre la vida personal y familiar, ya que muchos trabajadores que prestan el servicio en remoto pueden tener dificultades para desconectar digitalmente, ya sea por elección propia o debido a la presión del empleador. Por todas estas razones, se han establecido marcos normativos a nivel internacional, europeo e interno para proteger los derechos de los trabajadores en teletrabajo, especialmente debido a su creciente presencia en nuestro entorno empresarial.

A nivel internacional, la OIT lidera la creación de normas laborales relacionadas con el trabajo a distancia. Hasta ahora, ha producido dos textos legales relevantes sobre el tema: el Convenio número 177 de la OIT y la Recomendación número 184 sobre trabajo a domicilio. El primero es un tratado internacional que impone obligaciones jurídicas a los países que lo ratifican, mientras que el segundo es una recomendación no vinculante. Estos textos tienen como objetivo establecer un marco legal para aquellos trabajadores que realizan su labor desde su hogar o en el lugar de su elección. Sin embargo, la forma en que la OIT abordó el tema ha sido problemática, ya que incluyó en ambos instrumentos una modalidad de trabajo que no concuerda con su contenido. Por un lado, permiten prestar servicios en "otros lugares", lo cual amplía el término de "trabajo a domicilio" y lo convierte más en "trabajo a distancia". Por otro lado, la falta del componente tecnológico relega al teletrabajo, que es su característica distintiva. Estas incoherencias explican el escaso impacto que el Convenio y la Recomendación han tenido en los ordenamientos jurídicos internos, ya que hasta la fecha solo han sido ratificados por trece países. España, por ejemplo, no lo ratificó hasta el año 2022, a pesar de que su legislación interna desarrolla con mayor precisión la figura del teletrabajo o, al menos, el concepto genérico de trabajo a distancia.

A pesar de lo anterior, la OIT ha intentado corregir las incoherencias anteriores mediante la producción de informes y guías, que han sido especialmente útiles durante la pandemia. Durante este período, la OIT amplió su enfoque más allá del trabajo a domicilio definido en los instrumentos normativos mencionados, y también hizo referencia a las características que deberían tener las diversas modalidades de trabajo a distancia, incluido el teletrabajo. Por ejemplo, en guías como la publicada el 16 de julio de 2020 sobre *El teletrabajo durante la pandemia de COVID-19 y después de ella*, se definió el teletrabajo como un servicio prestado a través de las Tecnologías de la Información y Comunicación (TIC) fuera de los lugares de trabajo habituales.

En la actualidad, tanto el Convenio número 177 como la Recomendación número 184 siguen siendo vigentes, sin cambios desde su aprobación en 1996. Esta falta de actualización, junto con el aumento del trabajo a distancia, justifica la necesidad de modificar o crear un nuevo tratado por parte de la OIT, adaptado a los cambios tecnológicos que caracterizan el mercado laboral internacional actual.

En comparación con la OIT, la regulación del teletrabajo a nivel europeo ha sido más adecuada. El AMET, elaborado por los interlocutores sociales en 2002, ha servido como punto de referencia para los Estados miembros. Sin embargo, su contenido, aunque aborda el teletrabajo, es demasiado conciso y presenta algunas deficiencias importantes, como la falta de previsión de la remuneración o los poderes de control del empleador. A pesar de estas limitaciones, sigue siendo una norma relevante, ya que proporciona un marco básico para el desarrollo posterior de regulaciones a nivel nacional.

España ha sido uno de los Estados miembros de la UE que ha desarrollado la regulación del teletrabajo tomando como referencia el AMET, como se refleja en la Ley 10/2021 de trabajo a distancia. Esta ley fue creada para abordar los desafíos surgidos durante la pandemia y ha sido un paso importante hacia la regulación del trabajo a distancia en nuestro territorio.

Esta ley ha recibido diversas valoraciones. Algunos consideran que la creación de una ley específica es discutible, ya que muchos aspectos del teletrabajo coinciden con los establecidos en la legislación laboral para el trabajo presencial. Otros, en cambio, ven pertinente tener una ley dedicada exclusivamente al teletrabajo, como es el caso de la Ley 10/2021. En nuestra opinión, esta legislación ha proporcionado un marco legal completo que protege los derechos y obligaciones tanto de los empleados como de los empleadores. La ley establece aspectos clave como la reversibilidad del acuerdo de teletrabajo, el derecho a la desconexión digital, la obligación del empleador de proveer los elementos necesarios para el trabajo remoto y la compensación de los gastos asociados. Sin embargo, es criticable que no aborde temas tributarios.

Después de analizar el tratamiento jurídico del teletrabajo a nivel internacional, europeo y nacional, podemos definir esta modalidad laboral como un trabajo a distancia que se realiza fuera del lugar de trabajo habitual del empleador, mediante un acuerdo mutuo entre el empleado y el empleador. Incluso si un trabajador elige un modelo híbrido, la figura del teletrabajo sigue existiendo, ya que lo fundamental es que parte de la jornada laboral se realice fuera del lugar de trabajo habitual, utilizando la tecnología como elemento esencial en todas las modalidades de teletrabajo.

En el ámbito fiscal, el auge del trabajo a distancia ha planteado desafíos debido a que el sistema tributario sobre el que nos regimos se basa en principios establecidos en una era previa a la tecnológica. El poder impositivo de los Estados no se limita a sus fronteras, sino que debe coordinarse debido a la aparición de hechos imponibles que ocurren en diferentes territorios al mismo tiempo debido a la alta movilidad de las personas. La creciente globalización, la virtualización de las operaciones y la deslocalización exigen la necesidad de reformular los tradicionales principios de imposición internacional.

El sistema impositivo se rige por el principio de residencia y el principio de la fuente (o territorialidad). El principio de residencia implica que se tribute en el lugar donde se reside fiscalmente por todas las rentas obtenidas por el contribuyente, sin importar dónde se hayan generado. El principio de la fuente implica que se tribute en el territorio donde se ha generado el hecho económico. Aunque los fundamentos teóricos de estos principios pueden parecer claros, en la práctica es cada vez más complejo justificar el uso excesivo del principio de residencia en lugar del principio de la fuente.

La alta movilidad facilitada por el teletrabajo plantea desafíos en términos de recaudación para los territorios donde se presta el servicio. Estos territorios proporcionan infraestructuras y el valor necesario para que los teletrabajadores cumplan con los requisitos de sus empleadores, es decir, para que puedan llevar a cabo su trabajo. Sin embargo, la recaudación de impuestos en estos territorios se ve limitada debido a la preeminencia del principio de residencia, lo que plantea conflictos en términos de equidad tributaria y justicia fiscal.

Algunos expertos han presentado argumentos interesantes en contra de la preeminencia del principio de residencia en materia fiscal. Algunas críticas se centran en los conflictos de doble residencia que pueden surgir debido a los múltiples vínculos personales y económicos que pueden dar lugar a considerar a alguien como residente fiscal en más de un país. Estos conflictos suelen resolverse mediante disposiciones como el artículo 4.2

del MC de la OCDE. Los críticos también señalan los peligros del principio de residencia debido al uso dispar de los puntos de conexión por parte de los Estados, lo que resulta en una falta de uniformidad en su aplicación. Además, se argumenta que el principio de residencia no garantiza una equidad fiscal adecuada, especialmente en relación con los países en desarrollo. Por otro lado, otros autores defienden mantener el protagonismo del principio de residencia, especialmente en casos de operaciones fácilmente deslocalizables, ya que resulta más fácil identificar el Estado de residencia que el lugar donde se generó el hecho económico. En cualquier caso, no existe un consenso internacional claro sobre cómo abordar estas cuestiones.

Es innegable que la deslocalización de los hechos económicos plantea un desafío para el sistema fiscal internacional y los ordenamientos nacionales. Sin embargo, como se ha mencionado, no se debe dar por sentado que el principio de residencia, que permite a los contribuyentes eludir la localización de las operaciones y reducir su carga fiscal, sea la solución. Por el contrario, es necesario reconocer que nos encontramos ante una crisis de la soberanía fiscal debido a la creciente tendencia de trabajar desde cualquier lugar (*work from anywhere*), lo que requerirá una reflexión continua sobre la adecuación de las reglas fiscales actuales.

Para abordar los desafíos que plantea la tributación internacional en relación con el trabajo a distancia, la mayoría de los Estados recurren al MC de la OCDE para evitar la doble imposición. Este modelo tiene como objetivo establecer estándares para la negociación de acuerdos bilaterales entre Estados. Sin embargo, es importante tener en cuenta que el Modelo de la OCDE y sus Comentarios no tienen fuerza vinculante, sino que se consideran *soft law* o recomendaciones. Esto lleva a que la configuración y aplicación de los convenios sean diferentes en cada Estado y, por lo tanto, la interpretación de los mismos juega un papel fundamental.

Existen dos teorías principales en cuanto a la interpretación de los convenios fiscales: la teoría autónoma y la teoría doméstica. La teoría autónoma se centra en la interpretación de los términos específicos del convenio y luego recurre al contexto y la finalidad del tratado para determinar su significado. Por otro lado, la teoría doméstica parte de una interpretación basada en la legislación interna de cada Estado para comprender el significado de las disposiciones del convenio.

La interpretación de los términos adquiere mayor relevancia cuando nos encontramos frente a situaciones novedosas, como es el caso de los servicios prestados a través del teletrabajo. Aunque esta modalidad no se mencione explícitamente en el Modelo de la OCDE, ello no implica que no se puedan encontrar soluciones dentro de su marco. Es cierto que algunas disposiciones de los convenios deben adaptarse a las operaciones de alta movilidad para brindar mayor seguridad jurídica, pero esto no necesariamente se opone a la aplicación de la interpretación autónoma. Según la doctrina que defiende esta teoría, como el profesor LANG, los convenios siempre ofrecen soluciones, ya que la interpretación no debe limitarse únicamente a la literalidad de los términos, sino que debe basarse en un análisis teleológico, histórico y sistemático antes de recurrir a la legislación interna para resolver la cuestión.

Es importante considerar que los convenios son acuerdos alcanzados entre dos Estados y su contenido refleja ese consenso, similar a un contrato. Por lo tanto, recurrir a las normas internas de cada país en busca de soluciones podría ir en contra de la naturaleza y propósito de los convenios.

Después de enfatizar la necesidad de reformular los principios de imposición internacional basados en el MC OCDE y abogar por una interpretación autónoma de los tratados, la fiscalidad internacional se enfrenta a otra importante discrepancia debido a la alta movilidad que caracteriza al mercado laboral actual. Este problema se centra en el concepto de residencia fiscal. Según el MC OCDE, los convenios fiscales solo se aplicarán a aquellos considerados residentes de un Estado contratante, siempre y cuando cumplan con los requisitos establecidos en el artículo 4 del MC OCDE.

En un contexto de alta movilidad, los Estados recurren a diversos regímenes especiales para atraer a personas altamente calificadas, como ejecutivos y miembros de consejos de administración, que a menudo tienen la opción de trabajar de forma remota gracias a la naturaleza de sus empleos. Estos territorios intentan atraer a estos individuos ofreciendo un régimen fiscal más favorable, lo cual puede entrar en conflicto con el artículo 4.1 del MC OCDE. Este primer apartado del artículo 4 del MC OCDE se divide en dos partes. En la primera parte, se establece que una persona debe estar sujeta a los impuestos de un Estado en su totalidad o plenamente para ser considerada residente, a diferencia del principio de territorialidad que solo grava las rentas obtenidas dentro de un territorio y no las provenientes del exterior. La segunda parte del primer apartado del artículo 4 del MC OCDE aborda el principio de territorialidad, excluyendo a aquellos que solo tributan de manera limitada por las rentas obtenidas dentro de sus fronteras, en lugar de tributar íntegramente. Esta limitación es coherente, en principio, ya que no sería razonable aplicar un tratado cuyo objetivo principal es evitar la doble imposición si no existe riesgo de ello, ya que solo se gravarían las rentas territoriales.

Por lo tanto, la cuestión en debate es si ciertos regímenes especiales que permiten la exención de rentas extranjeras, tan comunes entre los teletrabajadores, siguen estando dentro del alcance del MC OCDE. En general, la doctrina sostiene que el MC OCDE no requiere un pago o tributación efectiva, sino simplemente estar sujeto a la fiscalidad de manera plena. Por lo tanto, los beneficiarios de muchos regímenes especiales que pueden aplicarse a los teletrabajadores, como el régimen de impatriados establecido en el artículo 93 LIRPF, estarían protegidos por el MC OCDE. Esta protección proporcionada por el

MC OCDE, de alguna manera, entra en conflicto con la segunda parte del artículo 4.1 del MC OCDE. Como resultado, nos encontramos ante otra situación que plantea dudas y, como ha señalado SOLER ROCH, genera una discrepancia entre nuestra comprensión de residencia y la obligación tributaria plena.

Si agregamos la capacidad de los teletrabajadores para estar presentes en diferentes ubicaciones sin que esto afecte su capacidad para trabajar, es probable que surjan conflictos relacionados con la doble residencia fiscal. Algunos argumentos de la doctrina señalan que esta situación contradice el uso exclusivo del principio de residencia.

Para abordar este problema, se deben aplicar las reglas establecidas en el artículo 4.2 del MC OCDE, aunque su efectividad puede variar. Estas reglas establecen un orden de prioridad para determinar la residencia fiscal de los trabajadores a distancia. El proceso comienza por identificar la ubicación de su vivienda permanente, seguido por el centro de intereses vitales. Si ninguno de estos factores puede ser determinado, se considera la residencia habitual. Si el problema de la doble residencia persiste, se recurre al criterio de la nacionalidad y se intenta resolver mediante un procedimiento amistoso entre las autoridades de los dos Estados involucrados.

Sin embargo, las reglas establecidas en el artículo 4.2 del MC OCDE no son adecuadas para todas las situaciones, especialmente en entornos de alta movilidad como el trabajo a distancia. En primer lugar, la redacción de las reglas de desempate es breve y carece de detalle. En segundo lugar, cada una de las circunstancias conlleva numerosas imprecisiones, incoherencias y ambigüedades que complican su aplicación e interpretación. Por lo tanto, es necesario identificar sus debilidades y proponer mejoras.

En cuanto a la primera regla, que se refiere a la vivienda permanente, no está claramente delimitada en relación con la segunda regla, que es el centro de intereses vitales. Además, el simple hecho de tener una vivienda no garantiza un vínculo real con un territorio, ya que es posible que no se utilice ni se disfrute de ella. También debemos considerar la facilidad con la que se puede manipular la situación a través de contratos de arrendamiento para evitar que un teletrabajador se vea vinculado a un Estado en particular.

La segunda regla, que se refiere al centro de intereses vitales, presenta una configuración variada que dificulta su localización, lo que resulta en una dispersión de intereses y la posibilidad de desprenderse rápidamente de ellos (como vender una casa o acciones, por ejemplo).

La tercera regla se refiere a la residencia habitual, y aunque su redacción es indeterminada y ambigua, exige que el teletrabajador pase la mayor parte del tiempo en un territorio específico. Esto implica evaluar el número de días en los que el trabajador está presente, con la condición de que estos días se repitan de manera continua en el tiempo.

Además, el criterio de la nacionalidad parece ser más de índole política y, al igual que la residencia permanente, no debería desempeñar un papel determinante. Finalmente, el proceso amistoso para resolver conflictos en este ámbito es difícil de concluir, y no existe una obligación clara de llegar a un acuerdo.

Las limitaciones que presentan las reglas de desempate hacen necesario incorporar una disposición especial que se aplique a los trabajadores involucrados en operaciones de alta movilidad. La propuesta consiste en reorganizar los criterios, dando prioridad al concepto de residencia habitual y ubicando la vivienda permanente en un lugar secundario. La habitualidad es un factor crucial para evaluar la presencia de un teletrabajador en un territorio, tanto en términos personales como económicos. En este sentido, el enfoque cuantitativo es fundamental, considerando el número de días en los que el trabajador a distancia está presente en todo el territorio del Estado. Además, la frecuencia y la duración de las estancias también son relevantes, ya que brindan mayor seguridad jurídica en la tarea de determinar la residencia, evitando la necesidad de realizar un análisis demasiado detallado del centro de intereses vitales. Después de esta modificación, el orden de los criterios seguiría siendo el mismo. Simplemente se ha identificado una parte del precepto que no necesariamente refleja una participación real en la vida de un Estado en particular. De hecho, se podría argumentar que la residencia permanente, al igual que el criterio de nacionalidad, es simplemente una formalidad que no encaja bien en el contexto de la globalización, donde el enfoque debe estar en identificar el verdadero impacto económico logrado a través de la habitualidad.

Después de discutir las cuestiones relacionadas con la residencia fiscal del teletrabajador, es importante comprender cómo se distribuye la imposición de las rentas que obtiene. El MC OCDE establece una serie de reglas en su artículo 15 para la distribución del poder impositivo en el caso de trabajos dependientes. Antes de analizar estas reglas, es necesario comprender el ámbito subjetivo y objetivo del artículo 15 del MC OCDE en relación con los trabajadores a distancia.

El ámbito subjetivo del trabajo a distancia involucra tanto al empleado (en este caso, quien presta el servicio en remoto) como al empleador. Una de las principales dificultades asociadas a esta modalidad es la distinción compleja entre una relación laboral por cuenta ajena y una relación laboral por cuenta propia. Cada una de estas situaciones está regulada por dos disposiciones diferentes del MC OCDE: el artículo 15 del MC OCDE, que se aplica a las relaciones laborales dependientes, y el artículo 7 del MC OCDE, que se refiere a los beneficios de las actividades económicas. Es crucial realizar un análisis individualizado de cada caso, ya que en muchas ocasiones los teletrabajadores disfrutan de cierta libertad, lo que dificulta la diferenciación. Sin embargo, elementos como la existencia de una autoridad, la supervisión del trabajo, la asunción de responsabilidad en los resultados, etc., indicarán la existencia de una relación laboral dependiente.

En cuanto al ámbito objetivo del artículo 15 del MC OCDE, es fundamental considerar qué tipos de rentas serán objeto de distribución. El objetivo de este artículo es gravar los *"sueldos, salarios y otras remuneraciones análogas"* derivados de la prestación de servicios por cuenta ajena. Es importante tener en cuenta que el artículo 15 del MC OCDE se aplica como una regla general, pero si alguna renta cumple con las condiciones específicas establecidas en los artículos 16, 18 y 19 (como disposiciones especiales o *lex specialis*), el artículo 15 del MC OCDE no se aplicará. Si una renta no está incluida en ninguno de estos preceptos, entonces se aplicará el artículo 15 del MC OCDE, lo que ha llevado a la doctrina internacional a concluir que este artículo tiene un "*efecto paraguas*", es decir, todo lo que no se rige por normas especiales se regirá por la norma general. La correcta delimitación de las rentas entre los preceptos mencionados no es un asunto trivial, ya que esto determinará la distribución entre diferentes territorios.

Cuando las rentas obtenidas por el teletrabajador entran dentro del ámbito de aplicación del artículo 15.1 del MC OCDE, es crucial determinar si el servicio se ha prestado en el Estado de residencia del teletrabajador o en el Estado donde se lleva a cabo la actividad.

El artículo 15 del MC OCDE se divide en tres reglas: la primera establece que el teletrabajador debe tributar exclusivamente en el Estado donde reside; la segunda establece una excepción a esta regla y permite una tributación compartida entre el Estado de residencia y el Estado donde se realiza la actividad laboral; la tercera regla establece que si no se cumplen las tres condiciones del artículo 15.2 del MC OCDE de manera acumulativa, es decir, si ninguna de las tres condiciones se cumple, el Estado de residencia del trabajador a distancia tendrá el derecho exclusivo a la imposición. Las tres condiciones son las siguientes: el trabajador no debe permanecer más de 183 días en el otro Estado, el pagador de las rentas no debe ser un empleador residente en el otro Estado y el pagador no debe tener un establecimiento permanente en el otro Estado que se haga cargo de las remuneraciones.

Antes del trabajo a distancia, este artículo ya presentaba problemas debido a su amplia casuística, la redacción deficiente tanto del propio artículo como de sus Comentarios, y las contradicciones entre sus secciones. Con la creciente popularidad del teletrabajo, estos problemas se han agravado aún más. Sin embargo, las propuestas presentadas no buscan eliminar por completo el artículo, sino ajustarlo a la realidad del trabajo en remoto.

El primer problema que surge del artículo 15 del MC OCDE es la falta de precisión en cuanto a si nos referimos a un Estado de pago, un Estado de situación o ambos a la vez. El Estado de pago se refiere únicamente al territorio donde reside el pagador de las rentas, mientras que el Estado de situación se relaciona con el territorio donde se lleva a cabo la actividad. El artículo utiliza indistintamente la expresión "otro Estado", lo que puede generar confusiones e imprecisiones, especialmente si consideramos que la ubicación de la operación es independiente de la localización de la actividad, ya que lo importante es desde dónde el teletrabajador dirige su actividad (Estado de situación). Por lo tanto, sería conveniente especificar la función de cada territorio a lo largo del artículo.

El segundo problema se encuentra en la segunda regla del artículo 15.1 del MC OCDE y está estrechamente relacionado con el primer problema mencionado anteriormente. La segunda regla implica que el teletrabajador se traslada físicamente al Estado donde realiza su actividad, pero debido a la falta de precisión en el artículo, se puede interpretar que el "otro Estado" también es el Estado de pago. Si se interpreta que el "otro Estado" también es el Estado de pago, la letra b) del segundo apartado del artículo 15 del MC OCDE queda sin efecto, ya que el pagador ya estaría radicado en el Estado de la actividad (por presunción según los Comentarios), lo que significa que el poder tributario siempre recaería en el Estado donde se ejerce la actividad al no cumplirse de manera acumulativa las tres condiciones del artículo 15.2 del MC OCDE. Una solución sería la propuesta previamente mencionada: especificar en qué caso se refiere al Estado de pago y en qué caso se refiere al Estado de situación, para evitar la incoherencia entre el primer y segundo apartado del artículo 15 del MC OCDE.

La conflictividad del artículo 15 del MC OCDE también se extiende a las tres condiciones establecidas en su segundo apartado, por lo que es necesario aclarar algunas de ellas y proponer cambios en otras.

En cuanto a la primera condición (letra a) del artículo 15.2), es necesario especificar que el cómputo de los 183 días en el Estado de la actividad debe ser efectivo solo cuando se presta efectivamente el servicio y no en relación con la duración total de la actividad en sí misma. Esto es especialmente importante en el contexto del teletrabajo, ya que es más probable que un trabajador afirme que está realizando una actividad en un Estado por un período determinado, mientras que su presencia real está justificada por otros motivos. Si se aclara este punto, el cómputo no debería iniciarse y el poder impositivo recaería en el Estado de residencia del teletrabajador.

Sin embargo, las condiciones establecidas en las letras b) y c) de esta disposición resultan más complejas, especialmente cuando se trata de arrendamiento de mano de obra internacional o cuando se evalúa la posibilidad de que un teletrabajador establezca una presencia física en el Estado de situación y genere un establecimiento permanente.

La condición establecida en la letra b) del artículo 15.2 del MC OCDE puede ser objeto de uso fraudulento. Esta situación se presenta en el caso mencionado anteriormente de arrendamiento de mano de obra internacional, donde intervienen tres partes:

el intermediario que cede, el usuario que recibe y el trabajador a distancia. El problema radica en la tendencia a evitar el pago de impuestos en el Estado donde se realiza la actividad. En este sentido, si un empleador decide contratar a varios teletrabajadores por menos de 183 días, pero sin que estos tributen en dicho Estado, puede recurrir a contratar a través de una empresa no residente y que esta, posteriormente, los ceda al intermediario residente. En esta situación, es crucial determinar quién es el verdadero empleador. Además, al tratarse de teletrabajadores, las características que identifican al empleador pueden ser más difusas debido a la mayor libertad con la que prestan sus servicios, utilizando nuevas tecnologías que dificultan delimitar la relación laboral o conocer a quién se presta el servicio.

Para llevar a cabo esta identificación, los Comentarios del MC OCDE presentan dos enfoques diferentes: la visión formalista, que se basa en lo establecido en el contrato sin profundizar en la verdadera naturaleza de la relación; y la visión sustantiva, que considera esencial la naturaleza de la relación, es decir, determinar si se trata de una simple prestación de servicios entre empresas o si existe una relación laboral.

La visión formalista puede utilizar una cláusula para determinar si la prestación de servicios se integra en la actividad de un empleador, así como si este supervisa o controla al teletrabajador durante el desempeño de sus labores. En cambio, la visión sustantiva no requiere de cláusulas, sino que se basa directamente en la naturaleza de la relación, con la ayuda de una serie de indicios objetivos que ayudan a determinar quién es el empleador económico. Estos indicios se agrupan en dos pruebas: la prueba de integración y la prueba de control. En la primera, se presta atención principalmente a quién asume el riesgo y a quién responde por los resultados generados por el teletrabajador. En la segunda, se consideran diversos factores, como quién tiene la facultad de dar instrucciones, quién controla el lugar donde se presta el servicio, quién proporciona las herramientas para realizar la tarea, etc. La visión sustantiva, a diferencia de la formal, es más eficaz para identificar al empleador-pagador económico, especialmente en el contexto actual del trabajo a distancia y la tecnología. Esta perspectiva se centra en la naturaleza de la relación en sí misma, sin requerir cláusulas adicionales. Esto aumenta la eficacia del tratado, ya que los Estados no necesitan extender su Convenio de Doble Imposición, sino que pueden centrarse en los factores señalados en las pruebas de integración y control. Sería beneficioso que las instrucciones de estas pruebas (párrafos 8.13 y 8.14 de los comentarios) se incluyeran en los contratos de teletrabajo, pero esto queda a discreción de las partes involucradas.

Para evitar posibles problemas derivados de la presunción de que el Estado de situación coincide con el de pago, así como para prevenir abusos en el arrendamiento de mano de obra y dificultades para localizar la operación cuando el pagador se encuentra en un tercer Estado, sería conveniente incluir la cláusula alternativa de la letra b) establecida en el párrafo 6 de los Comentarios al contenido del precepto. Con esta modificación, se lograría una mayor especificidad del precepto, ya que se evitaría considerar que el pagador resida en un tercer Estado, concretando el derecho en el Estado de residencia o en el de situación, al tiempo que se evitarían situaciones abusivas en el arrendamiento de mano de obra.

Por último, en relación con la tercera condición del artículo 15.2 del MC OCDE, que establece que las rentas satisfechas al teletrabajador no pueden correr a cargo de un establecimiento permanente del empleador en el otro Estado para que el Estado de residencia pueda ejercer su derecho de imposición, es necesario que los Comentarios brinden mayor seriedad y seguridad a las partes de la relación laboral en cuanto a la figura de los establecimientos permanentes. Esto implica considerar con mayor probabilidad la posibilidad de que un teletrabajador pueda generar un establecimiento permanente al prestar servicios desde un domicilio privado, en lugar de limitarse solo a situaciones transitorias o excepcionales. Aunque la OCDE ha valorado esta posibilidad en sus guías, se consideró que no sería factible debido a la situación transitoria provocada por la pandemia de COVID-19.

Sin embargo, si se cumplen los elementos esenciales, como la disponibilidad por parte del empleador del espacio de trabajo del trabajador a distancia, que dicho lugar tenga un carácter permanente (normalmente durante al menos seis meses), que el teletrabajador realice actividades de alto valor añadido para la empresa y que exista un requerimiento por parte del empleador, no debería haber problemas para evaluar la posible existencia de un establecimiento permanente. A pesar de esto, no existe una respuesta definitiva, ya que todo dependerá de la casuística de cada operación.

Se sugiere, en consecuencia, la creación de un punto específico en los Comentarios que aborde las situaciones de prestaciones de servicios dependientes en entornos digitales, incluyendo términos como el home office y el teletrabajo. Esta necesidad se debe a que este tipo de operaciones son cada vez más comunes y plantean interrogantes más allá de los planteamientos tradicionales sobre los rendimientos del trabajo a nivel internacional. Con esto, se facilitaría la interpretación y aplicación en el marco de los CDI.

Los problemas fiscales relacionados con el trabajo a distancia no pueden ser abordados exclusivamente en el ámbito del MC OCDE. La legislación española también desempeña un papel importante, especialmente en lo que respecta a la determinación de la residencia fiscal de las personas físicas. Nuestro marco legal debe hacer frente a diversos obstáculos que surgen, en algunos casos, debido a la falta de flexibilidad del legislador español para seguir algunos de los principios del MC OCDE, y en otros casos, debido a la falta de disposiciones que brinden certeza jurídica en operaciones altamente móviles. La respuesta, dada la estructura territorial de España, debe contar con respaldo tanto en la normativa estatal como en la normativa autonómica.

Para determinar la residencia fiscal de un teletrabajador en España, debemos referirnos al artículo 9.1 de la LIRPF, el cual establece tres criterios alternativos para ello, a diferencia del MC OCDE. En primer lugar, el artículo 9.1.a) de la LIRPF establece que se considerará residente fiscal en España a aquel que permanezca más de 183 días, dentro del año natural, en dicho territorio. En segundo lugar, en el apartado b) del mismo artículo, se establece el segundo criterio, que exige que el núcleo principal o la base de las actividades o intereses económicos del individuo se encuentre en territorio español, ya sea directa o indirectamente. En tercer lugar, se encuentra el criterio familiar, que se configura a través de una presunción iuris tantum, según la cual una persona será residente en España si su cónyuge no está legalmente separado y sus hijos menores de edad dependen de esa persona.

Este precepto presenta algunas deficiencias que deben abordarse para prevenir posibles conflictos cuando se trata de teletrabajadores. En primer lugar, el período impositivo debería ser más flexible y no estar limitado al año natural, sino que debería abarcar múltiples períodos impositivos en un período de doce meses, como lo hace el MC OCDE, para adaptarse al aumento de la movilidad internacional. Además, las modificaciones deberían abordar la noción de "permanencia", ya que la ley no exige que sea efectiva y, además, se modula con ausencias esporádicas, lo cual es incorrecto y peligroso debido a la falta de vínculo entre el teletrabajador y el territorio español, lo que podría resultar en una extensión artificial de la residencia fiscal.

En caso de dudas o cuando el criterio anterior no sea efectivo, suele recurrirse al criterio del núcleo principal o la base de las actividades o intereses económicos para determinar la residencia fiscal de los teletrabajadores. Sin embargo, este criterio también presenta algunas debilidades. Un primer inconveniente es la falta de precisión sobre qué se entiende por "núcleo principal". El segundo inconveniente surge cuando se debe valorar si un elemento económico tiene preferencia sobre otro. Esto ocurre cuando se confrontan las rentas con el patrimonio, y parte de la doctrina se ha posicionado a favor de las rentas, aunque la valoración deberá realizarse en función de cada situación. En cualquier caso, hemos argumentado que se debería considerar una objetivación matizada que tome en cuenta las intenciones del teletrabajador para asegurar un vínculo efectivo y real. La tercera deficiencia se produce cuando este criterio se aleja de lo establecido en el artículo 4.2.a) del MC OCDE, ya que, como mencionamos, los indicios familiares, en el ámbito de los tratados, se enmarcan en los "intereses vitales". Esto, de cierta manera, refuerza el criterio.

Finalmente, el artículo 9.1 de la LIRPF contempla el criterio familiar, pero a diferencia de los dos anteriores, se configura como una presunción iuris tantum. Este criterio debería, como hemos indicado, integrarse en el criterio de los intereses económicos, ya que de forma individual pierde todo su potencial, pues, en la práctica, a pesar de ser criterios alternativos, se suele recurrir primero a la permanencia para luego considerar los intereses familiares en el proceso de determinación de la residencia fiscal.

La globalización ha dado lugar a regímenes especiales que buscan facilitar la movilidad de trabajadores altamente competitivos. En algunos de estos regímenes, el trabajo a distancia ha adquirido una posición destacada y España ha aprovechado la coyuntura pandémica para incorporar cambios. Un claro ejemplo de ello lo encontramos en el régimen de impatriados establecido en el artículo 93 de la LIRPF. Este régimen ofrece la posibilidad de tributar como contribuyente por el IRPF, pero conforme a las reglas del IRNR con el objetivo de beneficiarse de una imposición más laxa durante cinco periodos impositivos desde que se produce el desplazamiento a territorio español. La Ley 28/2022 también conocida como Ley Startups introdujo en la configuración del régimen a los teletrabajadores. El legislador ha considerado que los teletrabajadores forman parte del selecto grupo de trabajadores altamente cualificados buscando, al mismo tiempo, que aporten un valor a la economía española. El problema estriba en que tal régimen puede vulnerar ciertos principios constitucionales como el de capacidad económica o el de igualdad considerando la doctrina que la inclusión de los teletrabajadores como altamente cualificados vendría a agravar el juicio de proporcionalidad exigido a todo beneficio fiscal al ser posible encontrar en España esta tipología de trabajadores sin la necesidad de buscarlos en el extranjero. De este modo, vemos que el régimen tiene un calado meramente recaudatorio.

También es destacable el régimen de expatriados establecido en el artículo 7.p) de la LIRPF. A diferencia del régimen de impatriados, en la estructura del 7.p) de la LIRPF no es posible optar por esta modalidad de teletrabajo, pues precisamente una de las notas esenciales de este régimen es que el trabajador efectúe un desplazamiento físico a otro Estado para prestar el servicio hecho que no sucedería si se opta por trabajar en remoto desde España. Esta posición viene respaldada por múltiples consultas de la DGT en las que se ha venido a denegar la aplicación por no cumplir, precisamente, con esa presencia física en el extranjero dado que la esencia del régimen es favorecer la internacionalización de la mano de obra española.

En lo que se refiere a la normativa de no residentes en España, aunque no ha sido analizada en profundidad, consideramos que debería prestarse atención a la expresión "trabajos desarrollados en España", ya que esto no implica necesariamente que el trabajo sea realizado íntegramente en el territorio español. Se ha explicado que un teletrabajador no residente podría comenzar su trabajo en España, pero no necesariamente completarlo íntegramente en territorio español y, en cambio, trabajar de forma remota desde otro lugar. Hay diferentes opiniones al respecto: algunos creen que no es necesario completar todo el trabajo en territorio español para que se apliquen impuestos, mientras que otros sugieren que, debido a la naturaleza del trabajo a distancia, debería aplicarse el criterio de pago y gravar el servicio prestado por el teletrabajador en España. En última instancia, la decisión final estaría en manos del CDI si se llegara a tal situación.

El trabajo a distancia también es relevante a nivel autonómico. Tanto la LOFCA como la Ley 22/2009 aplican los impuestos personales cedidos en base a la residencia habitual del sujeto, en este caso, el teletrabajador. Por lo tanto, el teletrabajo es un factor importante en esta materia, especialmente en relación con los desplazamientos hacia otras comunidades autónomas mientras se mantiene la residencia en otra. Esto puede plantear problemas de fraude, lo que a su vez tiene implicaciones en términos de financiación.

A diferencia de la normativa estatal, la normativa autonómica no establece un umbral de días para determinar la residencia fiscal de un teletrabajador, ya que es difícil fijar la residencia a través de este período debido a la posibilidad de circular entre diferentes comunidades autónomas. En su lugar, se considera más adecuado tener en cuenta el mayor número de días en una comunidad autónoma como factor determinante. Esta medida ha sido acertada en términos de trabajo a distancia. Además, el legislador ha establecido la presunción de que un teletrabajador tiene su residencia fiscal en una comunidad autónoma si posee una vivienda habitual allí, lo que refuerza aún más esta medida.

El segundo punto de conexión para determinar la residencia fiscal del teletrabajador se basa en su principal centro de intereses. Esta definición es más detallada que la establecida en el artículo 9.1.b) de la LIRPF, ya que se determina en la Comunidad Autónoma donde se encuentre la mayor parte de la base imponible. Sin embargo, en el caso de las rentas del trabajo, se presume que el centro de trabajo se encuentra en el lugar donde se realiza el servicio. Esto puede limitar en cierta medida el trabajo a distancia, ya que la ubicación del centro de trabajo puede no coincidir con el lugar donde el empleador gestiona el trabajo. A pesar de esto, esta medida puede ser considerada una forma de asegurar la localización fiscal del teletrabajador.

En situaciones en las que no se pueda determinar la residencia habitual del teletrabajador, se establece que se considerará como tal su último lugar de residencia conocido. Además, se presume que el teletrabajador vive con su cónyuge y sus hijos menores que dependen de él. Esta presunción se establece en la normativa para prevenir cambios de residencia fraudulentos con propósitos temporales. No obstante, esta presunción puede ser fácilmente manipulada al permanecer tres años en la Comunidad Autónoma de destino, momento en el cual la vivienda se considera como residencia habitual.

Aunque la norma no es clara en cuanto a lo que se considera como una tributación efectiva menor en la Comunidad de destino, esta falta de claridad puede limitar la libertad de circulación de las personas y contravenir principios constitucionales.

Todo lo mencionado anteriormente es un ejemplo de cómo el fin del "sedentarismo" laboral impacta en los sistemas impositivos. De ahora en adelante, los sistemas fiscales a nivel internacional, europeo y nacional tendrán que establecer nuevas bases y reflexionar sobre aspectos específicos para abarcar la mayor cantidad posible de transacciones. Las actividades laborales prestadas a distancia, como el teletrabajo, introducen nuevos desafíos a los ya existentes en términos de residencia fiscal y distribución del poder impositivo. Esta modalidad destaca, una vez más, las debilidades del Derecho Financiero y Tributario, que aún se rige por teorías que no están alineadas con el impacto tecnológico.

BIBLIOGRAFÍA

AA. VV., "The origin of Concepts and Expressions Used in the OECD Model and their Adoption by States", *Bulletin – Tax Treaty Monitor,* IBFD, 2006, pp. 220-254.

AA. VV., *Libro Blanco sobre la Reforma Tributaria,* Ministerio de Hacienda y Función Pública, Madrid, 2022.

AA.VV., "Los conceptos funcionales de domicilio y residencia y sus consecuencias en los procedimientos tributarios" en *Fiscalidad del no residente: aspectos conflictivos,* Edición Fiscal CISS, Valencia, 2007, pp. 81-110.

AGUAS ALCALDE, E., *Tributación Internacional de los Rendimientos de Trabajo,* Aranzadi, Navarra, 2003.

ALMUDÍ CID, J. M. y SERRANO ANTÓN, F., "La residencia fiscal de las personas físicas en los convenios de doble imposición internacional y en la normativa interna española", *Revista de Contabilidad y Tributación* (CEF), número 221-222, 2001.

ALONSO GONZÁLEZ, L. M., "El certificado de residencia fiscal como prueba privilegiada ante la Administración Tributaria" *Consell obert: recull informatiu del Consell General de Col·legis de Graduats Socials de Catalunya,* número 360, 2021, pp. 24-26.

ÁLVAREZ BEREITO, P. y CALDERÓN CARRERO, J. M., *La tributación en el IRPF de los trabajadores expatriados e impatriados,* Netbiblo, S.L, La Coruña, 2010.

ÁLVAREZ CUESTA, H. "Del recurso al teletrabajo como medida de emergencia al futuro del trabajo a distancia", *Lan Harremanak: Revista de relaciones laborales,* número 43, 2020, pp. 175-201.

ANDRÉ ROCHA, S., "International Fiscal Imperialism and the 'Principle' of the Permanent Establishment", *Bulletin for International Taxation,* volume 68, número. 2, Journal Articles & Opinion Pieces, IBFD, 2014, pp. 83-86.

ANEIROS PEREIRA, J., "Regímenes especiales de residencia para personas físicas: entre la territorialidad y la competencia fiscal", *Documentos de Trabajo,* número 6, Instituto de Estudios Fiscales, Madrid, 2019.

ANGHEL, B., COZZOLINO, M., y LACUESTA GABARAIN, A., *El teletrabajo en España.* Boletín económico: Banco de España [Artículos], número 2, 2020.

ANÍBARRO PÉREZ, S., "Contribuyentes del impuesto, residencia en una Comunidad Autónoma y trabajadores desplazados", *Los Impuestos so-*

bre la Renta de las Personas Físicas y sobre la Renta de los No Residentes. Estudio de sus leyes reguladoras y reglamentos generales, Lex Nova, Valladolid, 2008, pp. 139-170.

PÉREZ-BUSTAMANTE YÁBAR, D., "La residencia de las personas jurídicas en los convenios para evitar la doble imposición" en *Residencia fiscal y otros aspectos conflictivos. La armonización de la Imposición Directa,* Aranzadi-Thomson Reuters, Navarra, 2013.

AVERY JONES, J. F, AA.VV., "Dual Residence of Individuals: The Meaning of the Expressions in the OECD Model Convention – I", British Tax Review, número 1, 1981, pp. 15-29.

AVERY JONES, J. F., "Problems of Categorising Income and Gains for Tax Treaty Purposes", *British Tax Review,* núm. 5, 2001, pp. 382-399.

AVERY JONES, J. F. y HATTINGH, J., *Treaty Interpretation – Global Tax Treaty Commentaries,* Global Topics, IBFD, 2021, (Versión electronica).

BAENA AGUILAR, Á., "Artículo 12. Residencia habitual", en *Comentarios a la Ley del I.R.P.F y Reglamento del Impuesto,* Colex, Madrid, 1993, pp. 113-129.

BAENA AGUILAR, Á., *La obligación real de contribuir en el Impuesto sobre la Renta de las Personas Físicas,* Aranzadi, Pamplona, 1994.

BÁEZ MORENO, A., LÓPEZ LÓPEZ, H. y NAVARRO IBARROLA, A., *Implicaciones del COVID-19 en la Fiscalidad Internacional: Convenios de Doble Imposición y Precios de Trasferencia,* Thomson Reuters, Navarra, 2022.

BÁEZ MORENO, A., "Un sistema fiscal del siglo XIX frente a un contribuyente del siglo XXI: el irrefrenable éxodo fiscal de los youtubers al Principado de Andorra", *Revista de Contabilidad y Tributación.* CEF, 466, 2022, pp. 86-95.

BAKER, P., "The expression 'Centre of Vital Interests' in Art. 4 (2) of the OECD Model Convention", en *Residence of Individuals under Tax Treaties and EC Law,* International Bureau of Fiscal Documentation, Amsterdam, 2010, (Versión electrónica).

BAKER, P., "The location of Tax Treaty Interpretation", en *Building Global International Tax Law: Essays in Honour of Guglielmo Maisto,* IBFD, Amsterdam, 2022, (Versión electronica).

BANALOCHE PALAO, C., "Teletrabajo: problemas de deslocalización y otras cuestiones", *Revista de Fiscalidad Internacional y Negocios Transnacionales,* número 20, 2020, (Versión electrónica [BIB 2022/2334]).

BARREIRO CARRIL, M. C., "La residencia: ¿Criterio legítimo de distinción entre obligación personal y obligación real en la Unión Europea" ?, *Documentos de Trabajo,* número 6, Instituto de Estudios Fiscales, Madrid, 2019.

BECKER, A., "The Principle of Territoriality and Corporate Income Taxation – Part 1: What Territoriality Means and Whether or Not it Guides Country Practice", *Bulletin For International Taxation*, Journal Articles & Opinion Pieces, IBFD, 2016.

BELLENS, A., "Belgium", en Residence of Individuals under Tax treaties and EC Law, Books IBFD, 2010, (Versión electrónica).

BENÍTEZ PÉREZ, M., "El criterio de los intereses económicos como criterio para determinar la residencia fiscal española. Estado de la cuestión y perspectivas de futuro", *Quincena Fiscal*, número 20, 2022, (Versión electrónica [BIB 2022/3600]).

BERCHÉ MORENO, E., "Caracteres generales del impuesto. Especial referencia a su naturaleza, objeto y ámbito de aplicación", en *Los Impuestos sobre la Renta de las Personas Físicas y sobre la Renta de los No Residentes. Estudio de sus leyes reguladoras y reglamentos generales*, Lex Nova, Valladolid, 2008, pp. 623-637.

BERETTA, G., "Tax Residence of Individuals in Italy: The Determination of the Notion of Centre of Vital Interests", *European Taxation*, volume 55, número 8, 2015, pp. 391-393.

BERETTA, G., "Tax Residence of Individuals in Italy: The Availability of a Permanent Home", *European Taxation*, volume 58, número 4, 2018, pp. 170-172.

BERETTA, G., "Citizenship and Tax", *World Tax Journal*, volumen 11, número 2, 2019, pp. 227-260.

BERETTA, G., "`Work on the Move': Rethinking Taxation of Labour Income under Tax Treaties" *International Tax Studies*, IBFD, número 2, 2022.

BERLIRI, A., *Principios de Derecho Tributario*, volumen 1, Editorial de Derecho Financiero, 1964. Traducción de VICENTE-ARCHE, Domingo.

BLASCO PELLICER, C., "Incidencia de las nuevas tecnologías de la información y la comunicación (TICS) en las reestructuraciones de las empresas", *Revista Doctrinal Aranzadi Social*, número 15, 2009, (Versión electrónica [BIB 2009/1819]).

BOKOBO MOICHE, S., *Los puntos de conexión en los tributos autonómicos*, Lex Nova, Valladolid, 1998.

SAMPAY, A. E., *El Derecho Fiscal Internacional*, Ediciones Biblioteca Laboremos, Buenos Aires, 1951.

BORG OLIVIER, T., "Developments in the Analysis of the Tie-Breaker Rules for Individuals Under Article 4 (1) OECDE", *Intertax*, núm. 1, volume 45, Kluwer Law International BV, Amsterdam, 2017, pp. 82-102.

BORRÁS RODRÍGUEZ, A., *La Doble imposición: Problemas jurídico-internacionales,* Instituto de Estudios Fiscales, Madrid, 1974.

BRAUNER, Y., "The True Nature of Tax Treaties", *Bulletin for International Taxation,* volume 74, num. 1, 2020, pp. 28-48.

BRAVO CAÑADAS, V. M., "Impuestos Cedidos a las Comunidades Autónomas", *Revista de estudios económicos y empresariales,* número 1, 1982, pp. 35-46.

BRIAN, J. A., "The Taxation of Income from Services under Tax Treaties: Cleaning Up the Mess – Expanded Versión", *Bulletin for International Taxation,* volumen 65, número 2, IBFD, 2011, (Versión electrónica).

BÜHLER, O. y CERVERA TORREJÓN, F., *Principios de Derecho internacional tributario,* Editorial de Derecho Financiero, Madrid, 1968.

BURG, P., "France: Concept of Habitual Abode", en *Tax Treaty Case Law around the Globe 2021,* Linde, Viena, 2021.

BURG, P. "France: Limited Tax Liability and Residence", en *Tax Treaty Case Law around the Globe 2021,* Vienna: Linde, 2021.

BURGSTALLER, E., "'Employer' Issues in Article 15 (2) of the OECD Model Convention – Proposals to Amend the OECD Commentary –" *Intertax,* volume 33, issue. 3, 2005, pp. 123-133.

CALDERÓN CARRERO, J. M., *La doble imposición internacional y los métodos para su eliminación,* McGraw-Hill, Madrid, 1997.

CALDERÓN CARRERO, J. M., "Trabajos dependientes", en *Convenios Fiscales Internacionales y Fiscalidad de la Unión Europea,* Wolters Kluwer, Madrid, 2014, pp. 483-508.

CALDERÓN CARRERO, J. M., "COVID-19 y fiscalidad internacional. Las primeras recomendaciones de la OCDE", *Revista de Contabilidad y Tributación,* número 446, 2020, pp. 1-16.

CALVO ORTEGA, R., "Hecho imponible. No sujeción. Exenciones. Sujetos pasivos" en *El Nuevo Impuesto sobre la Renta de las Personas Físicas,* Lex Nova, Valladolid, 1999, pp. 19-56.

CÁMARA BARROSO, M. C., "Luces y sombras de la residencia fiscal extendida", *Documentos de Trabajo,* número 7, Instituto de Estudios Fiscales, Madrid, 2018.

CARMONA FERNÁNDEZ, N., "Ámbito de aplicación de los Convenios de Doble Imposición", en *Convenios Fiscales Internacionales y Fiscalidad de la Unión Europea,* Wolters Kluwer, Madrid, 2014, pp. 79-118.

CARMONA FERNÁNDEZ, N., "La fiscalidad de los no residentes en España (I): Elementos subjetivos" en *Manual de Fiscalidad Internacional,* vol. 1, 4ª ed, Instituto de Estudios Fiscales, Madrid, 2016, pp. 429-458.

CASTILLO SOLSONA, M.ª M., *La imposición sobre la renta de no residentes en la legislación española. Fundamento, evolución histórica y modelo vigente,* Edicions de la Universitat de Lleida, Lleida, 2001.

CES-UNICE-UEAPME-CEEP (Confederación Europea de Sindicatos, Unión de Confederaciones Industriales y Empresariales de Europa, Asociación Europea del Artesanado y de la Pequeña y Mediana Empresa y Centro Europeo de Empresas de Servicios Públicos)., «European Framework Agreement on Telework» [en línea], 2002, <https://www.etuc.org/en/framework-agreement-telework>, [Consultada: 14/11/2020]

CHICO DE LA CÁMARA, P., "Los regímenes tributarios especiales que concede nuestro sistema tributario a los deportistas para favorecer la generación de renta en nuestro país", *Revista Jurídica del Deporte,* número 17, 2006, pp. 159-168.

CHICO DE LA CÁMARA, P., "La residencia fiscal de las personas físicas en el Derecho comparado", en *Residencia fiscal y otros aspectos conflictivos. La armonización de la Imposición Directa,* Thomson Reuters-Aranzadi, Navarra, 2013, pp. 109-129.

CHOI, W., "Active Income of Individuals", en *Roy Rohatgi on International Taxation,* Vol 1: Principles, IBFD, 2021, (Versión electrónica).

COOLS, A., "Belgian Ruling Commission's Opinion on the Concept of "Employer" within the Meaning of Article 15 of the OECD Model", *European Taxation,* vol. 55, núm. 10, Journal Articles & Opinion Pieces, IBFD, 2015, pp. 166-169.

COOLS, A., "What Is the Scope of the Concept of "Income" in Article 16 of the OECD Model?", *Bulletin for International Taxation,* volume 71, núm. 3-4, IBFD, 2017, (Versión electrónica).

CORTÉS DOMÍNGUEZ, M., *Ordenamiento tributario español,* Tecnos, Madrid, 1968.

CUBERO TRUYO, A., "La tributación de los no residentes ante la reforma del IRPF", *Carta Tributaria,* número 290, 1998.

CUBERO TRUYO, A. y TORIBIO BERNÁRDEZ, L., "Propuestas para una reorientación del concepto de residencia en la Ley del IRPF, a la búsqueda de una mayor coherencia con los criterios de los Convenios de doble imposición", *Revista de Fiscalidad Internacional y Negocios Transnacionales,* núm. 12, 2019, (Versión electrónica [BIB 2019/9529]).

CUBERO TRUYO, A. y TORIBIO BERNÁRDEZ, L., "Reflexiones críticas sobre la regulación actual del concepto de residencia fiscal de las personas físicas", en *Tributación internacional. Fiscalidad en las inversiones transfronterizas,* Thomson Reuters-Aranzadi, Navarra, 2019, pp. 113-132.

DAGAN, T., "Klaus Vogel Lecture 2021: Unbundled Tax Sovereignty – Refining the Challenges", Bulletin for International Taxation, volumen 76, número 7, 2022, pp. 318-328.

DANON, R., "La notion d'employeur au sens de l'art. 15 (2) (b) MC OCDE: Analyse critique du commentaire OCDE 2010 et impact sur les CDI suisses", *IFF Forum für Steurrecht,* Universität. St. Gallen, 2012.

DAURER, V., "Austria", en *Residence of Individuals under Tax treaties and EC Law,* Books IBFD, 2010 (Versión electrónica).

DE BROE, L., "The interpretation of article 15 (2) (b) OECD Model Convention: "Remuneration paid by, or on behalf of, an employer who is not a resident of the other state", *Bulletin for International Taxation,* volume 54, núm. 10, Journal Articles & Opinion Pieces, IBFD, 2000, pp. 503-521.

DE BROE, L., "Article 15. Income from Employment" en *Klaus Vogel on Doble Taxation Convention,* 4 ed, vol. 1, Kluwer Law International, Países Bajos, 2015.

DE CASTRO, E., "El control de la actividad laboral del teletrabajador", en *Derecho del trabajo y Nuevas tecnologías,* Tirant lo Blanch, Valencia, 2020, pp. 457-504.

DE GOEDE, J., KAUR, D., KOSTERS, B. y PERDELWITZ, A., "Interpretation and Application of Article 5 (Permanent Establishment) of the OECD Model Tax Convention", *Response from IBFD Research Staff,* IBFD, 2012.

DE LA PEÑA AMORÓS, M. M., "La residencia habitual, punto de conexión de algunos tributos cedidos", *Nueva Fiscalidad,* número 2, 2008, pp. 115-153.

DE LA PEÑA AMORÓS, M. M., "A vueltas con los cambios de residencia a Andorra por parte de los youtubers", *Quincena Fiscal,* número 18, 2021, (Versión electrónica [BIB 2021/4925]).

DE PABLO VARONA, C., "El régimen fiscal para deportistas desplazados ("impatriados") y la renta de los no residentes", *Revista de Derecho de Deporte y Entretenimiento,* número 23, 2008, (Versión electrónica [BIB 2008/1985]).

DE VITA, M., "Flat Tax for "New Residents": A comparison between the Italian and Portuguese Regimes", *European Taxation,* vol. 60, num. 10, 2020, pp. 460-468.

DE VRIES REILINGH, D., "The Concept of Permanent Establishment: A Comparative Analysis of Tax Treaty and Swiss Domestic Tax Law", *Intertax,* volume 38, issue 11, 2010, pp. 577-587.

DIEZ DE VELASCO VALLEJO, M., *Instituciones de Derecho Internacional Público.* 13ª edición, Tecnos, Madrid, 2001.

DIRKIS, M., "The Expression "Liable to Tax by reason of his Domicile, Residence" under Art. 4(1) of the OECD Model Convention" en *Residence of Individuals under Tax treaties and EC Law,* Books IBFD, 2010, (Versión electrónica).

DIRKIS, M., "Australia: Testing the Tax Treaty Residency Tie-Breaker Rules for Individuals", en *Tax Treaty Case Law around the Globe 2021,* Linde, Viena, 2021.

DOMÍNGUEZ MARTÍNEZ, J. M. y MOLINA MORALES, A., "La evasión fiscal internacional en los países de la OCDE: aproximación teórica y análisis empírico", *Revista de Fiscalidad Internacional y Negocios Transnacionales,* número 16, 2021, (Versión electrónica [BIB 2021/1534]).

DOMÍNGUEZ PUNTAS, A., "La noción de residencia y sus implicaciones en las normas tributarias, de control de cambios y de inversiones de capitales (II parte)", *Gaceta Fiscal,* número 174, 1999, pp. 49-82.

DOS SANTOS, A. C. y MOTA LOPES, C., "Tax Sovereignty, Tax Copetition and the Base Erosion and Profit Shifting Concept of Permanent Establishment", *EC Tax Review,* 5-6, 2016, pp. 296-311.

DOURADO, A. P., "Portugal: Artistes' and Sportsmen's Income", *Tax Treaty Case Law around the Globe 2017,* Linde, 2018, (Versión electrónica).

DZIURDZ, K. y PÖTGENS, F., "Cross-Border Short-Term Employment", *Bulletin for International Taxation,* volume 68, número 8. Ámsterdam: IBFD, 2014, pp. 404-414.

DZIWINSKI, K., "Chapter 6. Dual Residence and Treaty Entitlement of Individuals", en *Tax Treaty Entitlement,* Books IBFD, 2015, (Versión electrónica).

EDEN, S. y PALAO TABOADA, C., "General report on the taxation of workers in Europe", en *Taxation of workers in Europe,* vol. 6, EATLP International Tax Series, 2010.

Eurofound y OIT, *Trabajar en cualquier momento y cualquier lugar: consecuencias en el ámbito laboral,* Ginebra, 2019.

ESCRIBANO LÓPEZ, E.: «La fiscalidad de las rentas del teletrabajador y de las empresas que los emplean en escenarios transfronterizos», [en línea], (2022), < https://papers.ssrn.com/sol3/papers.cfm?abstract_id=4245841>.

ESTEVE PARDO, M. L. y NAVARRO GARCÍA, A., *La financiación de los servicios públicos en las áreas urbanas,* Thomson Reuters-Aranzadi, Navarra, 2022.

FALCÓN Y TELLA, R., "Cuestiones normativas y cuestiones de prueba en el Derecho Tributario", *Crónica Tributaria,* 1992, número 61.

FALCÓN Y TELLA, R., "Los puntos de conexión en los tributos cedidos: especial referencia a la "residencia" de las personas físicas", *Quincena Fiscal,* número 3, 1997, (Versión electrónica [BIB 1997/1090]).

FALCÓN Y TELLA, R., "Las "ausencias esporádicas" y el concepto de residencia fiscal", *Quincena Fiscal,* número 9, 2020, (Versión electrónica [BIB 2020/10835]).

FALCÓN Y TELLA, R y BADENES GASSET, R., "Las "ausencias esporádicas" y la residencia: el caso de las becas que implican una estancia en el extranjero de más 183 días" *Quincena Fiscal,* número 7, 2018, (Versión electrónica [BIB 2018, 8310]).

FALCÓN Y TELLA, R. y PULIDO GUERRA, E., *Derecho Fiscal Internacional,* Marcial Pons, Madrid, 2018.

FERNÁNDEZ ORRICO, F J., "Trabajo a distancia: cuestiones pendientes y propuestas de mejora (RD-Ley 28/2020, de 22 de septiembre)", *Revista General de Derecho del Trabajo y de la Seguridad Social,* número 58, 2021, pp. 218-262.

FERRER VIDAL, D. y FONT GORGORIÓ, P., "Conflictos de criterio en la residencia fiscal de las personas físicas: un entorno de alta inseguridad jurídica" en *La problemática de la residencia fiscal desde una perspectiva interna e internacional,* Wolters Kluwer, Madrid, 2018, (Versión electrónica).

GARCÍA CARRETERO, B., *La fiscalidad de los trabajadores desplazados en un entorno de globalización y deslocalización,* número 1, Asociación Española de Asesores Fiscales, Madrid, 2006a.

GARCÍA CARRETERO, B, *La residencia como criterio de sujeción al impuesto sobre la renta de las personas físicas.* Instituto de Estudios Fiscales, Madrid, 2006b.

GARCÍA CARRETERO, B., "Hacia la delimitación del concepto de ausencias esporádicas en la fijación de la residencia en el IRPF", *Quincena Fiscal,* número 10, 2018, (Versión electrónica [BIB 2018/9104]).

GARCÍA CARRETERO, B., "Nuevas precisiones en materia de residencia fiscal en el IRPF", *Quincena Fiscal,* núm. 8, 2020, (Versión electrónica [BIB 2020/10667]).

GARCÍA CARRETERO, B., "La residencia de las personas físicas en la legislación interna», en *Residencia fiscal y otros aspectos conflictivos. La armonización de la Imposición Directa,* Aranzadi -Thomson Reuters, Navarra, 2013.

GARCÍA DE PABLOS, F., "El Proyecto de Ley de fomento del ecosistema de las empresas emergentes (Startups)", *Quincena Fiscal,* número 10, 2022, (Versión electrónica [BIB 2022/1492]).

GARCÍA MARTÍNEZ, A., "La creación de un clima fiscal favorable en algunos países europeos como incentivo para la atracción de pensionistas extranjeros a sus territorios", *Nueva Fiscalidad,* número 2, 2022, pp. 97-123.

GARCÍA NOVOA, C., "El actual contexto internacional y el principio de residencia en las rentas de actividades empresariales", *Crónica Tributaria,* número 164, 2017, pp. 33-54.

GARCÍA NOVOA, C., "Los sujetos pasivos en el nuevo impuesto sobre la renta de las personas físicas" en *Estudios del Impuesto sobre la Renta de las Personas Físicas,* Lex Nova, Valladolid, 2000, pp. 67-143.

GARCÍA PRATS, F. A., "Los Modelos de Convenio, sus principios rectores y su influencia sobre los Convenios de doble imposición", *Crónica tributaria,* número 133, 2009, pp. 101-124.

GARCÍA PRATS, F. A., "La residencia fiscal y el Derecho comunitario", Crónica Tributaria, número 146, 2013, pp. 153-178.

GARCÍA RUBIO, M. A., "El poder de dirección y control en el trabajo a distancia" en *El trabajo a distancia en el RDL 28/2020,* Tirant lo Blanch, Valencia, 2021, pp. 257-306.

GARCÍA RUBIO, M. A., "El trabajo a distancia en el RDL 28/2020: concepto y fuentes reguladoras", en *El trabajo a distancia en el RDL 28/2020,* Tirant lo Blanch, Valencia, 2021, pp. 29-86.

GIL GARCÍA, E., "La residencia fiscal de las personas físicas: indeterminación, ubicuidad y deslocalización", *Revista española de Derecho Financiero,* número 193, Editorial Civitas, 2022, [Versión electrónica (BIB 2022/474)].

RAMÍREZ GÓMEZ, S., "Las rentas de los deportistas en la fiscalidad internacional", *Revista española de Derecho Financiero,* número 18, 2019, (Versión electrónica [BIB 2019/827]).

GIL MACIÀ, L., "Deducción por inversión en vivienda habitual: jurisprudencia sobre las pruebas que acreditan la ocupación efectiva y permanente", *Revista de Derecho Financiero,* número 166, 2015, (Versión electrónica [BIB 2015/1939]).

GÓMEZ CABRERA, C., "El poder tributario autonómico desde una perspectiva constitucional", en *El debate sobre el sistema de financiación autonómica,* Secretaría General del Parlamento de Andalucía, Granada, 2003, pp. 669-688.

GONZÁLEZ APARICIO, M., "La determinación de la residencia de las entidades en el marco de la normativa convencional internacional" *Documentos de Trabajo,* número 6, Instituto de Estudios Fiscales, Madrid, 2019.

GONZÁLEZ MÉNDEZ, A., "Artículo 12. Residencia habitual", en *Comentarios a la Ley del Impuesto sobre el Impuesto sobre la Renta de las Personas Físicas y a la Ley del Impuesto sobre el Patrimonio: homenaje a Luis Mateo Rodríguez,* Thomson Reuters-Aranzadi, Navarra, 1995, pp. 201-206.

GONZÁLEZ POVEDA, V., "La obligación real en la normativa del IRPF (Un análisis económico de los puntos de conexión)", *Crónica Tributaria,* número 65, 1993, pp. 45-57.

GUERVÓS MAÍLLO, M.ª Á., "Artículo 28. Residencia habitual de las personas físicas", en *El sistema de financiación de las Comunidades Autónomas. Comentario a la Ley 22/2009, de 28 de diciembre, tras la Sentencia del Estatuto catalán,* Dykinson, Madrid, 2010, pp. 180-186.

GUTIÉRREZ BENGOECHEA, M., "Tributación de los trabajadores expatriados", en Cuestiones actuales de planificación fiscal internacional. Barcelona: Atelier, Barcelona, 2019, pp. 93-107.

HINNEKENS, L., "The salary split and the 183-day exception in the OECD Model and Belgian tax treaties (Part I)", *Intertax,* número 8-9, 1988, pp. 229-241.

HORTALÀ I VALLVÉ, J, *Comentarios a la Red Española de Convenios de Doble Imposición,* Thomson Reuters-Aranzadi, Navarra, 2007.

ISMER, R. y BLANK, K., "Article 4. Resident" en *Klaus Vogel on Doble Taxation Convention,* 5 Ed, vol. 1, Kluwer Law International, Países Bajos, 2022.

JIMÉNEZ-VALLADOLID DE L´HOTELLERIE-FALLOIS, D. J. y VEGA BORREGO, F. A., "Algunos aspectos fiscales del desplazamiento internacional de trabajadores", *Revista Jurídica de la Universidad Autónoma de Madrid,* número 28, pp. 177-195.

KEMMEREN, E., Principle of origin in tax Conventions. A rethinking of Models., Pijnenburg cormgevers, Holanda, 2001.

KOSTIC, S., "In search of the Digital Nomad – Rethinking the Taxation of Employment Income under Tax Treaties", *World Tax Journal,* volume 11, número 2, 2019, pp. 189-225.

KOSTIC, S.: «Rethinking Article 15 of the OECD Model in Light of Digitalization» [en línea], 2019, <http://kluwertaxblog.com/2019/06/03/rethinking-article-15-of-the-oecd-model-in-light-of-digitalization/> (Consultado en fecha 13 de septiembre de 2022).

KOSTIC, S., "A Plea for a Workforce Presence PE Concept in a Post-Covid Digitalized World", *Intertax*, Volume 49, Issue 10, 2021, pp. 758-770.

LAGO MONTERO, J. M., *El Poder Tributario de las Comunidades Autónomas*, Aranzadi, Navarra, 2000.

LANG, M., "Tax treaty Interpretation – A response to John Avery Jones", *Bulletin for International Taxation*, vol. 74, número 11, 2020, pp. 660-668.

LEDURE, C., "The Tax Treatment of Severance Payments Made in a Cross-Border Context – A Swiss Perspective", *European Taxation*, vol. 56, Journal Articles & Opinion Pieces IBFD, 2016, pp. 63-77.

LIPNIEWICZ, R., "Place of Effective Management in the Digital Economy", *Intertax*, Volume 48, Issue 6 & 7, 2020, pp. 602-615.

LÓPEZ BERENGUER, J., *El nuevo IRPF y el nuevo Impuesto sobre los «no residentes*, Dykinson, Madrid, 1999.

LÓPEZ DE LA FUENTE, G., *La revolución tecnológica y su impacto en las relaciones del trabajo y en los derechos de los trabajadores (cuestiones actuales y nuevos retos)*, Tirant lo Blanch, Valencia, 2020.

LÓPEZ ESPADAFOR, C. M., *Fiscalidad internacional y territorialidad del tributo*, McGraw-Hill, Madrid, 1995.

LÓPEZ ESPADAFOR, C. M., "Los criterios de sujeción a las normas tributarias ante la nueva Ley General Tributaria", *Crónica Tributaria*, número 121, 2004, pp. 9-32.

LÓPEZ ESPADAFOR, C. M., "Alcance del deber general de colaboración entre Estados en la lucha contra el fraude fiscal", Revista española de Derecho Financiero, número 173, 2017, (Versión electrónica [BIB 2017/582]).

LÓPEZ ESPADAFOR, C. M., "Recorrido transnacional de la soberanía tributaria", *Cuadernos de Derecho Transnacional*, vol. 10, número 1, 2018.

LÓPEZ JIMÉNEZ, J. M., "Trabajo a distancia: dotación de medios y compensación económica", en *El trabajo a distancia en el RDL 28/2020*, Tirant lo Blanch, Valencia, 2020, pp. 143-178.

LÓPEZ LÓPEZ, H., *Régimen Fiscal de los Trabajadores Desplazados al Extranjero*, Thomson Reuters-Aranzadi, Navarra, 2015.

LÓPEZ, A., "La exención para los trabajadores desplazados del artículo 7.p LIRPF tras la Ley 35/2006 de 28 de noviembre", *Quincena Fiscal,* número 12, 2008, (Versión electrónica [BIB 2008/907]).

LUCAS DURÁN, M., "Residencia y territorialidad: BEPS y la necesidad de revisar los principios tradicionales de la fiscalidad internacional", *Documentos de Trabajo,* número 7, Instituto de Estudios Fiscales, Madrid, 2018.

MACARRO OSUNA, J. M., "Competencia fiscal y el comercio electrónico en el IVA", en *Competencia Fiscal y Sistema Tributario: Dimensión Europea e Interna,* Thomson Reuters-Aranzadi, Navarra, 2014, pp. 233-254.

MACARRO OSUNA, J. M., "Supuesto de sujeción por la renta mundial al IRPF sin que medie presencia física en territorio español", *Documentos de Trabajo,* número 7, Instituto de Estudios Fiscales, Madrid, 2018

MARTÍN DÉGANO, I., "Los criterios para determinar la residencia fiscal autonómica y su prueba: el caso de Ceuta", *Quincena Fiscal,* número 4, 2018, (Versión electrónica [BIB 2018/5970]).

MARTÍN-ABRIL Y CALVO, D., "Cuestiones de fiscalidad internacional y tributación de no residentes", en *Libro blanco para la reforma fiscal en España: una reflexión de 60 expertos para el diseño de un sistema fiscal competitivo y eficiente,* Madrid, 2022, pp. 643-650.

MARTOS GARCÍA, J. J., "Financiación autonómica e IRPF: corresponsabilidad tributaria *versus* competencia fiscal y desigualdad interregional", *Crónica Tributaria,* número 136, 2010, pp. 137-167.

MEDINA CEPERO, J. R., "La residencia fiscal de las personas físicas", *Boletín Aranzadi Fiscal,* número 9, parte Boletín, 2002, (Versión electrónica [BIB 2002/1268]).

MESSAGE, N., "France" en *Residence of Individuals under Tax treaties and EC Law,* Books IBFD, 210, (Versión electrónica).

MONSENEGO, J., "May a Server Create a Permanent Establishment? Reflections on Certain Questions of Principle in Light of a Swedish Case", *International Transfer Pricing Journal,* volume 21, núm. 4, 2014, pp. 247-257.

MORENO GONZÁLEZ, S. y GÓMEZ REQUENA, J. Á. (2020): «Los principios y conceptos tradicionales de la fiscalidad internacional: pasado, presente y futuro», en MORANO GONZÁLEZ, Saturnina (dir.) y NOCETE CORREA, Francisco José (dir.): *Introducción a la fiscalidad internacional.* Barcelona: Atelier, pp. 21-46.

MORIES JIMÉNEZ, M. T., *Fiscalidad del teletrabajo,* Tirant lo Blanch, Valencia, 2023.

MUTIS, S. I., "Can special attraction regimes lead to Treaty Residence?", *Bulletin of International Taxation,* vol. 72, núm. 9, Journals IBFD, 2018, (Versión electrónica).

NAVARRO IBARROLA, A., "Intenational Tax Soft Law Instruments: The Futility of the Static v. Dynamic Interpretation Debate", *Intertax,* volume 48, issue 10, 2020, pp. 848-860.

NEUMARK, F., *Principios de la imposición,* Instituto de Estudios Fiscales, Madrid, 1974.

NIEMINEN, M., "Dual Role of the OECD Commentaries – Part 1", *Intertax,* volume 43, Issue 11, 2015, pp. 636-659.

NÚÑEZ GRAÑÓN, M., "El principio de territorialidad como criterio de sujeción: el documento "simplify internacional taxation" incluido en el informe de la Comisión Kemp", *Quincena Fiscal,* número 10, 1997, (Versión electrónica [BIB 1997/1132]).

NÚÑEZ GRAÑÓN, M., *Las desigualdades tributarias por razones familiares y de residencia,* Marcial Pons, Madrid, 1998.

OBRIST, T. y PFISTER, R. A., "Switzerland", en *Residence of Individuals under Tax Treaties and EC Law,* vol. 6, EC and International Tax Law Series – IBFD, Países Bajos, 2010, (Versión electrónica).

OBUOFORIBO, B., "Residence" en *Roy Rohatgy on international taxation. Volume 1: Principles,* IBFD, Países Bajos, 2018, (Versión electrónica).

OCDE, *Report on Cross-border Tax Issues Arising from Employee Stock Option Plans,* OECD Publishing, París, 2004.

OCDE., "R(9). The 183 day rule: some problems of application and interpretation", en *Model Tax Convention on Income and on Capital 2010 (Full Version),* OECD Publishing, París, 2012.

OCDE., *Implications of remote working adoption on place-based policies: a focus on G7 countries,* OECD Publishing, París, 2021.

OIT., *Promover el empleo y el trabajo decente en un panorama cambiante.* Conferencia Internacional del Trabajo, 109ª reunión, 2020.

OIT., *El teletrabajo durante la pandemia de COVID-19 y después de ella - Guía práctica.* Ginebra, 2020.

OIT., *Orientaciones para la recolección de estadísticas del trabajo: Definición y medición del trabajo a distancia, el teletrabajo, el trabajo a domicilio y el trabajo basado en el domicilio.* Nota técnica. Ginebra, 2020.

ORÓN MORATAL, G., "La residencia habitual como punto de conexión en los impuestos directos: problema actual y causa de próximas reformas legislativas", en *Presente y futuro de la imposición directa en España,* Lex Nova, 1997, Valladolid, pp. 83-99.

PAREDES GÓMEZ, R., "Los Paraísos Fiscales en el Sistema Fiscal Español", *Revista de Fiscalidad Internacional y Negocios Transnacionales,* número 16, 2021, (Versión electrónica [BIB 2021/1541]).

PASTOR MARTÍNEZ, A., "La normativa internacional como instrumento de articulación de las políticas legislativas nacionales en materia de representación de los trabajadores en el contexto del trabajo a distancia y del teletrabajo", *Revista Internacional y Comparada de Relaciones Laborales y Derecho del Empleo,* volumen 9, número 1, 2021, pp. 478-498.

PEETERS, B., "Article 15 of the OECD Model Convention on "Income from Employment" and its Undefined Terms", *European Taxation,* vol. 44, IBFD, 2004, pp. 72-82.

QUERALT MARTÍN, J., "El Impuesto sobre la Renta de las Personas Físicas", en *Curso de Derecho Tributario. Parte Especial. Sistema Tributario,* Marcial Pons, Madrid, 1992.

PEZZATO, G., "The meaning of the term "employment" under article 15 of the OECD Model Convention", en *Taxation of Employment Income in International Tax Law,* Linde, Viena, 2009.

PINTO, D., "Exclusive source or residence -based taxation- is a new and simpler world tax order possible", *Bulletin for International Taxation,* volume 61, número 7, Journal Articles & Opinion Pieces, IBFD, 2007.

PISTONE, P., "Article 15: Income from Employment" en *Global Tax Treaty Commentaries,* Global Topics, IBFD, 2021 (Versión electrónica).

PITA GRANDAL, A. M., "Notas para la revisión del paradigma del criterio de residencia", en *La problemática de la residencia fiscal desde una perspectiva interna e internacional,* Wolters Kluwer, Madrid, 2018, (Versión electrónica).

GRIOZIOTTI, B., *Principio de Política, Derecho y Ciencia de la Hacienda.* Traducción de JIMÉNEZ CISNEROS, M., Instituto Editorial Reus, Madrid, 1958.

POQUET CATALÁ, R., "Teletrabajo y su definitiva configuración jurídica", *Revista de trabajo y seguridad social,* número 351, 2012, pp. 139-158.

PÖTGENS, F., "The "Closed System" of the Provisions on Income from Employment in the OECD Model", *European Taxation,* volume 41, número 7/8, IBFD, 2001, pp. 252-263.

PÖTGENS, F., "The Allocation of Severance Payments under Article 15 of the OECDE Model", en *A Tax Globalist: Essays in honour of Maarten J. Ellis,* IBFD, Amsterdam, 2005, (Versión electronica).

PÖTGENS, F., *Income from International private Employment: An analysis of Article 15 of the OECD Model,* vol. 12, Doctoral Series, IBFD, Amsterdam, 2006.

PÖTGENS, F., "Proposed Changes to the Commentary on Art. 15 (2) of the OECD Model and their Effect on the Interpretation of "Employer" for treaty Purposes", *Bulletin for International Taxation,* volume 61, num 11, Journal Articles & Opinion Pieces, IBFD, 2007, pp. 476-488.

PÖTGENS, F., "The Dutch Supreme Court Reaffirms and Clarifies 'de facto employer' under Article 15 of the OECD Model", *Intertax,* volume 36, núm. 2, 2008a, pp. 75-81.

PÖTGENS, F., "The Netherlands Supreme Court and Remuneration Borne by a Permanent Establishment – Third Time Lucky!", *European Taxation, volume* 48, núm. 12, 2008b, pp. 654-657.

PÖTGENS, F., "Income from Inactivity under Article 15 of the OECD Model Tax Convention – Part 2", *Bulletin for International Taxation,* volume 63, Journal Articles & Opinion Pieces, IBFD, 2009, pp. 495-507.

PROKISCH, R., "Severance payments", *European Taxation,* volumen 38, número 5-6, 1998, pp. 178-181.

RAMOS PRIETO, J., *La cesión de impuestos del Estado a las Comunidades Autónomas. Concepto, régimen jurídico y articulación constitucional,* Editorial Comares, Sevilla, 2001.

REIMER, E., "Permanent Establishment in the OECD Model Tax Convention" en *Permanent Establishments. A Domestic Taxation, Bilateral Tax Treaty and OECD Perspective,* 5. Ed, Kluwer Law International, Países Bajos, 2016, (Versión electronica).

RIENSTRA, J., "United States" en *Individual Taxation. Country Tax Guides,* IBFD, 2022, (Versión electrónica).

RODRÍGUEZ-BEREIJO LEÓN, M. y ZABÍA DE LA MATA, E., "Los puntos de conexión en el nuevo modelo de financiación autonómica", *Crónica Tributaria,* número 82-83, 1997, pp. 237-259.

ROMERO BURILLO, A. M., "El marco jurídico-laboral del teletrabajo", en *Nuevas tecnologías, cambios organizativos y trabajo,* Tirant lo Blanch, Valencia, 2020, p. 447.

ROMERO PLAZA, C., *Prueba y Tributos,* Tirant lo Blanch, Valencia, 2015.

ROVIRA FERRER, Irene (2016): «Estado actual y perspectivas de futuro de la potestad autonómica para crear impuestos propios», en *Revista d'Estudis Autonòmics i Federals,* número 24, 2016, pp. 193-234.

ROVIRA FERRER, I., *La fiscalidad del trabajo a distancia,* Aranzadi, Navarra, 2023.

RUIZ ALMENDRAN, V., "Poder tributario autonómico y Derecho de la Unión Europea: consecuencias de un federalismo fiscal inacabado", *Revista Española de Derecho Europeo,* número 64, 2017, (Versión electrónica).

RUIZ GONZÁLEZ, L. J., "La determinación de la residencia habitual de las personas físicas en la gestión de los tributos cedidos", *Actum fiscal,* número 48, 2011, pp. 69-79.

RUÍZ HIDALGO, C., *Régimen tributario de las empresas de transporte náutico y aéreo y de sus trabajadores: aspectos internos e internacionales: la utilización de las infraestructuras portuarias y aeroportuarias,* Tirant lo Blanch, Valencia, 2021.

Nilles, J., *The Telecommunications-transportation tradeoff,* Jala International, California, 1973.

RUST, A., "Germany", en *Residence of Individuals under Tax treaties and EC Law,* Books IBFD, 2010, (Versión electrónica).

RUST, A., "Germany: Interpreting the 183-day rule", en *Tax Treaty Case Law around the Globe 2013,* IBFD, Amsterdam, 2013, (Versión electronica).

SACCHETTO, C., "Territorialità (diritto tributario)", *Enciclopedia del Diritto,* XLIV, 1992.

SAINZ DE BUJANDA, F., *Notas de derecho financiero.* Lección 17, vol. 3°, Publicaciones de la Facultad de Derecho, Madrid, 1976.

SÁNCHEZ-HERRERO, A., "La sujeción al Impuesto", en *Los Impuestos sobre la Renta de las Personas Físicas y sobre la Renta de los No Residentes. Estudio de sus leyes reguladoras y reglamentos generales,* Lex Nova, Valladolid, 2008, pp. 637-685.

SANGHAVI, D., "Tax Treaty Entitlements Issues Concerning Dual Residents", *Intertax,* vol. 42, issue. 10, 2014, pp. 604-614.

SANZ CLAVIJO, A., "El régimen tributario especial en el IRPF de los trabajadores desplazados a España", en *Documentos de Trabajo,* Instituto de Estudios Fiscales, número 12, Madrid, 2013, pp. 1-56.

SANZ CLAVIJO, A., "Propuestas para la reforma del régimen de impatriados español desde una visión de derecho comparado", *Crónica Tributaria,* número 148, 2013, pp. 195-213.

SASSEVILLE, J., "History and Interpretation of the Tiebreaker Rule in Art. 4 (2) of the OECD Model Tax Convention" en *Residence of Individuals under Tax treaties and EC Law,* Books IBFD, 2010, (Versión electrónica).

SCHÖN, W., "Neutrality and Territoriality – Competing or Converging Concepts in European Tax Law", *Bulletin for International Taxation,* volume 69, número 4/5, Journal Articles & Opinion Pieces IBFD, 2015, pp. 271-293.

SEDEÑO LÓPEZ, J. F., *Instrumentos financieros y tributarios frente a la despoblación: Retos y oportunidades en el contexto del teletrabajo,* Atelier, Barcelona, 2022.

SELMA PEÑALVA, V., "Régimen y problemática actual de los trabajadores desplazados al extranjero: beneficios fiscales y problemática de los expatriados", *Documentos de Trabajo,* número 7, Instituto de Estudios Fiscales, Madrid, 2018.

SERRANO ANTÓN, F., "Hacia una reformulación de los principios de sujeción fiscal", Documentos, número 18, Instituto de Estudios Fiscales, Madrid, 2006.

SIERRA BENÍTEZ, E. M., "El estado actual del teletrabajo en la Unión Europea", *Boletín ADAPT,* número 18, 2013, pp. 1-2.

SIERRA BENÍTEZ, E. M., "La nueva regulación del trabajo a distancia", *Revista Internacional y Comparada de Relaciones laborales y Derecho del empleo,* vol. 1, número 1, ADAPT University Press, 2013, (Versión electrónica).

SIMÓN ACOSTA, E., *El Nuevo Impuesto sobre la Renta de las Personas Físicas,* Editorial Aranzadi, Navarra, 1999.

SIMÓN ACOSTA, E., "A vueltas con la prueba de la residencia fiscal fuera de España", *Actualidad Jurídica Aranzadi,* núm 917, 2016.

SOLER ROCH, M. T., "Una reflexión sobre el principio de residencia como criterio de sujeción al poder tributario del Estado", en *Presente y futuro de la imposición directa en España,* Lex Nova, Valladolid, 1997, pp. 63-78.

SOLER ROCH, M. T., "La residencia como punto de conexión en los Convenios de Doble Imposición. Algunas cuestiones a resolver en el futuro", *Documentos de Trabajo,* número 3. Instituto de Estudios Fiscales, Madrid, 2018.

SOLER ROCH, M. T., "Reflexión sobre la residencia como criterio de sujeción: gravamen global vs. Gravamen único", en *La problemática de la residencia fiscal desde una perspectiva interna e internacional,* Wolters Kluwer, Madrid, 2018, (Versión electrónica).

SOLER ROCH, M. T., "The forgotten taxpayers in a BEPS Scenario", en *Building Global International Tax Law: Essays in Honour of Guglielmo Maisto*, IBFD, Amsterdam, 2022, (Versión electronica).

STUART, E., "Chapter 9. Art. 4(2) of the OECD Model Convention: Practice and Case Law", en *Residence of Individuals under Tax treaties and EC Law*, Books IBFD, 2010, (Versión electrónica).

TEMMERMAN, M. y VAN DE PERRE, S., "Bélgica", en *Permanent Establishments. A Domestic Taxation, Bilateral Tax Treaty and OECD Perspective*, 5. Ed, Kluwer Law International, Países Bajos, 2016, (Versión electronica).

TENORE, M., "Supreme Court of 7 September 2018, case no. 21865" en *Tax Treaty Case Law around the Globe 2019*, Linde, 2020, (Versión electrónica).

THIBAULT ARANDA, J., *El Teletrabajo: análisis jurídico-laboral*, Consejo Económico y Social, Madrid, 2000.

THIBAULT ARANDA, J. y JURADO SEGOVIA, Á., "Algunas consideraciones en torno al acuerdo marco europeo sobre teletrabajo", *Temas laborales*, número 72, 2003, pp. 35-67.

TORIBIO BERNÁRDEZ, L., "La doble vara de medir de la Dirección General de Tributos a la hora de examinar la excepcionalidad de la pandemia y sus consecuencias en el plano tributario", *Quincena Fiscal*, número 7, 2021, (Versión electrónica [BIB 2021/1657]).

TOVILLAS MORÁN, J. M., *Estudio del Modelo de Convenio sobre Renta y Patrimonio de la OCDE de 1992*, Marcial Pons, Madrid, 1996.

TRUJILLO PONS, F., "Camino a una nueva ley sobre el trabajo a distancia (teletrabajo) y el derecho a la "desconexión digital en el trabajo"", *Revista Aranzadi Doctrinal*, número 8, 2020, (Versión electrónica [BIB 2020/35385]).

TYCHMANSKA, A., "The OECD as the Future International Tax Organization: An inevitable Course of Events?", *Intertax*, volume 49, issue 8/9, 2021, pp. 614-635.

VAQUERA GARCÍA, A., "Beneficios fiscales de los rendimientos obtenidos por los trabajadores desplazados", *Crónica Tributaria*, número 179, 2021, pp. 131-167.

VEGA BORREGO, F. A., "Residencia autonómica: criterios para determinar la Comunidad Autónoma donde reside el contribuyente" en *El Impuesto sobre la Renta de las Personas Físicas*, Aranzadi, Cizur Menor, 2009, (Versión electrónica [BIB 2009, 7430]).

VELÁZQUEZ CUETO, F. A., "La residencia fiscal de las personas físicas, según la legislación española y el Modelo de Convenio de la OCDE para evitar la doble imposición en materia de impuestos sobre la renta y el patrimonio. Consideraciones y aspectos prácticos", *Cuadernos de Formación*, número 17, volumen 15, 2012, pp. 193-202.

VILCHES DE SANTOS, D., "Conflictos de doble residencia fiscal", *Documentos de Trabajo*, número 3, Instituto de Estudios Fiscales, Madrid, 2018.

VOGEL, K., "Worldwide vs. Source Taxation of Income – A Review and Re-Evaluation of Arguments (Part I)", *Intertax*, Volume 16, Issue 10, 1988, pp. 310-320.

WALDBURGER, R., "Income from Employment (Article 15 OECD Model Convention)", en *Source versus Residence: Problems Arising from the Allocation of Taxing Rights in Tax Treaty Law and Possible Alternatives*, Kluwer Law International, Holanda, 2008, pp. 185-196.

ARANA LANDÍN, S., "Globalización, robotización y digitalización: hacia una nueva concepción del nexo en materia tributaria", *Quincena fiscal*, número 10, 2020, (Versión electrónica [BIB 2020\11303]).

WASSERMEYER, F., "Art. 4" en *Doppelbesteuerung. OECD-Musterabkommen. DBA Österreich-Deutschland Kommentar*, Linde, Viena, 2010.

XAVIER, A., *Direito Tributário Internacional do Brasil*, Editora Resenha Tributária, Sao Paulo, 1977.